Das große Lesebuch des
positiven Denkens

Glück ist kein Zufall

ARISTON

FSC
Mix
Produktgruppe aus vorbildlich
bewirtschafteten Wäldern und
anderen kontrollierten Herkünften

Zert.-Nr. SGS-COC-1940
www.fsc.org
© 1996 Forest Stewardship Council

Verlagsgruppe Random House FSC-DEU-0100
Das für dieses Buch verwendete FSC-zertifizierte
Papier *Munken Premium* liefert Arctic Paper Munkedals AB,
Schweden.

Bibliografische Information der Deutschen Bibliothek

Die Deutsche Bibliothek verzeichnet diese Publikation
in der Deutschen Nationalbibliografie; detaillierte
bibliografische Daten sind im Internet unter
http://dnb.ddb.de abrufbar.

4. Auflage
© 2009 Ariston Verlag
in der Verlagsgruppe Random House GmbH

Umschlaggestaltung: Weiss / Zembsch / Partner / Werkstatt
München unter Verwendung eines Motivs von Fotolia,
Andrejs Pidjass
Satz: EDV-Fotosatz Huber/Verlagsservice G. Pfeifer,
Germering
Druck und Bindung: GGP Media GmbH, Pößneck
Printed in Germany 2010

ISBN: 978-3-424-20008-9

Inhalt

Inhalt

Vorbemerkung

Positiv denken – das scheint ein Erfordernis der Zeit zu sein. Angesichts all der Herausforderungen, vor denen jeder Einzelne heute in sozialer, gesundheitlicher, wirtschaftlicher und ökologischer Hinsicht steht, ist es verständlich, wenn die Menschen verunsichert sind oder pessimistisch in die Zukunft blicken. Oder aber man verändert seine Art, die Dinge zu sehen und zu bewerten. Durch positives Denken kann man sein Leben und sein Umfeld selbst gestalten und beeinflussen.

Die philosophische und praktische Richtung des positiven Denkens ist nicht neu. Ihr seit Jahrzehnten ungebrochen anhaltender Erfolg beweist, dass die Menschen Hilfe und Orientierung für ihr Leben brauchen und bei Autoren wie Dr. Joseph Murphy oder Dale Carnegie das finden, was ihnen ihr Alltagsleben erleichtert und sie zum Erfolg führt.

In diesem Buch sind die wichtigsten Vordenker des positiven Denkens mit ihren inspirierendsten Texten versammelt. Ihre Veröffentlichungen waren wegweisend und haben die Lebenseinstellung von Millionen von Lesern geprägt. Dabei werden die unterschiedlichsten Lebensbereiche gestreift: von beruflichem Erfolg über körperliches Wohlbefinden bis hin zu glücklichen Beziehungen und einem angstfreien Leben. So unterschiedlich die Autoren und Ihre Geschichten sein mögen, so haben sie doch alle einen Grundgedanken: Wir alle können unser Glück selbst steuern, denn in unseren Gedanken liegt das Fundament für ein zuversichtliches, gelassenes und erfolgreiches Leben. Sie sollen Sie, lieber Leser, dazu anregen, Ihre eigene Grundeinstellung zu hinterfragen, und Ihnen zeigen, wie Sie mithilfe Ihres Unterbewusstseins zu einem Leben in innerer Balance und Ausgeglichenheit finden können. Die Kraft der Gedanken ist stärker, als wir gemeinhin annehmen – lassen Sie sich darauf ein und Sie werden sehen, wie sehr Sie Ihr Leben selbst gestalten können. Denn: Glück ist kein Zufall!

München 2009

Die Macht
des Unterbewusstseins

Joseph Murphy:
Die Funktionsweise des Geistes

Sie müssen lernen, Ihren Geist voll zu nutzen. Wie Sie bereits wissen, gibt es zwei getrennte geistige Bereiche: einerseits den bewussten und durch den Verstand kontrollierten und andererseits den unterbewussten und den Gesetzen der Logik unzugänglichen Bereich. Sie denken mit Ihrem bewussten Geist und Ihre Denkgewohnheiten prägen sich Ihrem Unterbewusstsein ein, das dann den jeweiligen Inhalten Gestalt verleiht. Die unterbewussten Schichten sind der Sitz Ihrer Gefühlswelt und stellen in ihrer Gesamtheit den kreativen Bereich dar. Wenn Sie positiv denken, so entsteht daraus auch Gutes, während negative Gedanken Misserfolge nach sich ziehen. Darin – und in nichts anderem – besteht die Funktionsweise Ihres Geistes.

Als entscheidender Punkt lässt sich festhalten: Das Unterbewusstsein beginnt, jede von ihm empfangene und akzeptierte Vorstellung zu verwirklichen. Besonders gravierend ist, dass sich das Unterbewusstsein in gleicher Weise positiven wie negativen Gedanken unterwirft und dementsprechend arbeitet. Negative Ideen bringen deshalb Misserfolg, Enttäuschung und Unglück. Sind Ihre Denkgewohnheiten erfolgs- und zukunftsorientiert, so werden Gesundheit, Erfolg und Wohlstand Sie begleiten.

Sobald Sie einmal gelernt haben, Ihre Gedanken und Gefühle bewusst zu kontrollieren, werden sich Zufriedenheit und körperliche Gesundheit ganz von selbst einstellen. Was auch immer Sie sich wünschen und als schon verwirklicht betrachten, wird Ihr Unterbewusstsein als bereits bestehende Tatsache akzeptieren und schnellstens umsetzen. Es liegt an Ihnen, Ihr Unterbewusstsein zu überzeugen. Das es bestimmende Prinzip wird wunschgemäß für Gesundheit, Glück oder berufliche Anerkennung sorgen. In Ihren Händen liegt die Kommandogewalt, Sie erteilen die Befehle – und Ihr Unterbewusstsein wird gehorchen und zuverlässig Ihre Träume verwirklichen. Das Gesetz Ihres Geistes lautet: Ihre bewussten Gedanken und Vorstellungen rufen eine dem Wesen nach identische Reaktion Ihres Unterbewusstseins hervor.

Psychologen und Psychiater erklären uns, dass alle Gedanken Eindrücke im Gehirn hinterlassen. Sobald Sie Ihrem Unterbewusstsein irgendeine Vorstellung vermitteln, wird es ohne Zögern für deren Verwirklichung sorgen. Mithilfe der Gedankenassoziation nutzt es dafür alles Wissen und alle Erfahrungen, die Sie bis zu diesem Zeitpunkt gesammelt haben. Es stützt sich dabei auf die Macht, die Energie und das Wissen in Ihrem Inneren. Um das jeweilige Ziel zu realisieren, verbündet sich Ihr Unterbewusstsein mit allen Kräften und Gesetzen der Natur. Mitunter löst es Ihre Schwierigkeiten sofort, in anderen Fällen kann die Lösung Tage, Wochen oder sogar noch länger auf sich warten lassen – der gesamte Vorgang ist im Detail nicht zu erforschen.

Die genauere Unterscheidung der Begriffe »bewusst« und »unterbewusst«

Sie müssen sich stets vor Augen halten, dass der Geist – trotz seiner beiden Bereiche – nicht etwa in zwei voneinander unabhängige Teile gespalten ist. Bei den bewussten und unbewussten Vorgängen handelt es sich lediglich um zwei Tätigkeitsbereiche ein und desselben Geistes. Der Denkprozess spielt sich im Bewusstsein ab. Denkend treffen Sie Ihre Entscheidung. Mithilfe Ihres Bewusstseins wählen Sie also zum Beispiel Ihre Lektüre, Ihren Wohnort und Ihren Lebensgefährten. Alle Ihre Entscheidungen werden von Ihrem Bewusstsein gefällt. Andererseits jedoch sind die inneren Vorgänge Ihres Körpers jeder willensmäßigen Einflussnahme entzogen. Das Unterbewusstsein steuert nach eigenen Gesetzen den Schlag Ihres Herzens, die Verdauung, die Blutzirkulation und die Atmung.

Ihr Unterbewusstsein hält alles für wahr, was Sie ihm einprägen und woran Sie bewusst glauben. Im Gegensatz zu Ihrem Bewusstsein unterzieht es aber die ihm angebotenen Sachverhalte und Zusammenhänge keiner logischen, wertenden inhaltlichen Überprüfung und erhebt auch keine Einwände gegen die ihm mitgeteilten Tatsachen.

Ihr Unterbewusstsein gleicht dem Blumenbeet, das jeden Samen, ob gut oder schlecht, in sich aufnimmt. Auch Ihre Gedanken entfalten Wirksamkeit und können deshalb mit Samenkörnern verglichen werden. Negative, zersetzende Vorstellungen setzen ihre zerstörende Wirkung im Unterbewusstsein fort und beeinflussen früher oder später in Form unangenehmer Erlebnisse und Ereignisse Ihr Leben.

Denken Sie also immer daran: Ihr Unterbewusstsein prüft nicht nach, ob Ihre Gedanken positiv oder negativ, wahr oder falsch sind, sondern es reagiert einzig und allein in der Ihren Gedanken und Vorstellungen entsprechenden Weise. Sind Sie von der Wahrheit eines bestimmten Sachverhalts überzeugt, so wird ihn auch Ihr Unterbewusstsein als zutreffend akzeptieren und entsprechend reagieren, selbst wenn Ihre Meinung objektiv falsch ist.

Psychologische Experimente

Zahllose von Psychologen durchgeführte Experimente, darunter auch solche mit Hypnose, beweisen die Unfähigkeit des Unterbewusstseins, einen rationalen Denkprozess zu vollziehen, da es weder auswählen noch vergleichen kann. Hat es deshalb einmal eine Suggestion als vorgegebene Tatsache angenommen, wird es in Übereinstimmung mit deren Inhalt reagieren.

Für einen geübten Hypnotiseur ist es einfach, die Beeinflussbarkeit des Unterbewusstseins zu beweisen, er braucht der Testperson nur zu suggerieren, sie sei Napoleon Bonaparte, eine Katze oder ein Hund – und der Betreffende wird die jeweilige Rolle äußerst real verkörpern. Im hypnotisierten Zustand tritt eine Veränderung der Persönlichkeit ein, sodass sich die Testperson mit der suggerierten Gestalt und deren Lebensform identifiziert.

Man kann dem Hypnotisierten auch einreden, er sei in eine Marmorstatue verwandelt, sein Rücken schmerze oder seine Nase blute, es sei unerträglich heiß oder er zittere vor Kälte. Immer wird die entsprechende Reaktion eintreten, wobei die Testperson ihre Wahrnehmungsfähigkeit für alles verliert, was nicht mit der jeweiligen Suggestion zusammenpasst.

Diese einfachen Beispiele zeigen deutlich den wesentlichen Unterschied zwischen dem bewussten, vernunftgesteuerten Bereich des Geistes und dem Unterbewusstsein, das keiner individuellen und logischen Kritik fähig ist und deshalb alles akzeptiert, was ihm das Bewusstsein als Tatsache hinstellt. Aus diesem Grund ist es so wichtig, nur den Gedanken und Ideen Raum zu geben, die positiv und heilsam sind und die Ihre Wünsche erfüllen.

Was bedeutet »objektiver« und was »subjektiver« Geist?

Das Bewusstsein wird gelegentlich auch als »objektiver Geist« bezeichnet, da es sich mit den Objekten der sichtbaren Umwelt beschäftigt. Dieser Teil des Geistes bezieht seine Informationen von unseren fünf Sinnen. Der objektive Geist berät und leitet Sie in allen Ihren Beziehungen zu Ihrer Umgebung. Der Einsatz Ihrer fünf Sinne vermittelt Ihnen die nötigen Kenntnisse, Ihr objektiver Geist lernt durch Beobachtung, Erfahrung und Erziehung. Wie oben bereits erwähnt, besteht die hauptsächliche Fähigkeit und Aufgabe des Bewusstseins im logischen Denken.

Nehmen wir an, Sie seien einer der unzähligen Touristen, die Jahr für Jahr Paris besuchen. Ihr persönlicher Eindruck von den weitläufigen Parks, prachtvollen Straßen, majestätischen Plätzen und beeindruckenden Gebäuden gipfelt in dem Gesamturteil: »Was für eine wunderschöne Stadt!« Auf diese Weise verarbeitet der objektive Geist Sinneseindrücke zu logischen Schlussfolgerungen.

Das Unterbewusstsein andererseits wird häufig als »subjektiver Geist« bezeichnet. Im Unterschied zum Bewusstsein ist es nicht auf die Vermittlung der Sinne angewiesen, sondern nimmt die Umwelt unmittelbar und ohne Reflexion – durch Intuition – wahr. Denn hier befindet sich der Sitz Ihrer Gefühle und ebenso der »Speicherplatz« Ihres Gedächtnisses. Das Unterbewusstsein erfüllt seine wichtigsten Funktionen erst dann, wenn die physischen Sinne ausgeschaltet sind. Es handelt sich also um die Wahrnehmungsfähigkeit, die sich im Zustand der Bewusstlosigkeit oder während des Schlafes offenbart.

Ihr Unterbewusstsein sieht sozusagen durch die Augen des Geistes und kann auf die Sinnesorgane verzichten. Außerdem besitzt es die Fähigkeit des Hellsehens – oder auch des Hellhörens. Der subjektive Geist kann den menschlichen Körper verlassen, ferne Länder erreichen und mit äußerst genauen und unbedingt zutreffenden Informationen wiederkehren. Mithilfe derselben geistigen Fähigkeiten können Sie die Gedanken anderer lesen, den Inhalt versiegelter Schreiben wissen und einen Blick in verschlossene Safes werfen. Auf dieselbe Weise können Sie Ihre Gedanken anderen Menschen mitteilen, ohne die üblichen Kommunikationsmittel zu benutzen.

Das Unterbewusstsein kann nicht logisch denken

Das Unterbewusstsein ist nicht fähig, Tatsachen zu bewerten. Wenn Sie also Ihrem Unterbewusstsein etwas objektiv Falsches suggerieren, wird es diese Suggestion trotzdem als wahr akzeptieren und sie über kurz oder lang als Lebensumstand, Ereignis oder Erfahrung verwirklichen. Alle Ihre bisherigen Erlebnisse waren die Reaktion Ihres Unterbewusstseins auf Gedanken, von deren Richtigkeit Sie überzeugt waren. Die Schäden falscher Vorstellungen sind am effektivsten zu beheben, wenn Sie von nun an positiv denken und erfolgsorientierte Gedanken möglichst oft wiederholen, bis sie sich Ihrem Unterbewusstsein tief eingeprägt haben. Da Ihr Unterbewusstsein gleichzeitig der Hort Ihrer Gewohnheiten ist, wird diese Veränderung Ihrer Denk- und Lebensprozesse bald eine deutliche Wendung zum Besseren herbeiführen.

Ihr gewohnheitsmäßiges Denken hinterlässt tiefe Spuren in Ihrem Unterbewusstsein. Das wirkt sich gewinnbringend für Sie aus, sobald Ihr Denken um konstruktive Ziele und Wünsche kreist.

Falls Sie bisher unter Angst, Sorgen oder anderen negativen Denkmustern gelitten haben, so beginnen Sie nun ein neues Leben, indem Sie die Macht Ihres Unterbewusstseins anerkennen und lernen, ihm Gesundheit, Glück und beruflichen Erfolg einzuprägen. Ihr Unterbewusstsein – schöpferisch und eins mit dem göttlichen Prinzip – wird sofort für die Verwirklichung der ihm so nachdrücklich eingeprägten positiven Vorstellungen sorgen.

Die ungeheure Macht der Suggestion

Sie wissen jetzt, dass Ihr Bewusstsein eine Kontrollinstanz ist, dessen Hauptaufgabe darin besteht, Ihr Unterbewusstsein vor destruktiven Eindrücken zu schützen.

Sie sind nun mit einem der Prinzipien des menschlichen Geistes vertraut und wissen, dass das Unterbewusstsein durch Suggestion beeinflussbar ist. Außerdem ist Ihnen bekannt, dass es weder Vergleiche zieht noch Unterschiede erkennt oder die Dinge unabhängig und folgerichtig durchdenkt. Das sind Aufgaben Ihres Bewusstseins. Das Unterbewusstsein reagiert einfach auf die ihm vom Bewusstsein vermittelten Eindrücke und enthält sich jeder logischen Folgerung.

Ein deutlicher Beweis für die ungeheure Macht der Suggestion ist folgendes Experiment: Stellen Sie sich vor, Sie sagen während einer Seereise zu einem ohnehin verängstigt wirkenden Mitpassagier: »Sie müssen doch krank sein. Wie blass Sie aussehen! Ihnen wird bestimmt gleich schlecht werden. Darf ich Sie nach unten bringen?« Der Angesprochene wird sofort erblassen, denn die ihm suggerierte Seekrankheit verbindet sich in seiner Vorstellung mit den eigenen Ängsten. Er wird sich dankbar auf Ihren Arm stützen und in seiner Kabine an den ihm eingeredeten Beschwerden leiden.

Unterschiedliche Reaktionen auf dieselbe Suggestion

Es kann vorkommen, dass mehrere Menschen aufgrund der unterschiedlichen Beschaffenheit ihres Unterbewusstseins auf ein und dieselbe Suggestion verschieden reagieren.

Stellen Sie sich vor, Sie machen auf der Seereise Ihr Experiment nicht mit einem Passagier, sondern mit einem Matrosen. Je nach Temperament wird er über Ihr Hilfsangebot entweder lachen oder verärgert sein. In diesem Fall gerät nämlich Ihre Suggestion an einen unempfindlichen Seebären, der weiß, dass er gegen Seekrankheit immun ist. Deshalb werden Ihre Worte ihn nicht verunsichern, sondern wirkungslos an ihm abprallen.

Laut Lexikon ist eine Suggestion eine gezielte geistige oder seelische Beeinflussung und die Erweckung bestimmter Vorstellungen, Empfindungen oder Gedanken, die als wahr akzeptiert und realisiert werden. Eine bewusste Ablehnung einer Suggestion kann das Unterbewusstsein effektiv vor jeder ungewollten Beeinflussung schützen. Das Bewusstsein kann also jede unwillkommene Suggestion abwehren. Der Matrose zum Beispiel hatte keine Angst vor Seekrankheit. Er war sich seiner Immunität sicher und deshalb konnte die negative Suggestion keine Angstgefühle in ihm wecken. Bei dem ängstlichen Passagier dagegen musste die Suggestion aufgrund seiner eigenen Angst vor der Übelkeit wirksam sein.

Jeder von uns hat innere Ängste. Jeder hat auch seine eigenen Meinungen und Glaubenssätze, von deren Richtigkeit und Wahrheit er überzeugt ist und die somit sein Leben bestimmen. Eine Suggestion besitzt keine eigene Macht außer der, die ihr der Glaube eines Menschen zugesteht. Ist sie aber einmal wirksam, dann lenkt sie den Strom der unterbewussten Kräfte in ganz bestimmte und eng definierte Kanäle.

Die Auswirkungen von Suggestionen

Die derzeitige Leiterin, Dr. Evelyn Fleet, erzählte mir von einem englischen Zeitungsartikel, der sich mit der

Macht der Suggestion beschäftigte. In diesem Fall suggerierte ein verzweifelter Vater seinem Unterbewusstsein mehr als zwei Jahre lang: »Ich gäbe gern meinen rechten Arm, wenn meine Tochter gesund würde.« Die Tochter litt gleichzeitig an einer schweren Arthritis, die ihre Glieder verkrüppelte, und an einer angeblich unheilbaren Hautkrankheit. Die Bemühungen der Ärzte waren ohne Erfolg und dies brachte den Vater dazu, seinen Wunsch, seine Tochter möge gesund werden, mit den oben zitierten Worten auszudrücken.

Während eines Familienausflugs im Auto kam es zum Zusammenstoß mit einem anderen Wagen. Bei dem Unfall wurde dem Vater der rechte Arm in Schulterhöhe abgerissen. Nahezu gleichzeitig verschwanden Arthritis und Hautleiden der Tochter.

Dieses schier unglaubliche Beispiel beweist, wie wichtig es ist, dem Unterbewusstsein nur glückliche, positive und konstruktive Suggestionen einzuprägen, solche, die in jeder Beziehung eine Veränderung zum Besseren beinhalten. Denken Sie immer daran: Ihr Unterbewusstsein versteht keinen Scherz; es nimmt Sie beim Wort!

Wie Autosuggestion die Angst verscheucht ...

Unter Autosuggestion versteht man die Selbstbeeinflussung durch ganz bestimmte und gezielte Gedanken oder Vorstellungen. Herbert Parkyn berichtet in seinem Lehrbuch über die Autosuggestion vom folgenden, besonders eindringlichen Vorfall: »Ein New Yorker war nach Chicago geflogen und hatte vergessen, seine Uhr um eine Stunde zurückzustellen, wie es die unterschiedlichen Zeitzonen verlangt hätten. Ein Geschäftsfreund bat ihn um die genaue Uhrzeit und kaum hörte er, die Mittagszeit sei schon überschritten, überfiel ihn plötzlich ein Heißhunger, obwohl ihn noch eine ganze Stunde von seiner gewohnten Essenszeit trennte.«

Die Autosuggestion lässt sich sehr effektiv gegen verschiedene Angstzustände und andere negative Gefühle einsetzen. So wurde zum Beispiel eine junge Sängerin zum Vorsingen aufgefordert. Einerseits war sie glücklich über diese Gelegenheit, ihr Können zu beweisen, andererseits hatte sie bereits dreimal in ähnlichen Situationen aus Angst versagt. Obwohl sie sich der Schönheit ihrer Stimme bewusst war, sagte sie sich immer wieder: »Ich habe solche Angst. Wahrscheinlich werde ich wieder versagen.«

Ihr Unterbewusstsein verstand diese Negativsuggestion als Aufforderung und führte umgehend die entsprechende Situation herbei. Hier handelt es sich um eine unfreiwillige Autosuggestion, das heißt: Die in der Stille gehegten Befürchtungen verwandelten sich in Gefühle und wurden Wirklichkeit.

Die Sängerin überwand ihre Furcht mit folgender Methode: Sie zog sich in ihr Zimmer zurück und schloss sich dort ein. Sie setzte sich in einen bequemen Sessel, entspannte sich und machte die Augen zu. Auf diese Weise versetzte sie Körper und Geist in einen Ruhezustand. Körperliche Entspannung beruhigt auch den Geist und macht ihn für Suggestionen empfänglicher. In diesem Zustand schärfte sie sich immer wieder ein: »Ich singe hinreißend. Ich bin voller Ruhe, Gelassenheit und Selbstvertrauen.« Sie wiederholte diese Feststellung langsam, ruhig und mit fester Überzeugung fünf- bis zehnmal. Sie machte diese geistigen Übungen dreimal am Tag, das letzte Mal jeweils unmittelbar vor dem Schlafengehen. Nach einer Woche sah sie ihrer Zukunft

mit Ruhe und Selbstvertrauen entgegen. Als eine neue
Einladung zum Probesingen kam, begeisterte sie ihre
Zuhörer.

... das Erinnerungsvermögen wiederherstellt

Eine 75-jährige Frau hatte sich angewöhnt, zu sagen:
»Ich verliere mein Gedächtnis.« Eines Tages beschloss
sie, sich mehrmals am Tag das genaue Gegenteil zu suggerieren, und sagte sich: »Von heute an schärft sich mein
Erinnerungsvermögen in jeder Hinsicht. Ich werde mir
jederzeit und überall, was immer ich auch will, ins
Gedächtnis zurückrufen können. Meine Sinneseindrücke werden sich klarer und dauerhafter einprägen. Ich
werde alles ganz einfach und von selbst im Gedächtnis
behalten. Woran ich mich auch erinnern will, ich werde
es sofort und scharf umrissen vor mir sehen. Ich mache
Tag für Tag beträchtliche Fortschritte und bald wird
mein Gedächtnis besser sein als je zuvor.« Nach drei
Wochen bemerkte sie erfreut, dass ihr Erinnerungsvermögen wieder voll hergestellt war.

... die Unbeherrschtheit besiegt

Viele Männer, die ihre Aggressivität und ihren Jähzorn
eindämmen wollen, zeigen sich besonders zugänglich
für Suggestionen und verzeichnen außerordentliche
Erfolge, wenn sie ungefähr einen Monat lang drei- bis
viermal am Tag – also nach dem Aufstehen, am Vormittag, Mittag und vor dem Schlafengehen – die folgenden

Modellsätze wiederholen: »Von nun an werde ich beherrschter und besser gelaunt sein. Freundlichkeit und Fröhlichkeit beherrschen jetzt meine Gedanken. Mit jedem Tag begegne ich meinen Mitmenschen mit größerer Verständnisbereitschaft und Liebe. Mein Wohlwollen und meine gute Laune werden sich meiner ganzen Umgebung mitteilen. Diese glückliche, freudige und frohe Stimmung wird nun der Normalzustand meines Geistes. Ich bin dafür zutiefst dankbar.«

Die konstruktive und die zerstörende Macht der Suggestion

Heterosuggestion ist die Suggestionskraft, die von anderen ausgeht. Immer und überall auf der Erde hat die Macht der Suggestion als Autosuggestion oder Fremdsuggestion eine entscheidende Rolle im Leben und Denken der Menschen gespielt. In vielen Teilen der Welt bildet sie auch heute einen wesentlichen und wirkungsvollen Bestandteil von verschiedenen Religionen. Die Kraft der Suggestion können Sie nutzen, um sich selbst zu verändern, doch man kann mit ihrer Hilfe auch diejenigen beeinflussen, die die Gesetze des Geistes nicht kennen. Für konstruktive Ziele eingesetzt, handelt es sich um eine sehr positive Macht. Wird sie aber missbraucht, so kann die Suggestion zur zerstörerischsten aller geistigen Waffen werden und Schmerzen, Misserfolg, Krankheit und Unglück heraufbeschwören.

Glauben Sie an ein unabwendbares Schicksal?

Von klein auf haben die meisten von uns erlebt, dass von allen Seiten negative Suggestionen auf uns einstürmten. Unfähig, uns dagegen zu wehren, begannen wir, sie für wahr zu halten. Sicher kennen Sie einige der folgenden Sätze: »Das kannst du nicht!« – »Aus dir wird nie etwas!« – »Das darfst du nicht!« – »Das geht schief!« – »Du hast nicht die geringste Chance!« – »Das ist völlig falsch!« – »Es hat keinen Zweck!« – »Es kommt nicht darauf an, was du kannst, sondern darauf, wen du kennst.« – »Die Welt geht vor die Hunde!« – »Was soll's, um mich kümmert sich ja doch kein Mensch!« – »Wozu soll ich mich so anstrengen?« – »Das Leben ist nichts als eine ewige Plackerei!« – »Wer glaubt schon an Liebe?« – »Dagegen ist man doch machtlos!« – »Über kurz oder lang gehe ich Bankrott!« – »Warte nur, du wirst auch noch angesteckt!« – »Man kann keinem Menschen trauen!« Solchen und vielen ähnlichen negativen Suggestionen waren und sind wir täglich ausgesetzt.

Falls Sie als Erwachsener nicht darangehen, den seelischen Schaden, der in der Vergangenheit verursacht wurde, durch positive Autosuggestion wiedergutzumachen, werden Ihre pessimistischen Denkmuster mit großer Wahrscheinlichkeit Verhaltensweisen provozieren, die notgedrungen zu privaten und beruflichen Enttäuschungen führen. Die Autosuggestion ist ein Mittel, sich von negativen Einflüssen zu befreien, die sonst möglicherweise Glück und die Entwicklung positiver Gewohnheiten verhindern könnten.

So schützen Sie sich vor negativen Suggestionen

Ein Blick in die Zeitung genügt, um in jedem einigermaßen sensiblen Menschen Sorgen, Ängste und Zweifel zu wecken. Wer solchen negativen Gedanken nichts entgegensetzt, gefährdet seinen Lebenswillen. Deshalb ist es beruhigend zu wissen, dass positive Autosuggestionen einen wirksamen Schutz gegen alle negativen Einflüsse ermöglichen.

Überprüfen Sie von Zeit zu Zeit sorgfältig, ob und wie Ihre Umgebung Sie negativ zu beeinflussen versucht. Sie sind keinesfalls schutzlos gegenüber Fremdsuggestionen.

Als Kinder und Teenager haben wir schon genug darunter gelitten. Denken Sie nur einmal an die vielen abwertenden Bemerkungen, die Ihre Familie, Freunde und Verwandte, vor allem aber Lehrer, Ausbilder und Berufskollegen machten. Eine kritische Überprüfung wird ergeben, dass vieles davon völlig unzutreffend ist und nur gesagt wurde, um Sie zu verunsichern oder zu unterdrücken.

Heterosuggestion wird in jeder Familie, jedem Büro, jeder Fabrik und jedem Verein angewendet. Sie werden feststellen, dass vieles davon nur genutzt wird, um Ihr Denken, Fühlen und Handeln im Sinne der anderen zu manipulieren.

Wie die Suggestion einen Menschen tötete

Das folgende Beispiel zeigt die Wirkung von Fremdsuggestionen: Einer meiner Verwandten suchte in Indien eine Wahrsagerin auf, die ihm eröffnete, er habe ein Herzleiden und werde beim nächsten Neumond sterben. Mein Verwandter teilte dies der ganzen Familie mit, ordnete seine Angelegenheiten und machte sein Testament.

Die Suggestion ergriff völlig von ihm Besitz, da er vollkommen an sie glaubte. Er erzählte mir, die Wahrsagerin besitze seltsame okkulte Kräfte, mit denen sie ihren Mitmenschen nützen oder schaden könne. Die Voraussage erfüllte sich an ihm, wobei ihm allerdings nicht bewusst war, dass er selbst dem eigenen Tod den Weg erleichterte. Sie kennen bestimmt ähnliche Fälle von Aberglauben und menschlicher Dummheit.

Betrachten wir dieses Beispiel aus dem Blickwinkel unseres Wissens über unterbewusste Vorgänge. Was immer wir bewusst glauben, hält auch das Unterbewusstsein für real und es reagiert entsprechend.

Dieser Mann war ein glücklicher, gesunder und vitaler Mann, als er jene Wahrsagerin aufsuchte. Deren Prophezeiung bereitete ihm Todesangst und er lebte danach in der festen Erwartung, beim nächsten Neumond sterben zu müssen. Er teilte dies allen mit und bereitete sich auf sein Ende vor. Alles begann und endete in seinem eigenen Geist – seine Gedanken waren die einzige Ursache für alles Folgende. Durch seine Angst und die feste Überzeugung von seinem baldigen Sterben hatte er selbst seinen Tod herausgefordert oder, genauer gesagt, seinen Körper zerstört.

Die Frau, die seinen Tod vorhergesagt hatte, besaß nicht den geringsten Einfluss auf sein Schicksal. Sie hatte keine diesseitige oder übersinnliche Macht, das von ihr prophezeite Ende herbeizuführen. Wäre dieser Mann mit den Gesetzen des Geistes vertraut gewesen, hätte er die negative Suggestion einfach missachtet und ihren Worten nicht den geringsten Wert gegeben. An der Überzeugung, dass sein Handeln allein durch seine eigenen Gedanken und Gefühle gelenkt wird, wäre die vermeintliche Wahrsagung wirkungslos abgeprallt wie Steine an einem Panzerfahrzeug.

Die Suggestionen anderer haben keine Macht oder Kraft, außer der, die Sie ihnen selbst durch Ihre persönliche Überzeugung verleihen. Erst durch Sie selbst besitzt die Fremdsuggestion eine Wirkung. Sie allein haben die Kontrolle über Ihre eigenen Gedanken und Gefühle. Vergessen Sie nie: Sie allein treffen die Entscheidung! Wählen Sie also das Leben! Wählen Sie die Liebe! Wählen Sie die Gesundheit!

Die Macht der Logik

Ihr Geist gehorcht dem Gesetz der Logik. Erkennt Ihr Bewusstsein eine Voraussetzung als zutreffend an, so wird diese auch von Ihrem Unterbewusstsein für wahr gehalten, denn das Urteil Ihres objektiven Geistes verbürgt Ihrem subjektiven Geist die Richtigkeit des Gedankens. Dieser Zusammenhang von Ursache und Wirkung entspricht ganz dem Aufbau des klassischen Syllogismus, dem aus drei Urteilen bestehenden Schluss vom Allgemeinen auf das Besondere:

Werte sind lobenswert.
Güte ist ein hoher Wert.
Deshalb ist Güte lobenswert.

Oder ein weiteres Beispiel:

Alles Geschaffene ist vergänglich.
Die ägyptischen Pyramiden sind etwas
Geschaffenes.
Deshalb sind auch die Pyramiden vergänglich.

Jeweils das erste Urteil wird als logische Voraussetzung bzw. Prämisse bezeichnet und dem Gesetz der Logik nach kann aus einer zutreffenden Voraussetzung nur eine zutreffende Schlussfolgerung gezogen werden.

Nach einem meiner Vorträge über die Gesetze des geistigen Lebens, die ich im Rathaus von New York hielt, sagte mir ein Universitätsprofessor: »Alles in meinem Leben geht drunter und drüber. Ich habe meine Gesundheit, mein Vermögen und meine Freunde verloren. Was immer ich in die Hand nehme, geht schief.«

Ich riet ihm, er solle in seinem bewussten Denken unentwegt an der Prämisse festhalten, das umfassende Wissen seines Unterbewusstseins zeige ihm zuverlässig den Weg zu Gesundheit, Wohlstand und Glück. Aus der Kraft dieser Überzeugung heraus würde dieses dann ganz von selbst alle seine Privat- und Berufsentscheidungen lenken, seine Gesundheit wiederherstellen und ihn von Neuem Glück und Zufriedenheit finden lassen.

Entsprechend meinem Rat formulierte der Professor seine Vorstellung vom idealen Leben und fasste sie in folgende Worte:

»Das Wissen meines Unterbewusstseins lenkt mich in allem. Ich bin völlig gesund und ausgeglichen. Mein Leben ist voller Schönheit, Liebe und Wohlstand. Ich handle im Einklang mit den Prinzipien menschlichen Zusammenseins. Ich weiß, dass diese Voraussetzung auf den festen Prinzipien des Lebens begründet ist, und ebenso weiß, fühle und glaube ich, dass mein Unterbewusstsein zuverlässig und bis ins Detail mein bewusstes Denken verwirklicht.«

Nicht lange danach schrieb er mir Folgendes in einem Brief:»Ich wiederholte diese Überzeugungen mehrmals am Tag langsam, ruhig und nachdrücklich und stellte mir vor, dass diese Gedanken tiefe Wurzeln in meinem Unterbewusstsein schlagen und positive Konsequenzen haben. Ich danke Ihnen aus ganzem Herzen für die mir gewährte persönliche Aussprache und versichere Ihnen, dass sich seither mein Leben in jedem Sinn zum Besseren geändert hat. Ihre ›Gesetze des Geistes‹ sind wahr und effektiv!«

Das Unterbewusstsein macht keine logischen Einwendungen

Das Unterbewusstsein ist allwissend und kennt die Antwort auf jede Frage. Es prüft aber nichts logisch nach und lässt sich mit Ihnen auf keine Diskussionen ein. Es hält Ihnen nicht etwa vor:»Diese Vorstellung darfst du mir nicht einprägen.« Falls Sie also Gedanken nachhängen wie:»Das kann ich nicht!« – »Dafür bin ich zu alt!« – »Diese Verpflichtung kann ich nicht erfüllen!« – »Ich habe nur Pech!« – »Ich kenne eben nicht die richtigen Leute!«, und so weiter, füllen Sie Ihr Unterbewusstsein mit negativen Gedanken und die entsprechende Reaktion lässt nicht lange auf sich warten. Durch solche Denkmuster verhindern Sie Ihr Glück und bringen selbst Misserfolge und Enttäuschungen in Ihr Leben.

Sobald Ihr Bewusstsein beginnt, angeblich unüberwindliche Hemmnisse vor Ihnen aufzutürmen, haben Sie sich selbst die Hilfe genommen, die Ihnen das Wissen Ihres Unterbewusstseins bieten könnte. Eine solche

Einstellung beweist nur, dass Sie Ihren subjektiven Geist für unfähig halten, Ihnen eine Lösung für ein Problem zu zeigen. Das hat Fehleinschätzungen und Frustrationen zur Folge, die ihrerseits Krankheiten und neurotische Verhaltensweisen auslösen können.

Um Ihren Pessimismus zu überwinden und Ihre Träume zu verwirklichen, sagen Sie mehrere Male am Tag mit voller Überzeugung: »Mein Unterbewusstsein, das mir diesen Wunsch ermöglicht, führt und lenkt mich in allem und wird mir den besten Weg zur Erfüllung meiner Träume zeigen. Ich weiß, dass sich die tiefere Einsicht meines Unterbewusstseins durchsetzt und alle meine Gedanken, Gefühle und Vorstellungen verwirklicht. In mir und um mich herum herrschen Glück, Balance und Zufriedenheit.« Diese positive Grundstimmung wird sich nicht nur auf Ihr Inneres, sondern auch auf Ihr äußeres Umfeld auswirken.

Sobald Sie sagen: »Es gibt keinen Ausweg, ich finde keine Lösung!«, können Sie auch keine Hilfe oder positive Reaktion von Ihrem Unterbewusstsein erwarten. Um seine ungeheure Macht für Ihre Ziele einzusetzen, müssen Sie es auf die richtige Weise ansprechen. Es ist ja sowieso immer für Sie tätig. Auch in diesem Augenblick kontrolliert es Ihren Herzschlag und Ihre Atmung. Es heilt jede Wunde und steuert Ihr Leben, pausenlos versucht es Sie zu schützen. Ihr Unterbewusstsein hat zwar seinen eigenen Willen, doch lässt es sich widerspruchslos durch den Inhalt Ihrer Gedanken und Vorstellungen leiten.

Zwar reagiert Ihr Unterbewusstsein sofort auf Ihre Versuche, eine bestimmte Lösung zu finden – andererseits aber erwartet es von Ihrem Bewusstsein eine richtige Beurteilung der Lage und eine sachgerechte Entscheidung. Sie müssen sich vor Augen halten, dass die eigentliche Antwort von Ihrem Unterbewusstsein aus-

geht. Sobald Sie aber sagen: »Meine Lage ist völlig aus-
weglos; warum gibt mir mein Unterbewusstsein keine
Antwort?«, nehmen Sie Letzterem seine Möglichkeiten.
Sie treten sozusagen auf der Stelle und kommen keinen
Schritt weiter.

Beruhigen und entspannen Sie sich, sagen Sie voller
Zuversicht: »Mein Unterbewusstsein kennt die Antwort. Es reagiert jetzt auf meine Frage. Ich bin dankbar
für das Wissen meines Unterbewusstseins, das ihm alle
Dimensionen des Problems aufzeigt und mir die beste
Lösung eingibt. Meine feste Überzeugung setzt die starke, effektive und fantastische Macht meines Unterbewusstseins frei. Ich bin froh und dankbar!«

Zusammenfassung

1. Denken Sie an Positives und es wird sich verwirklichen! Denken Sie destruktiv, so wird Negatives eintreten. Was immer Sie denken, das sind und tun Sie in
   jeder Sekunde Ihres Lebens.
2. Ihr Unterbewusstsein hinterfragt nicht. Es akzeptiert, was Ihr Bewusstsein bestimmt. Wenn Sie sagen:
   »Ich kann mir dieses oder jenes nicht leisten«, so
   kann dies im Augenblick durchaus zutreffen – trotzdem dürfen Sie diesem Gedanken nicht nachhängen.
   Entscheiden Sie sich für den positiven Gedanken:
   »Diesen Gegenstand werde ich mir kaufen können!
   Ich weiß, das ist wahr!«
3. Sie haben die freie Wahl. Wählen Sie Gesundheit und
   Glück. Sie haben es in der Hand, ob Sie freundlich
   oder unfreundlich sein wollen. Zeigen Sie sich hilfs-
   reit, froh, liebenswert – und die ganze Welt wird sich

auf Sie einstellen. Es gibt keinen besseren Weg, sich zu einer gewinnenden Persönlichkeit zu entwickeln.

4. Ihr Bewusstsein beschützt Sie. Seine Hauptaufgabe besteht darin, Ihr Unterbewusstsein vor negativen Einflüssen zu bewahren. Entscheiden Sie sich aus freien Stücken für die Überzeugung, dass das Gute geschehen kann und jetzt geschieht. Ihre größte Macht liegt in Ihrer Entscheidungsfreiheit. Wählen Sie Glück und Reichtum!

5. Die Suggestionen und Eingebungen anderer können Ihnen nicht schaden, denn nur Ihre eigenen Gedanken haben Macht über Sie. Sie brauchen nur die Suggestionen und Meinungen der anderen zurückweisen und Ihr eigenes Denken ausschließlich auf positive Dinge zu konzentrieren. Sie allein bestimmen die Art Ihrer Reaktion.

6. Überlegen Sie sorgfältig Ihre Worte! Sagen Sie niemals: »Das wird fehlschlagen!« – »Ich werde meine Stellung verlieren!« – »Ich kann die Miete nicht zahlen!« Ihr Unterbewusstsein lässt nicht mit sich spaßen. Es verwirklicht jeden Ihrer Gedanken.

7. Ihr Geist ist weder böse noch schlecht. Nichts Ursprüngliches ist böse. Von Ihnen selbst hängt es ab, wie Sie die Mächte der Natur einsetzen. Nutzen Sie Ihren Geist, um Ihren Mitmenschen Gutes zu tun, ihnen zu helfen und sie für das Miteinander zu begeistern.

8. Sagen Sie niemals: »Ich kann nicht!« Überwinden Sie Ihre Furcht mit der Feststellung: »Dank der großen Macht meines Unterbewusstseins ist mir nichts unmöglich!«

9. Orientieren Sie Ihr Denken nach den Prinzipien und Grundsätzen des Lebens und lassen Sie sich nicht durch Furcht, Unwissen und Aberglauben täuschen!

Lassen Sie sich Ihre Gedanken nicht vorschreiben! Denken und entscheiden Sie selbstständig!

10. Sie sind Chef Ihrer Seele, Ihres Unterbewusstseins und Ihres Schicksals. Denken Sie immer daran: Sie haben die freie Wahl. Wählen Sie das Leben! Wählen Sie die Liebe! Wählen Sie die Gesundheit! Entscheiden Sie sich für das Glück!

11. Was immer Ihr Bewusstsein für richtig hält und fest glaubt, wird Ihr Unterbewusstsein als wahr akzeptieren und verwirklichen. Glauben Sie an Ihr Glück, an Ihre Intuition, an die Richtigkeit Ihrer Entscheidung und die wunderbaren Dinge des Lebens!

Émile Coué: Die Selbstbemeisterung durch bewusste Autosuggestion

Das bewusste und das unbewusste Ich

Wer die Erscheinungen der Suggestion oder, besser gesagt, der Autosuggestion recht begreifen will, muss von der Tatsache ausgehen, dass in uns zwei grundverschiedene Wesenheiten wirksam sind. Beide sind mit Erkenntnismitteln ausgerüstet; aber während der eine Teil unseres Ich uns bewusst wird, bleibt der andere unter der Schwelle unseres Bewusstseins. Deshalb werden wir dieses Unbewussten im Allgemeinen gar nicht gewahr. Doch ist sein Vorhandensein leicht zu erweisen; es genügt, gewisse Erscheinungen näher ins Auge zu fassen und ein wenig zu überdenken.

Hier einige Beispiele:

Jedermann kennt die Erscheinung des Nachtwandelns; jedermann weiß: Ein Nachtwandler steht nachts auf, ohne geweckt worden zu sein, verlässt sein Zimmer (nachdem er sich angekleidet hat oder auch nicht), steigt Treppen hinunter, eilt durch Gänge, tut dann etwas, beendet sogar begonnene Arbeiten, kehrt hernach in sein Zimmer zurück und legt sich wieder ins Bett; am nächsten Morgen ist er dann außerordentlich erstaunt, seine Arbeit fertig zu finden, die er am Abend vorher unbeendet liegen gelassen hatte.

Und doch war er es selbst, der seine Arbeit beendet hat, ohne es zu wissen. Welcher Macht hat sein Körper dabei gehorcht, wenn nicht einer unbewussten – seinem »Unbewussten«?

Betrachten wir nun den nur allzu häufigen Fall eines Alkoholikers im »Delirium tremens«. Wie ein Tobsüchtiger packt er irgendeine Waffe, ein Messer, einen Hammer, ein Beil und schlägt wütend auf jeden los, der ihm unglücklicherweise in den Weg läuft. Wenn nach einem solchen Anfall der Mann wieder zu Sinnen kommt, betrachtet er mit Abscheu das blutige Schauspiel, das sich seinen Blicken darbietet, ohne sich zu erinnern, dass er es selber angerichtet hat. Auch hier ist es offenbar wieder das »Unbewusste«, das den Unseligen geleitet hat.[1]

---

1 Wie viel grundlose Angstzustände oder »instinktive Abneigungen« jeden Grades (manchmal sind sie kaum mehr wahrnehmbar) werden auf diesem Wege in den breiten Massen ausgelöst; welche überflüssigen Leiden fügen wir alle uns selber auf allen Lebensgebieten zu, nur weil wir nicht immer sofort unsere »bösartigen unbewussten Autosuggestionen« durch »wohltätige bewusste Autosuggestionen« überwinden und uns so von allem unnötigen Leid befreien.

Vergleichen wir nun das Bewusste mit dem Unbewussten, so finden wir, dass das Bewusste oft ein ganz schlechtes, unzuverlässiges Gedächtnis hat, hingegen das Unbewusste mit wunderbarem, untrüglichem Gedächtnis ohne unser Wissen die geringfügigsten Ereignisse und Tatsachen unseres Lebens genau registriert. Andererseits ist es leichtgläubig und nimmt alles ohne langes Überlegen hin, was man ihm sagt. Da aber gerade das Unbewusste über das Gehirn die Funktionen aller unserer Organe entscheidend beeinflusst, ergibt sich eine Tatsache, die zunächst völlig paradox anmutet: Unser Unbewusstes braucht sich nur vorzustellen, dieses oder jenes Organ arbeite gut oder schlecht oder wir hätten diese oder jene Empfindung, so arbeitet dieses Organ wirklich gut oder schlecht, und wir haben diese Empfindung wirklich.

Das Unbewusste bestimmt jedoch nicht nur die Funktionen unseres Organismus, sondern auch den Ablauf *aller unserer Handlungen, welcher Art sie auch immer sein mögen.*

Das, was wir Einbildungs- oder Vorstellungskraft nennen, bestimmt – wie ich im Gegensatz zur herkömmlichen Auffassung behaupte – alle unsere Handlungen, sogar, ja vor allem solche gegen unseren Willen, wenn diese beiden Kräfte (Vorstellung und Wille) miteinander konkurrieren.

Wille und Vorstellungskraft

Wenn wir in einem Wörterbuch die Bedeutung des Wortes »Wille« suchen, finden wir ungefähr folgende Definition: »Fähigkeit, sich frei zu gewissen Handlungen zu entscheiden.« Wir nehmen diese Definition als richtig und unanfechtbar hin.

Aber nichts ist falscher als das! Denn dieser Wille, dessen wir uns so stolz rühmen, unterliegt nämlich stets, wenn er mit der Vorstellungskraft in Widerstreit gerät. Dies ist ein Gesetz, das keine Ausnahme kennt. »Ketzerische Anmaßung! Unsinn!«, werden Sie einwenden. Doch ich sage Ihnen: »Es ist die Wahrheit, die reine Wahrheit!«

Wer sich davon überzeugen will, der öffne die Augen, der schaue um sich und lerne verstehen, was er da sieht. Er wird dann zugeben müssen, dass das, was ich sagte, keine aus der Luft gegriffene Theorie ist, keine Ausgeburt eines kranken Hirns, sondern der schlichte Ausdruck dessen, *was ist.*

Nehmen wir einmal an, wir legen ein 10 Meter langes und 25 Zentimeter breites Brett auf den Boden. Selbstverständlich wird jedermann von einem Ende zum andern gehen können, ohne danebenzutreten. Nun wollen wir uns aber den gleichen Versuch unter anderen Bedingungen angestellt denken: dasselbe Brett verbinde als Steg die zwei Türme eines Domes. Wer wird noch imstande sein, auf solchem Stege auch nur einen Meter zurückzulegen? Ist unter meinen heutigen Zuhörern eine einzige Person, die sich eine solche Leistung zutraut? Gewiss nicht. Keine zwei Schritte könnten Sie tun, ohne dass Sie ein Zittern befallen würde: *Trotz der stärksten Anspannung der Willenskraft* würden Sie unfehlbar abstürzen.

Wieso fällt man nicht, wenn das Brett auf der Erde aufliegt, und warum würde man fallen, wenn es hoch oben angebracht wäre? Weil man sich im ersten Falle einfach *vorstellt,* es sei keine Kunst, bis ans Ende des Brettes zu gehen, während man sich im zweiten Falle vorstellt, man *könne* es *nicht.*

Beachten Sie: Man *will* zwar unbedingt vorwärtsge-
hen, aber die bloße *Vorstellung*, man könne es nicht,
erweist sich als unüberwindbares Hindernis.

Dachdecker und Zimmerleute bringen jenes Schrei-
ten auf schmalen Planken nur darum zuwege, weil sie
sich eben *vorstellen*, es zu können.

Das Schwindelgefühl ist lediglich auf die Vorstellung
zurückzuführen, dass wir fallen werden; diese Vorstellung wird sofort in Handlung umgesetzt, *so sehr sich
unser Wille dagegen stemmt*, und diese Verwirklichung
des Vorgestellten tritt umso schneller ein, je heftiger wir
uns dagegen zur Wehr setzen.

Nehmen wir den Fall einer Person, die an Schlaflosigkeit leidet. Wenn sich der Betreffende nicht zum Schlafe
zwingen will, wird er ruhig im Bette liegen. Je mehr er
sich hingegen bemüht, in Schlaf zu sinken, desto wacher,
ja aufgeregter wird er werden. Es ist eine allgemein
bekannte Beobachtung, dass irgendein Personenname,
den man vergessen zu haben meint, einem umso hartnäckiger entschlüpft, je mehr man sich darüber den Kopf
zerbricht; sobald man aber den Gedanken: »Ich habe
den Namen vergessen«, durch die Behauptung ersetzt:
»Er wird mir schon wieder einfallen«, stellt sich gewiss
der Augenblick ein, wo der Name ganz von selber, ohne
die mindeste Anstrengung, einfach wieder da ist. Die
Radfahrer unter Ihnen werden sich sicher an ihre ersten
Versuche erinnern: Man saß auf seinem Rad, umklam-
merte die Lenkstange – völlig von der Angst besessen zu
fallen. Da sieht man vor sich auf dem Wege ein Pferd
oder auch nur einen ganz gewöhnlichen kleinen Kiesel-
stein. Man versucht, diesem Hindernis auszuweichen;
aber je mehr man das versucht, desto sicherer wird man
hineinfahren. Oder: Wer wurde noch nie von einem
Lachkrampf erfasst? Man wird geschüttelt von einem

Lachen, das umso heftiger wird, je mehr man es zurück-zuhalten sucht.

Was geht nun eigentlich bei all diesen Fällen in uns vor? Ich *möchte* nicht fallen, aber ich *kann* mich vor dem Fallen beim besten Willen nicht bewahren; ich *möchte* so gerne schlafen, aber ich *kann* nicht; ich *möchte* den Namen von Frau Soundso finden, aber ich *kann* nicht; ich *möchte* diesem Hindernis ausweichen, aber ich *kann* nicht; ich *möchte* das Lachen zurückhalten, aber ich *kann* nicht.

Man sieht: In all diesen Konflikten ist es jedes Mal, ausnahmslos, die Vorstellungskraft, die über den Willen den Sieg davonträgt.

Die folgenden Fälle gehören auch in diesen Rahmen: Ein Offizier, der an der Spitze seiner Truppe vorwärts-stürmt, reißt stets seine Truppe mit, während der Ruf: »Rette sich, wer kann!«, fast todsicher wilde Flucht aus-löst. Warum? – Im ersten Falle ist bei den Soldaten die Vorstellung erweckt, sie müssten vorwärtsstürmen, im zweiten Falle bilden sie sich ein, sie seien besiegt und nur schnelle Flucht könne ihnen das Leben retten.

Panurge wusste wohl um die ansteckende Wirkung des Beispiels, das heißt der Vorstellungskraft, als er auf einer Seereise einem Händler, der Schafe mit sich führte und dem er einen Streich spielen wollte, den Leithammel der Herde abkaufte und dieses Tier über Bord warf: Er war überzeugt, alle anderen würden nachspringen, und so geschah es auch.

Wir Menschen gleichen mehr oder weniger dieser Schafherde; gegen besseres Wissen und Wollen folgen wir dem Beispiel der anderen, weil wir uns einbilden, wir könnten nicht anders.

So könnte ich tausend andere Beispiele anführen, aber das würde Ihre Geduld auf eine zu harte Probe stellen.

Nur folgende Tatsache muss ich noch hervorheben, als deutlichsten Beleg für die gewaltige Macht der Vorstellungskraft bzw. des *Unbewussten* im Kampfe mit dem *Willen.* Mancher Trinker möchte gerne aufhören zu trinken, aber es geht nicht. Unterhält man sich mit solchen Menschen, so versichern sie einem ehrlich, sie möchten gerne mäßig leben, Alkohol sei ihnen geradezu widerlich, aber es zöge sie unwiderstehlich zum Trinken – und das, obwohl sie den Willen haben aufzuhören und obwohl sie wissen, welche Folgen die Trunksucht hat.

Ebenso gibt es »Gewohnheitsverbrecher«, die ihre Untaten ganz gegen ihren Willen begehen; fragt man sie nach Beweggründen, bekommt man die Antwort: »Ich konnte nicht anders, es trieb mich, es war stärker als ich.«

Diese Aussagen des Trinkers wie des Verbrechers entsprechen der Wahrheit; sie müssen wirklich ihrem bösen Triebe nachgeben, bloß weil sie sich vorstellen, ihm nicht widerstehen zu können.

Da pochen wir nun stolz auf unseren freien Willen und glauben, Handlungsfreiheit zu haben in allem, was wir tun, und sind in Wirklichkeit nur klägliche Marionetten in der Hand unserer Vorstellungskraft. Wir hören erst auf, Marionetten zu sein, wenn wir gelernt haben, unsere Vorstellungskraft zu meistern.

Suggestion und Autosuggestion

Nach dem Gesagten können wir die Vorstellungskraft einem Wildbach vergleichen, der den Unglücklichen, der sich hineinfallen lässt, unaufhaltsam mitreißt, trotz

seinem Willen, das rettende Ufer zu erreichen. Der Bergbach scheint unbezähmbar; wenn Sie es jedoch verstehen, seinen Lauf zu ändern, ihn in ein Kraftwerk zu leiten, werden Sie dort seine Kräfte in Bewegung, Wärme,
Elektrizität umwandeln.

Wenn dieser Vergleich Ihnen noch nicht genügt, so
denken wir uns die Vorstellungskraft (die »Verrückte im
Oberstübchen«, wie die Franzosen sie manchmal nennen) als wildes Ross ohne Zaum und Zügel. Was bleibt
dem Reiter anderes übrig, als sich forttragen zu lassen,
wohin es dem Pferde beliebt. Und wenn das Pferd durchgeht, endet der Ritt leicht im Graben. Gelingt es dem
Reiter aber, diesem Pferd die Zügel anzulegen, so wechseln die Rollen sofort. Jetzt bestimmt nicht mehr das
Pferd, wohin es will, sondern der Reiter lenkt es auf den
Weg, den *er* einzuschlagen wünscht.

Nachdem wir uns nun die ungeheure Macht des
Unbewussten oder der Vorstellungskraft vor Augen
gestellt haben, will ich zeigen, dass dieses scheinbar
unzähmbare Wesen sich ebenso leicht bändigen lässt wie
ein Bergbach oder ein wildes Pferd.

Bevor wir aber weitergehen, müssen wir erst zwei viel
gebrauchte Ausdrücke genau definieren, weil in ihrer
üblichen Anwendung eine gewisse Begriffsverwirrung
herrscht. Es sind dies die Worte »Suggestion« und
»Autosuggestion«.

Was versteht man also unter Suggestion? Da wäre folgende Definition möglich: »Ein Vorgang, der darin besteht, dass ein Gedanke dem Gehirn eines anderen Menschen aufgedrängt wird.« Gibt es dergleichen? Eigentlich
nicht. Als selbstständiges Geschehen kommt die Suggestion gar nicht vor; ihre notwendige Vorbedingung ist,
dass sie sich bei der zu beeinflussenden Person in *Autosuggestion* verwandelt. Diesen Begriff aber definieren wir

folgendermaßen: »Durch uns selbst bewirken, dass ein Gedanke in uns selber Wurzel fasst.« Man kann jemandem etwas suggerieren; wenn jedoch dessen Unbewusstes diese Suggestion nicht angenommen, sie gewissermaßen nicht verdaut hat, wobei sie sich in Autosuggestion verwandelt, bleibt die Suggestion völlig wirkungslos.

Ich habe öfter die Erfahrung gemacht, dass ich sonst höchst beeinflussbaren Menschen irgendeine ganz gewöhnliche Sache suggerierte, ohne dass ich damit durchdrang. Das Unbewusste dieser Personen hatte sich eben meiner Suggestion widersetzt und sie nicht in Autosuggestion verwandelt.

Anwendung der Autosuggestion

Ich habe oben gesagt, man könne die Vorstellungskraft bezwingen und lenken, wie man ein wildes Pferd zähmt und abrichtet oder einen Wildbach kanalisiert. Dazu ist nur zweierlei nötig: Erstens muss man wissen (und das wissen die wenigsten), dass so etwas möglich ist, zweitens muss man das Mittel kennen, mit dem man es zuwege bringt. Und dieses Mittel ist ganz einfach. Ohne es zu wollen, im Dunkel des Unbewussten, wenden wir es seit unserem ersten Lebenstage tagtäglich an; durch falsche Anwendung gereicht es uns leider oft zum größten Schaden. Dieses Mittel ist die Autosuggestion.

Während man nun gewöhnlich unbewusste Autosuggestion übt, braucht man nur einfach *bewusste* Autosuggestion zu treiben. Dabei verfährt man in folgender Weise: Zunächst erwägt man sorgfältig, ob irgendeine Sache Gegenstand der vorzunehmenden Autosuggestion werden soll oder nicht; je nachdem, wie diese vernunftgemäße Überlegung ausfällt, wiederholt man bei sich mehrere Male, ohne an anderes zu denken: »Dies oder jenes wird eintreten oder geschehen; das und das wird sein oder wird nicht sein« usw. Hat das Unbewusste eine solche Suggestion angenommen, das heißt in eine Autosuggestion umgewandelt, so wird sich das suggestiv Vorgestellte Punkt für Punkt verwirklichen. In dieser Auslegung fällt die *Autosuggestion* einfach mit dem zusammen, was ich unter Hypnotismus verstehe; ich definiere diesen mit den schlichten Worten: *Einwirkung der Vorstellungskraft auf das Seelische und auf das Körperliche im Menschen.*

Diese unbestreitbare Wirkung der Vorstellungskraft will ich noch durch einige weitere Beispiele veranschaulichen.

Wenn man sich einredet, man könne eine – an sich *mögliche* – Sache tun, so bringt man sie auch zustande, wie schwierig sie auch sei. Wenn man sich dagegen *einbildet*, irgendeine höchst einfache Sache nicht zu können, wird sie einem wirklich unmöglich, und Maulwurfshügel erscheinen als unüberwindbare Hochgebirge.

Das sehen wir bei Neurasthenikern; wenn sie sich nicht die geringste Anstrengung zutrauen, dann können sie oft keine zehn Schritte gehen, ohne sich todmüde zu fühlen. Und wenn sich solche Neurastheniker nun bemühen, aus ihrer Niedergeschlagenheit herauszukommen, versinken sie noch tiefer in ihren traurigen Zustand, wie Ertrinkende gerade durch ihre verzweifelten Rettungsversuche sich immer ärger in Schlamm und umstrickende Wasserpflanzen hineinarbeiten.

Eine ähnliche Erfahrung kann man bei jeder Schmerzempfindung machen: man braucht nur zu denken, sie gehe vorüber, und wirklich schwindet der Schmerz all-

mählich; andererseits genügt die bloße Vorstellung eines
Leidens, um es im Handumdrehen tatsächlich herbeizuführen.

Ich kenne Leute, die voraussagen, sie würden an dem
und dem Tage unter ganz bestimmten Umständen
Kopfweh bekommen; und ihre Prophezeiung trifft ein:
an jenem Tage, unter den vorausgesagten Umständen, fühlen sie Kopfweh. Aber sie selber haben sich dieses Leiden bereitet, genau so wie andere Schmerz und
Weh durch *bewusste Autosuggestion* zu heilen vermögen.

Ich weiß wohl, in den Augen der Leute ist man gleich
ein ausgemachter Narr, wenn man Gedanken zu äußern
wagt, die dem hergebrachten Schlendrian zuwiderlau-
fen. Aber auf die Gefahr hin, verrückt zu erscheinen,
behaupte ich: Zahlreiche Menschen sind nur darum seelisch oder körperlich krank, weil sie sich *vorstellen*, seelisch oder körperlich krank zu sein; manche Personen
sind unfähig, sich zu bewegen, ohne dass irgendeine
körperliche Lähmungsursache bei ihnen nachweisbar
wäre, nur weil sie sich *vorstellen*, gelähmt zu sein. Gerade bei solchen Kranken erlebt man die schnellsten, über-
raschendsten Heilerfolge.

Andere wieder sind glücklich oder unglücklich, weil
sie sich eben vorstellen, glücklich oder unglücklich zu
sein; denn von zwei beliebigen Menschen vermag unter
sonst völlig gleichen Verhältnissen der eine sich *wunsch-
los glücklich*, der andere *todunglücklich* zu fühlen.

Neurasthenie, Stottern, Angstzustände, Kleptoma-
nie[2], gewisse Fälle von Lähmung usw. sind nichts anderes als durch das *Unbewusste* bewirkte Erscheinungen
seelischer oder körperlicher Natur.

---

2 Krankhafter Drang zum Stehlen

Wenn aber das *Unbewusste* uns auch zur Quelle vieler Leiden wird, so kann es andererseits die Heilung körperlicher oder seelischer Leiden bewirken. Es vermag nicht nur das von ihm selber angerichtete Unheil wiedergutzumachen, sondern auch wirkliche Erkrankungen zu heilen; so weit reicht seine Macht über unseren Organismus.

Man ziehe sich in ein Zimmer zurück, in dem man vor Störung sicher ist, setze sich in einen Lehnstuhl, schließe die Augen, um durch nichts abgelenkt zu werden, und denke dann eine kleine Weile nur: »Dies oder das schwindet, dies oder jenes tritt in Erscheinung.«

Wenn es dabei nun wirklich zu einer Autosuggestion kommt, das heißt, wenn das Unbewusste die dargebotene Vorstellung sich zu eigen gemacht hat, so wird sich das Gedachte in der erstaunlichsten Art und Weise verwirklichen. (Es ist eine wesentliche Eigenschaft der auf dem Wege der Autosuggestion beigebrachten Gedanken, dass sie *jenseits unseres Bewusstseins* in uns leben und dass sie uns dieses ihr Dasein eben nur durch die Wirkungen kundgeben, die sie hervorbringen.) Eine Vorschrift aber ist von ungeheurer, entscheidender Bedeutung: Die *Ausübung der Autosuggestion muss ohne jede Einmischung des Willens* erfolgen. Denn wenn der Wille mit der Vorstellung in Widerstreit gerät, wenn man etwa denkt: »*Ich will*, dass dieses oder jenes eintrete«, so braucht nur die Vorstellungskraft einzuwenden: »Du willst es wohl, aber es wird doch nicht geschehen«, und man wird nicht nur das Erstrebte nicht erlangen, sondern es tritt sein genaues Gegenteil ein.

Diese Beobachtung ist von *grundlegender Wichtigkeit*. Durch sie wird die Tatsache verständlich, warum man bei der ärztlichen Behandlung seelischer Krankheiten mit allen Versuchen, den Willen der Patienten neu zu *erziehen*, so klägliche Erfolge erzielt. Man muss sich vielmehr auf die *Erziehung ihrer Vorstellungskraft* verlegen. Dieser Besonderheit meines Verfahrens ist es zuzuschreiben, dass ihm auch in solchen Fällen Erfolg beschieden war, in denen andere Methoden – und nicht die schlechtesten – versagt hatten.

Aufgrund meiner Erfahrungen an zahlreichen Fällen, wie ich sie seit 20 Jahren täglich erlebe und aufs Sorgfältigste beobachte, bin ich zu den nachstehenden Schlussfolgerungen gelangt, die ich in vier Gesetzen zusammengefasst habe:

1. Im Widerstreit zwischen Willen und Vorstellungskraft siegt Letztere *ausnahmslos*.
2. Im Konflikt zwischen Wille und Vorstellung beträgt die Vorstellungskraft so viel wie das Quadrat der Willenskraft.[3]
3. Sind Wille und Vorstellungskraft gleich gerichtet, so addieren sie sich nicht, vielmehr ist die Endkraft das Ergebnis einer Multiplikation beider Energien[4].
4. Die Vorstellungskraft ist lenkbar.

Aus dem Gesagten könnte man schließen, dass eigentlich kein Mensch krank sein dürfte. Diese Folgerung ist ganz richtig. *Fast ausnahmslos* kann jede Krankheit unter der Einwirkung der Autosuggestion zum Schwinden gebracht werden; diese Behauptung klingt freilich sehr kühn und wenig glaubwürdig. Aber ich sage auch nicht:

---

3 Die Ausdrücke »Vorstellungskraft so viel wie das Quadrat der Willenskraft« und »Multiplikation beider Energien« sind nur bildlich zu nehmen und sollen dazu dienen, meine Meinung zu veranschaulichen.

4 siehe Anmerkung 3

Jede Krankheit schwindet in jedem Falle, sondern nur: Sie kann schwinden. Das ist ein Unterschied.

Doch damit die Menschen dahin gelangen, bewusste Autosuggestion anzuwenden, muss man sie darin unterweisen, wie man sie zum Beispiel lesen und schreiben lehrt oder sie in der Musik unterrichtet.

Die *Autosuggestion* ist also, wie gesagt, eine Naturkraft, die uns angeboren ist; unser Leben lang spielen wir mit ihr, ohne es zu wissen, wie ein Säugling mit seinem Spielzeug. Aber es ist ein gefährliches Spielzeug, das bei unvorsichtiger, unbewusster Handhabung verwunden und sogar töten kann. Hingegen kann es bei *bewusstem* Gebrauche ein Rettungswerkzeug werden. Man kann darauf anwenden, was Äsop von der Sprache gesagt hat: »Sie ist das wunderbarste, aber zugleich auch das schlimmste Ding der Welt.«

Wie man bewusste Autosuggestion betreiben soll

Jeden Morgen beim Erwachen und jeden Abend, sobald man im Bett liegt, schließe man die Augen und spreche (ohne dass man sich bemüht, seine *Aufmerksamkeit bei dem festzuhalten*, was man sagt), indem man dabei die Lippen bewegt, laut genug, um seine eigenen Worte *hören* zu können (das ist unerlässlich), und indem man an einer mit 20 Knoten versehenen Kordel abzählt, den folgenden Satz: »Es geht mir mit jedem Tag in jeder Hinsicht immer besser und besser.« Da sich die Worte »in jeder Hinsicht« auf alles beziehen, ist es überflüssig, bei sich Sondersuggestionen vorzunehmen.

Man führe diese Suggestion auf eine möglichst *schlichte, kindliche, mechanische* Art und Weise aus, infolgedessen *ohne jede Anstrengung.* Mit einem Worte, die Formel soll wie eine Litanei hergesagt werden.

Auf diese Weise gelangt man dahin, sie ganz mechanisch durch das Ohr ins Unbewusste eindringen zu lassen, und wenn sie einmal dort eingedrungen ist, so wirkt sie auch. *Man befolge sein Leben lang diese Methode, die ebenso sehr vorbeugend als heilend wirkt.*

Sobald man ferner im Laufe des Tages oder der Nacht ein körperliches oder seelisches Leiden fühlt, versichere man sich selber sofort, dass man ihm bewusst gewiss keinen Vorschub leisten und dass man es zum Verschwinden bringen werde; dann suche man möglichst Einsamkeit auf, schließe die Augen, streiche sich über die Stirn, wenn es sich um etwas Seelisches handelt, oder über den schmerzenden Teil, wenn es etwas Körperliches ist, und wiederhole *ungemein schnell* mit den Lippen folgende Worte: »Es geht weg, weg …« usw., so lange es nötig ist. Bei ein wenig Übung bringt man den seelischen oder körperlichen Schmerz nach 20 bis 25 Sekunden zum Schwinden.

Anmerkung: *Die Anwendung von Autosuggestion ist kein Ersatz für ärztliche Behandlung, aber sie ist für Kranke wie für Ärzte eine wertvolle Hilfskraft.*

ESTHER UND JERRY HICKS:
Das Gesetz der Anziehung

Definition

Jerry: Nun, Abraham, ich nehme an, dass ihr als Erstes das *Gesetz der Anziehung* detailliert mit uns erörtern wollt. Immerhin habt ihr gesagt, dass es sich dabei um das machtvollste Gesetz überhaupt handelt.

Abraham:

Das *Gesetz der Anziehung* ist nicht nur das machtvollste Gesetz im Universum. Du musst es auch verstanden haben, bevor du einen Nutzen aus dem ziehen kannst, was wir dir anbieten. Und du musst es verstanden haben, damit die Beobachtungen, die du in deinem oder im Leben der anderen machst, für dich einen Sinn ergeben. Alles in deinem Leben und im Leben derer um dich herum wird vom *Gesetz der Anziehung* beeinflusst. Auf ihm beruht jede Manifestation, die du erlebst. Auf ihm beruht alles, was in deine Erfahrung tritt. Du musst dir des *Gesetzes der Anziehung* bewusst sein und seine Wirkungsweise verstanden haben, wenn du ein sinnerfülltes Leben führen willst. Das ist auch unerlässlich, wenn du das freudvolle Leben führen willst, für das du in diese Welt gekommen bist.

Das *Gesetz der Anziehung* besagt:

Das, was sich gleicht, zieht sich an.

Wenn du sagst: »Gleich und gleich gesellt sich gern«, sprichst du eigentlich vom *Gesetz der Anziehung*.

Du erfährst seine Wirkung, wenn du dich beim Aufwachen elend fühlst und im Laufe des Tages alles immer schlimmer wird, sodass du am Abend sagst: »Ich hätte gar nicht erst aufstehen sollen.« Du siehst, wie das *Gesetz der Anziehung* sich Ausdruck verschafft, wenn der, der am häufigsten über Krankheiten spricht, krank wird, wenn der, der am häufigsten über Wohlstand spricht, wohlhabend wird. Das *Gesetz der Anziehung* zeigt sich, wenn du deinen Funkwecker auf halb sieben stellst und *erwartest*, dass der Sender die Sendung um halb sieben ausstrahlt, weil du davon *ausgehst*, dass das Funksignal des Senders genau dem entspricht, das bei deinem Empfänger *eingeht*.

Wenn du beginnst, dieses machtvolle *Gesetz der Anziehung* zu verstehen – oder besser gesagt, wenn du dich zu erinnern beginnst –, werden die Hinweise darauf in deiner Umgebung immer deutlicher werden, und du wirst erkennen, dass deine Gedanken genau dem entsprachen, was zu deiner Erfahrung geworden ist. Du machst deine Erfahrungen nicht einfach so. *Du ziehst sie an – und zwar alle. Ausnahmslos.*

Da das *Gesetz der Anziehung* auf die Gedanken, die du hast, reagiert, kann man durchaus sagen, dass du *deine eigene Realität erschaffst.* Alles, was du erlebst, ziehst du an, weil die Gedanken, die du ausschickst, dem *Gesetz der Anziehung* unterliegen. Ob du dich an etwas aus der Vergangenheit erinnerst, etwas in der Gegenwart beobachtest oder dir etwas Künftiges vorstellst, immer ruft der Gedanke, auf den du dich in deinem mächtigen Jetzt konzentrierst, eine Schwingung in dir hervor – und das *Gesetz der Anziehung* reagiert sofort darauf.

Die Menschen erklären oft, wenn sie gerade etwas Unangenehmes erleben, dass *sie* ganz sicher nicht der Grund dafür sind. »Das hätte ich mir doch nie angetan!«, erklären sie. Und obwohl wir wissen, dass du diese unerwünschte Begebenheit nicht bewusst in deine Erfahrung geholt hast, müssen wir dir entgegenhalten, dass *du* allein sie hervorgerufen haben kannst, denn niemand sonst außer dir hat die Macht, das anzuziehen, was dir widerfährt. Du hast es durch *Unterlassen* hervorgerufen, indem du dich auf diese unerwünschte Begebenheit oder ihre Essenz konzentriert hast. Da du dir der *Gesetze des Universums*, der Spielregeln, nicht bewusst gewesen warst, hast du deine Aufmerksamkeit auf etwas Unangenehmes gerichtet und dadurch dieses Unangenehme in deine Erfahrung geholt.

Um das Gesetz der Anziehung besser zu verstehen, betrachte dich als einen Magneten, der das, was du denkst und fühlst, anzieht. Deshalb kannst du nicht schlank werden, wenn du dich für dick hältst. Wenn du dich für arm hältst, kannst du keinen Wohlstand anziehen, und so weiter. Das widerspricht dem Gesetz.

An etwas denken heißt, es einzuladen

Je besser du verstehst, wie machtvoll das Gesetz der Anziehung ist, desto mehr wirst du daran interessiert sein, deine Gedanken bewusst auszurichten – denn du bekommst das, woran du denkst, ob es dir gefällt oder nicht. Ausnahmslos wirst du das, woran du denkst, in deine Erfahrung einladen. Wenn du nur kurz an etwas denkst, was du gern hättest, wird dieser Gedanke durch das Gesetz der Anziehung immer größer und mächtiger. Und wenn du an etwas denkst, was du nicht willst, zieht das Gesetz der Anziehung es ebenfalls an, und es wird immer größer. Je größer der Gedanke wird, desto kraftvoller wird er auch und desto größer ist die Wahrscheinlichkeit, dass du diese Erfahrung machen wirst.

Wenn du bei anderen etwas siehst, was du selbst gern erleben würdest, und du sagst: »Ja, das hätte ich gern«, holst du es durch deine *Aufmerksamkeit* in deine Erfahrung. Aber auch, wenn du etwas siehst, was du nicht erleben möchtest, und rufst: »Nein, nein, das will ich nicht!«, lädst du es durch deine Aufmerksamkeit in deine Erfahrung ein. In diesem auf Aufmerksamkeit beruhenden Universum gibt es so etwas wie Ausschluss nicht. Deine Aufmerksamkeit schließt es in deine Schwingung ein, und wenn du lange genug deine Aufmerksamkeit oder dein Gewahrsein darauf richtest, wird das *Gesetz der Anziehung* es in deine Erfahrung holen, denn so etwas wie ein Nein gibt es nicht. Deutlich gesagt, wenn du etwas siehst und rufst: »Nein, das will ich nicht erfahren; geh fort!«, holst du es eigentlich erst in deine Erfahrung, weil es in einem Universum, das auf Aufmerksamkeit beruht, kein Nein gibt. Die Aufmerksamkeit, die du ihm schenkst, besagt: »Ja, komm zu mir, du Ding, das ich *nicht* will!«

Glücklicherweise manifestieren sich die Dinge hier in deiner physikalischen Raum-Zeit-Realität nicht unmittelbar in deiner Erfahrung.

Es gibt einen wundervollen *Zeitpuffer* zwischen dem Moment, in dem dein Gedanke an etwas einsetzt, und dem Moment, in dem es sich manifestiert. Dieser *Zeitpuffer* gibt dir die Möglichkeit, deine Aufmerksamkeit mehr und mehr in Richtung der Dinge zu lenken, die du wirklich in deiner Erfahrung manifestieren willst. Und lange bevor sich etwas manifestiert (eigentlich schon, wenn du zum ersten Mal daran denkst), kannst du daran, wie es sich *anfühlt*, erkennen, ob es etwas ist, was du wahrhaftig manifestieren willst. Schenkst du ihm weiter deine Aufmerksamkeit – ob du es nun haben willst oder nicht –, wird es zu deiner Erfahrung werden.

Diese Gesetze beeinflussen dich auch dann, wenn du sie ignorierst – selbst wenn du gar nichts von ihnen weißt. Und auch wenn du vielleicht noch nie etwas vom *Gesetz der Anziehung* gehört hast, zeigt sich seine machtvolle Auswirkung in jedem Aspekt deiner Lebenserfahrung.

Wenn du über das hier Gelesene nachdenkst und erkennst, wie das, was du denkst und sagst, mit dem zusammenhängt, was dir widerfährt, wirst du das machtvolle *Gesetz der Anziehung* allmählich verstehen. Und wenn du deine Gedanken bewusst ausrichtest und dich auf das konzentrierst, was du in deine Erfahrung holen willst, wirst du in jeder Hinsicht die Lebenserfahrungen machen, die du dir wünschst.

Die physische Welt ist ein ausgedehnter und vielgestaltiger Ort, der eine erstaunliche Fülle von Ereignissen und Umständen birgt, von denen dir manche gefallen (die du gern selbst erleben würdest) und von denen dir manche nicht gefallen (die du ungern selbst erleben würdest). Als du diese körperliche Erfahrung begonnen hast, lag es nicht in deiner Absicht, dass die Welt sich deinen Vorstellungen fügen sollte, wie alles zu sein hat, indem du alles beseitigst, was dir nicht gefällt, und du nur auf dem aufbaust, was dir gefällt.

Du bist in dieser Welt, um sie nach deinen Vorstellungen zu erschaffen, während du der Welt gleichzeitig erlaubst, so zu sein, wie es dem Wunsch anderer entspricht. Und auch wenn deren Entscheidungen in keiner Weise deine Entscheidungen beeinträchtigen, wirkt sich schon allein die Aufmerksamkeit, die du auf die Entscheidungen anderer richtest, durchaus auf deine Schwingung aus – und damit auf den Grad deiner Anziehung.

Meine Gedanken haben magnetische Kraft

Das *Gesetz der Anziehung* reicht mit seiner magnetischen Kraft in das Universum hinaus und zieht andere Gedanken an, die ihm schwingungsmäßig gleichen – und das führt hierzu: Deine Aufmerksamkeit für bestimmte Themen, deine Aktivierung von Gedanken und die Reaktion des *Gesetzes der Anziehung* auf diese Gedanken, ist verantwortlich für jede Person, jedes Ereignis und jeden Umstand, der in deine Erfahrung tritt. All diese Dinge werden durch so etwas wie einen mächtigen magnetischen Trichter in deine Erfahrung gezogen und sind schwingungsmäßige Entsprechungen deiner Gedanken.

Du erlebst im Grunde das, was du gedacht hast, ob du es willst oder nicht. Das mag dich anfangs vielleicht beunruhigen, aber wir wissen, dass du mit der Zeit die Gerechtigkeit, Folgerichtigkeit und Vollkommenheit dieses machtvollen *Gesetzes der Anziehung* zu schätzen lernen wirst. Wenn du dieses Gesetz verstehst und darauf achtest, worauf du deine Aufmerksamkeit richtest, wirst du zu kontrollieren lernen, welche Erfahrungen du machst. Und kannst du es kontrollieren, wirst du dich daran erinnern, dass es keinen Wunsch gibt, den du nicht *wahr* werden lassen kannst, dass es nichts gibt, was du nicht aus deiner Erfahrung entlassen kannst, wenn du es nur willst.

Verstehst du das *Gesetz der Anziehung* und erkennst, welches vollkommene Verhältnis zwischen dem besteht, was du gedacht und gefühlt hast, und dem, was sich in deiner Lebenserfahrung manifestiert, so wirst du viel bewusster dafür, was deine Gedanken anregt. Du wirst feststellen, dass etwas, was du liest oder im Fernsehen siehst oder hörst oder ein anderer erlebt hat, deine Gedanken beeinflusst. Und sobald du verstehst, welche Wirkung das *Gesetz der Anziehung* auf diese Gedanken hat, die klein anfangen und je nach der Aufmerksamkeit, die du ihnen entgegenbringst, immer größer und mächtiger werden, wirst du den Wunsch in dir verspüren, deine Gedanken eher auf Dinge zu richten, die du auch wirklich erleben willst. Egal, worüber du nachdenkst, und egal, wodurch ein Gedanke angeregt wurde – während du noch darüber nachdenkst, macht sich das *Gesetz der Anziehung* bereits ans Werk und bietet dir immer weitere Gedanken, Gespräche und Erfahrungen an, die ganz ähnlicher Natur sind.

Ob du dich an die Vergangenheit erinnerst, die Gegenwart beobachtest oder dir Künftiges vorstellst, du machst es im *Jetzt*, und worauf du dich auch konzentrierst, es ruft eine Schwingung hervor, auf die das *Gesetz der Anziehung* reagiert. Anfangs magst du vielleicht noch ganz für dich über ein bestimmtes Thema nachdenken, aber wenn du lange genug darüber nachdenkst, wird dir auffallen, dass andere mit dir darüber zu sprechen beginnen, weil das *Gesetz der Anziehung* andere findet, die eine ähnliche Schwingung aufweisen, und sie geradewegs zu dir führt. Je länger du dich auf etwas konzentrierst, desto machtvoller wird es; und je stärker deine Anziehung darauf Einfluss nimmt, desto deutlicher drückt es sich in deinen Lebenserfahrungen aus.

Ob du dich auf etwas konzentrierst, was du willst, oder auf etwas, was du nicht willst, es erreicht dich ein ständiger Strom von Gedanken, der davon kündet.

Mein Inneres Wesen teilt sich durch Gefühle mit

Du bist viel mehr als das, was du hier in deinem physischen Körper wahrnimmst, denn während du in der Tat ein wundervoller Erschaffer des *Physischen* bist, existierst du gleichzeitig in einer anderen Dimension. Es gibt einen Teil von dir, einen körperlosen Teil von dir – wir nennen ihn dein *Inneres Wesen* –, der gleichzeitig mit diesem physischen Körper hier existiert.

Deine Gefühle zeigen auf der körperlichen Ebene dein Verhältnis zu deinem Inneren Wesen an. Anders ausgedrückt, während du dich auf etwas konzentrierst und diesbezüglich eine bestimmte Sichtweise und Auffassung hast, befasst sich auch dein *Inneres Wesen* damit und hat seine eigene Sichtweise und Auffassung. Die *Gefühle*, die du empfindest, zeigen dir an, ob diese Auffassungen zusammenpassen. Beispielsweise könnte etwas vorgefallen sein und deine gegenwärtige Auffassung von dir ist, dass du es besser hättest machen können oder ein Dummkopf bist oder wertlos. Da dein *Inneres Wesen* im Allgemeinen unterstellt, dass du alles richtig machst und klug und jederzeit wertvoll bist, besteht eine deutliche Diskrepanz zwischen diesen Auffassungen, und du empfindest diese Diskrepanz als negative Gefühle. Andererseits stimmt deine Auffassung, wenn du stolz auf dich bist oder dich selbst oder jemand anderen liebst, sehr viel stärker mit der Auffassung überein, die dein *Inneres Wesen* in dem Moment von dir hat; und in diesem Fall würdest du die positiven Gefühle von Stolz, Liebe oder Wertschätzung empfinden.

Dein *Inneres Wesen* oder deine *Quellenergie* bietet dir immer eine Sichtweise an, die den größten Vorteil für dich bringt, und wenn deine Sichtweise ihrer entspricht, vollzieht sich eine positive Anziehung. Mit anderen Worten, je besser du dich fühlst, desto besser wirkt deine Anziehung und desto besser entwickelt sich alles für dich. Der Abgleich der Schwingungen deiner Sichtweise und der deines *Inneren Wesens* sind verantwortlich für diese herrliche *Führung*, die dir stets zur Verfügung steht.

Da das *Gesetz der Anziehung* jederzeit auf jede Schwingung reagiert und Einfluss nimmt, die du anbietest, ist es äußerst hilfreich zu verstehen, dass deine Gefühle dich immer wissen lassen, ob du gerade etwas erschaffst, was du willst, oder etwas, was du nicht willst.

Oft versuchen unsere physischen Freunde, wenn sie vom machtvollen *Gesetz der Anziehung* erfahren und zu verstehen beginnen, dass sie die Dinge kraft ihrer Gedanken anziehen, jeden Gedanken zu kontrollieren, und oft haben sie sogar den Eindruck, nicht mehr frei denken zu können. Aber das Kontrollieren von Gedanken ist eine schwierige Sache, weil es so viel gibt, was man denken kann, und das *Gesetz der Anziehung* ständig neue Gedanken hervorbringt.

Statt zu dem Versuch, deine Gedanken zu kontrollieren, möchten wir dich lieber dazu ermutigen, darauf zu achten, wie du dich fühlst. Entscheidest du dich nämlich für einen Gedanken, der nicht mit der Sichtweise des umfassenderen, älteren, weiseren und liebevollen *Inneren Wesens* harmoniert, wirst du Uneinigkeit spüren, und dann kannst du deinen Gedanken mühelos auf etwas umlenken, das sich besser anfühlt und dir deshalb dienlicher ist.

Als du beschlossen hast, in diesen physischen Körper einzutreten, war dir bekannt gewesen, dass du auf dieses wundervolle *Emotionale Leitsystem* Zugriff haben würdest, denn du wusstest schon damals, dass es dir dank deiner wundervollen immer gegenwärtigen Gefühle nicht verborgen bleiben würde, wenn du von deinem umfassenderen Wissen abkommst oder damit harmonierst.

Denkst du in Richtung von etwas, was du willst, hast du ein positives Gefühl. Denkst du in Richtung von etwas, was du nicht willst, hast du ein negatives Gefühl.

Und deshalb wirst du, wenn du auf deine Gefühle achtest, immer wissen, aus welcher Richtung dein machtvolles magnetisches Wesen den Gegenstand gerade anzieht, um den deine Gedanken kreisen.

Mein allgegenwärtiges Emotionales Leitsystem

Dein wundervolles *Emotionales Leitsystem* bietet dir einen großen Vorteil, denn das *Gesetz der Anziehung* wirkt immer, ob du willst oder nicht. Und so wirst du, wenn du an etwas denkst, was du *nicht* willst, und bei diesem Gedanken verweilst, kraft dessen immer mehr und mehr davon anziehen, bis du schließlich passende Begebenheiten oder Umstände anziehst, die zu deiner Erfahrung werden.

Bist du dir deines *Emotionalen Leitsystems* hingegen bewusst und empfänglich für deine Gefühle, wird dir schon früh auffallen, dass du dich mit etwas befasst, was du *nicht* willst, und dann kannst du den Gedanken mühelos ändern und etwas anzuziehen beginnen, was du willst. Bist du für deine Gefühle nicht empfänglich, wird dir auch nicht bewusst werden, dass du in eine Richtung denkst, die du nicht willst, und dann ziehst du vielleicht etwas sehr Großes und Machtvolles an, das du nicht willst und das dir später schwere Probleme bereitet.

Kommt dir ein Gedanke, dem du voller Ungeduld nachgehst, bedeutet das, dass dein *Inneres Wesen* in *schwingungsmäßiger Resonanz* zu diesem Gedanken steht, und dann zeigt dein positives Gefühl an, dass die Schwingung deines Gedankens in diesem Moment der deines *Inneren Wesens* entspricht. So etwas nennt man *Inspiration*: Du stehst einen Moment lang in völliger schwingungsmäßiger Resonanz zu der umfassenderen Sichtweise deines *Inneren Wesens,* und aufgrund der gleichen Ausrichtung empfängst du deutliche Informationen oder *Führung* von deinem *Inneren Wesen.*

Was ist, wenn ich will, dass es schneller geschieht?

Durch das *Gesetz der Anziehung* werden zueinanderpassende Gedanken zusammengeführt, und wenn das geschieht, werden sie noch machtvoller. Wenn sie noch machtvoller werden – und dadurch der Manifestation näherkommen –, wird auch das Gefühl, das du empfindest, sich proportional verstärken. Richtest du deine Aufmerksamkeit auf etwas, was du dir wünschst, so werden durch das *Gesetz der Anziehung* immer mehr Gedanken in Bezug auf diesen Wunsch angezogen und deine positiven Gefühle verstärken sich. *Du kannst die Erschaffung von etwas einfach dadurch beschleunigen, dass du ihm mehr Aufmerksamkeit widmest – das Gesetz der Anziehung kümmert sich dann um den Rest und bringt dir die Essenz des Gegenstands deiner Gedanken.*

Wir würden die Worte »Wille« oder »Wunsch« folgendermaßen definieren: *einem Gegenstand Aufmerksamkeit entgegenbringen oder an ihn denken, während gleichzeitig positive Gefühle erlebt werden.*

Wenn du einem Gegenstand Aufmerksamkeit entgegenbringst und dabei ausschließlich positiv für ihn empfindest, wird er sehr schnell in deine Erfahrung eintreten. Manchmal hören wir unsere physische Freunde die Worte »Wille« oder »Wunsch« aussprechen, während sie gleichzeitig *Zweifel* oder *Furcht* empfinden, dass ihr Wunsch wahr werden könnte. Aus unserer Sicht ist es nicht möglich, sich etwas reinen Herzens zu wünschen, während man derselben Sache ein negatives Gefühl entgegenbringt. *Ein reiner Wunsch wird immer von einem positiven Gefühl begleitet.* Vielleicht stimmen die Menschen deshalb nicht mit unserer Verwendung der Worte »Wille« und »Wunsch« überein. Sie führen oft an, dass »Wollen« einen Mangel voraussetzt und seiner eigenen Bedeutung widerspricht, und das finden wir auch. Aber das Problem ist nicht das Wort oder die Bezeichnung, sondern der Gefühlszustand, der sich bei der Verwendung dieses Wortes ausdrückt.

Es ist unser Wunsch, dir verständlich zu machen, dass du von jedem Ort überallhin gelangen kannst, egal, wer du bist oder in welchem Zustand du dich gerade befindest. In erster Linie musst du verstehen, dass dein augenblicklicher mentaler Seinszustand oder deine Einstellung die Grundlage bildet, von der aus du mehr anziehen wirst. So reagiert das machtvolle *Gesetz der Anziehung* konsequent auf alles in diesem schwingenden Universum. Es führt Menschen mit zueinanderpassenden Schwingungen zusammen, Situationen mit zueinanderpassenden Schwingungen und Gedanken mit zueinanderpassenden Schwingungen. Alles in deinem Leben, von den Gedanken, die dir gerade durch den Kopf gehen, bis zu den Menschen, denen du im Straßenverkehr begegnest, folgt einzig und allein dem *Gesetz der Anziehung*.

Wie will ich mich selbst sehen?

Bei den meisten von euch läuft im Leben alles glatt, und ihr wollt, dass es so bleibt, aber manches hättet ihr auch gern anders. Um etwas zu ändern, musst du es so sehen, wie es sein soll, statt es einfach nur weiter zu beobachten. Die Mehrzahl der Gedanken, die du denkst, sind vermutlich Beobachtungen, das heißt, du konzentrierst dich auf das, was ist, richtest darauf deine Aufmerksamkeit und deine Schwingung und bestimmst dadurch die Art deiner Anziehung. Das wird noch dadurch verstärkt, dass die anderen um dich herum dich beobachten.

Und so stellt sich durch die überwältigende Menge von Aufmerksamkeit, die die meisten von euch ihrer augenblicklichen Situation (*dem, was ist*) entgegenbringen, die Veränderung nur langsam oder überhaupt nicht ein. Ein steter Strom unterschiedlicher Menschen fließt in dein Leben, doch die Essenz oder das Thema dieser Erfahrungen ändert sich nicht sonderlich.

Um eine echte Änderung zum Positiven in deine Erfahrung zu holen, musst du darüber hinwegsehen, wie die Dinge sind – und darüber, wie andere sie sehen –, und deine Aufmerksamkeit darauf richten, wie du sie gern hättest. Mit etwas Übung wirst du deinen *Anziehungsort* wechseln und eine grundlegende Änderung in deiner Lebenserfahrung herbeiführen. Krankheit kann zu Wohlbefinden werden, ein Mangel zu Fülle, an die Stelle schlechter Beziehungen können gute Beziehungen treten, Verwirrung kann durch Klarheit ersetzt werden und so weiter.

Wenn du deine Gedanken bewusst ausrichtest – anstatt einfach nur zu beobachten, was um dich herum geschieht –, wirst du allmählich die Schwingungsmuster ändern, auf die das *Gesetz der Anziehung* reagiert. Und mit der Zeit wirst du sehr viel müheloser, als du es jetzt vielleicht glaubst, nicht immer wieder neu eine Zukunft erschaffen, die deiner Vergangenheit und Gegenwart gleicht – einfach dadurch, dass du nicht mehr darauf reagierst, wie andere dich wahrnehmen. Stattdessen wirst du ein machtvoller bewusster Schöpfer deiner eigenen Erfahrung werden.

Du wirst wohl nicht erleben, dass ein Bildhauer seinen großen Batzen Lehm mit dem Ausruf: »Ach, es ist schon wieder nichts geworden!«, auf seine Arbeitsplatte wirft. Er weiß, dass er den Lehm erst mit seinen Händen kneten und bearbeiten muss, damit das Bild vor seinem geistigen Auge in dem Lehm auf seinem Tisch Gestalt annimmt. Die Vielfalt deiner Lebenserfahrungen versorgt dich mit dem Lehm, aus dem du deine neue Lebenserfahrung formen kannst, und sie nur zu beobachten, ohne sie anzupacken und entsprechend deinen Wünschen zu gestalten, ist nicht gerade befriedigend – und das hattest du auch nicht im Sinn, als du die Entscheidung trafst, in diese Raum-Zeit-Realität zu kommen. Wir wollen dir bewusst machen, dass dein »Lehm« formbar ist, egal, wie er gerade aussieht. Ausnahmslos.

Willkommen, Kleines, auf dem Planeten Erde

Vielleicht hast du den Eindruck, dass es dir leichter gefallen wäre, diese Worte in dich aufzunehmen, wenn du sie am ersten Tag deiner Erfahrung auf diesem Planeten Erde gehört hättest. Hätten wir an deinem ersten Tag der Erfahrung in diesem physischen Leben zu dir gesprochen, so hätten wir Folgendes zu dir gesagt:

Willkommen, Kleines, auf dem Planeten Erde ... Es gibt nichts, was du nicht sein, tun oder haben kannst. Du bist ein großartiger Schöpfer und du bist hier dank deines machtvollen und bewussten Wunsches, hier sein zu wol-

len. *Du hast sehr präzise die wundervolle Wissenschaft des bewussten Erschaffens angewandt, und diese Fähigkeit hat dich hierher gebracht.*

Mach so weiter, richte deine Gedanken auf dein Wollen, ziehe Lebenserfahrungen an, damit du entscheiden kannst, was es ist, das du willst, und sobald du dich entschieden hast, richte dein Denken nur noch darauf aus.

Du wirst deine Zeit größtenteils mit dem Sammeln von Daten verbringen – Daten, die dir helfen werden zu entscheiden, was du willst ... Deine eigentliche Arbeit besteht darin zu entscheiden, was du willst, und dich dann darauf zu konzentrieren, denn durch die Konzentration auf das, was du willst, wirst du es anziehen. Das ist der Prozess des Erschaffens: seine Gedanken auf das zu richten, was man will, so viele Gedanken und so viel klare Gedanken, dass das Innere Wesen Emotionen hervorbringt. Und wenn du emotional an etwas denkst, wirst du zum mächtigsten aller Magnete. Das ist der Prozess, durch den du das, was du willst, in deine Erfahrung ziehst.

Viele der Gedanken, die du denken wirst, werden nicht machtvoll genug sein, um etwas anzuziehen, anfangs nicht – erst wenn du dich lange genug auf sie konzentrierst, sodass sie mehr werden können. Wenn ihre Zahl zunimmt, gewinnen sie an Macht. Und wenn ihre Zahl zunimmt und ihre Macht wächst, wird auch die Emotion, die du in deinem Inneren Wesen spürst, größer werden.

Wenn du Gedanken denkst, die Emotionen hervorbringen, hast du Zugang zur Macht des Universums. Mach so weiter (würden wir sagen an diesem ersten Tag deiner Erfahrung im Leben) und wisse, dass deine Arbeit darin besteht, dich zu entscheiden, was du willst – und dich dann darauf zu konzentrieren.

Aber wir sprechen nicht mit dir am ersten Tag deiner Lebenserfahrung. Du bist schon seit geraumer Zeit hier. Die meisten von euch haben sich schon selbst wahrgenommen, nicht nur durch ihre Augen (ja, nicht einmal vorwiegend durch ihre Augen), sondern durch die Augen anderer; *deshalb befinden sich viele von euch momentan nicht in dem Seinszustand, in dem sie sein wollen.*

Ist meine »Realität« wirklich so real?

Es ist unsere Absicht, dir eine Methode nahezulegen, durch die du den Seinszustand erreichen kannst, den du dir selbst aussuchst, sodass du Zugang zur Macht des Universums hast und beginnen kannst, den Gegenstand deines *Wollens* anzuziehen statt den Gegenstand, der deinem Gefühl nach dein eigentlicher Seinszustand ist. Aus unserer Sicht *besteht nämlich ein großer Unterschied zwischen dem, was jetzt existiert – was du deine »Realität« nennst –, und dem, was wirklich deine Realität ist.*

Selbst wenn du dich in einem Körper aufhältst, der nicht gesund ist, oder in einem, der nicht die Größe, Form oder Vitalität hat, die du dir wünschst, wenn du einen Lebensstil führst, der dir nicht gefällt, ein Auto fährst, das dir peinlich ist, mit Menschen zusammen bist, die dir keine Freude bereiten … Wir wollen dir dabei helfen zu verstehen, dass du vielleicht den Eindruck hast, das sei dein Seinszustand, ohne dass er es wirklich sein muss. *Dein Seinszustand ist die Art und Weise, wie du dich in jedem beliebigen Augenblick fühlst.*

Wie kann ich meine magnetische Kraft verstärken?

Gedanken, die du ohne das Gefühl einer starken Emotion hervorbringst, haben keine große magnetische Kraft. Mit anderen Worten, obwohl jeder Gedanke, den du denkst, schöpferisches Potenzial besitzt oder das Potenzial für magnetische Anziehung, sind jene Gedanken am machtvollsten, die in Verbindung mit einer starken Emotion gedacht werden. Dadurch hat die Mehrzahl deiner Gedanken natürlich keine große anziehende Kraft. Sie erhalten mehr oder weniger das aufrecht, was du bereits angezogen hast.

Zeigt dir das nicht deutlich, wie sinnvoll es ist, jeden Tag bewusst 10 oder 15 Minuten dafür aufzuwenden, machtvolle Gedanken hervorzubringen, die starke, kraftvolle, leidenschaftliche und positive Emotionen wachrufen, um Umstände und Begebenheiten in deine Lebenserfahrung zu ziehen, die deinen Wünschen entsprechen? (Wir halten das für sehr sinnvoll.)

Wir wollen dir hier eine Methode anbieten, bei der du nur jeden Tag ein wenig Zeit aufzuwenden brauchst, um bewusst Gesundheit, Vitalität, Wohlstand und positive Beziehungen zu anderen in deine Erfahrung zu ziehen – alles, was deiner Vorstellung von einer perfekten Erfahrung des Lebens entspricht. Und sie wird Veränderungen unterliegen, Freund. Während du deine Absichten zum Ausdruck bringst und empfängst, wirst du nicht nur die Vorteile dessen empfangen, was du erschaffst, sondern auch eine neue Sichtweise herbeiführen, die deine Absichten verändert. Darum geht es bei Evolution und Wachstum.

Abrahams Methode des Workshops des Erschaffens

Und dies ist die Methode: Du wirst jeden Tag so etwas wie einen *Workshop des Erschaffens* besuchen, eine Schöpfer-Werkstatt, nicht sehr lange – 15 Minuten reichen, höchstens 20. Dieser Workshop muss nicht jeden Tag am selben Ort stattfinden, aber es wäre gut, wenn es ein Platz wäre, an dem du nicht abgelenkt oder gestört wirst. Du wirst an diesem Ort nicht in einen veränderten Bewusstseinszustand eintreten; es geht nicht um einen meditativen Zustand. Es geht um einen Zustand, in dem du mit so großer Klarheit an das denkst, was du dir wünschst, dass dein *Inneres Wesen* darauf reagiert und dir bejahende Emotionen schickt.

Bevor du mit dieser Methode beginnst, ist es wichtig, dass du glücklich bist, denn wenn du unglücklich dort hineingehst oder gar keine Emotion verspürst, wird deine Arbeit keinen großen Nutzen bringen, denn du wirst keinerlei Anziehungskraft haben. Wenn wir »glücklich« sagen, meinen wir damit nicht die Art von Aufgeregtheit, bei der man ständig auf und ab hüpft. Wir meinen ein Gefühl gehobener Stimmung und Unbeschwertheit, die Art von Empfindung, bei der alles gut ist. Und deshalb empfehlen wir dir, alles Erforderliche zu tun, um glücklich zu werden. Das ist für jeden von euch etwas anderes … Bei Esther ist das Musikhören ein schneller Weg, dieses unbeschwerte Gefühl von Frohsinn zu erreichen. Bei manchen von euch stellt es sich ein, wenn sie mit Tieren spielen oder sich in der Nähe von fließendem Wasser aufhalten. Sobald du dieses gute Gefühl in dir wachgerufen hast, nimm Platz – denn dann beginnt dein *Workshop*.

Deine Aufgabe in diesem *Workshop* besteht darin, Daten aufzunehmen, die du im wirklichen Leben gesammelt hast (als du dich mit anderen ausgetauscht und in deine physische Umgebung begeben und sie wieder verlassen hast). Deine Arbeit ist es nun, die Daten zu einer Art Bild deiner selbst zusammenzutragen, einem Bild, mit dem du zufrieden bist und das dir gefällt.

Deine Lebenserfahrung außerhalb deines *Workshops* wird dir dabei sehr nützlich sein, denn wenn du den Tag noch einmal durchgehst, wirst du Folgendes feststellen: Egal, was du tust – ob du zur Arbeit aufbrichst, zu Hause etwas machst, dich mit deinem Partner, deiner Partnerin, deinen Freunden, Kindern oder Eltern austauschst –, *wenn du deine Zeit nutzt und eine deiner Absichten darin besteht, Daten zu sammeln und nach Dingen Ausschau zu halten, die dir gefallen und die du gern in deinem Workshop hättest, wirst du die Erfahrung machen, dass jeder einzelne Tag dir Freude bringt.*

Bist du schon einmal mit Geld in der Tasche shoppen gegangen und hattest vor, dir etwas zu kaufen? Und als du dich umgeschaut hast, waren da so viele Dinge, die du nicht wolltest, und doch wolltest du *unbedingt* etwas finden, was du für dein Geld erwerben konntest. Nun, wir möchten, dass du in Zukunft jeden Tag deines Lebens genauso siehst – als hättest du eine Tasche voller Geld, die du für diese Daten, die du sammelst, eintauschen willst.

Beispielsweise siehst du jemanden, dessen Persönlichkeit dich erfreut. Sammle diese Daten mit der Absicht, sie später in deinen *Workshop* mitzunehmen. Vielleicht siehst du jemanden ein Auto fahren, das du auch gern hättest; sammle diese Daten. Vielleicht siehst du jemanden bei einer Tätigkeit, die dir gefällt ... Was immer du siehst, wenn es dir gefällt, behalte es in Erinnerung. (Du könntest es dir auch aufschreiben.) Wenn du etwas siehst, von dem du glaubst, dass du es gern zu deiner Lebenserfahrung machen würdest, sorge dafür, dass du es in einer Art mentaler Speicherbank sammelst. Und wenn du dann in deinem *Workshop* bist, nimmst du die Daten in dich auf, und während du das machst, *bereitest du ein Bild von dir vor, das dir als Ausgangspunkt dienen soll, um deine Erfahrung der Essenz dessen anzuziehen, was dir gefallen hat.*

Wenn es dir gelingt, ein Verständnis dafür zu entwickeln, dass deine *eigentliche* Arbeit – ganz egal, welchen Tätigkeiten du sonst vielleicht nachgehst – darin besteht, nach Dingen Ausschau zu halten, die du haben und in deinen *Workshop* bringen willst, um eine Vision deiner selbst zu erschaffen, die dir als *Anziehungsort* dient, dann wirst du mit der Zeit auch verstehen, dass es nichts gibt, was du nicht sein, tun oder haben kannst.

ERFOLGREICH – IN JEDEM BEREICH DES LEBENS

NORMAN VINCENT PEALE: Sie können, was Sie zu denken vermögen

George Reeves, Lehrer der fünften Klasse an der Williams Avenue School in Norwood, Ohio, war ein fabelhafter Mensch, der seinen ehemaligen Schülern – ich war einer von ihnen – unvergessen bleiben wird. Lehrer Reeves war 1,90 Meter groß und an die zwei Zentner schwer. Sein Gesicht war von Wind und Wetter zerfurcht, aber er konnte strahlen wie der Sonnenschein und uns alle mit seiner Begeisterung anstecken. Ebenso eindrucksvoll wie seine Statur war seine Persönlichkeit, und seine oberste Aufgabe sah er darin, aus uns Kindern Erwachsene zu machen, die auf eigenen Beinen stehen konnten. Tatsächlich gab er seinen Schülern Lebensregeln mit auf den Weg, an die sie sich noch Jahrzehnte später erinnerten und die sie auch anwandten.

Manchmal unterbrach Lehrer Reeves ganz unvermittelt seinen Unterricht und befahl absolute Ruhe, die sich auch prompt einstellte, wenn wir merkten, dass es ihm ernst war. Dann schrieb er in großer Schrift an die Tafel: »ICH KANN NICHT«, und schaute uns dabei erwartungsvoll an. Wir wussten bereits, worauf er hinauswollte, und riefen im Chor: »Das ›NICHT‹ muss verschwinden!« Mit einer ausladenden Handbewegung wischte Reeves das Wörtchen »nicht« aus, sodass nunmehr groß und deutlich die Worte »ICH KANN« auf der Tafel zu lesen waren. »Merkt euch das!«, sagte er dann jedes Mal, während er sich die Kreide von den Fingern klopfte. »Aus euch sollen starke und tüchtige Menschen werden, die an sich selbst, an ihr Vaterland und an Gott glauben. Haltet euch nicht für klein und schwach. Ihr könnt stark sein und etwas Großes aus euch machen.

Vergesst nie die Grundregel für jeden Erfolg: Ihr könnt, wenn ihr glaubt, ihr könnt.«

Damit wir diese Regel auch bestimmt im Gedächtnis behielten, trichterte er sie uns wieder und wieder ein. Gleichzeitig mit diesem Wahlspruch übertrug sich seine feste Überzeugung von der Wahrheit dieses Prinzips auf uns Kinder, denn eines spürten wir: Unser Lehrer lebte nach diesem Prinzip!

Eine erstaunliche Aussage

Die Formel des: »*Du kannst, wenn du glaubst, du kannst*«, setzt natürlich stillschweigend voraus, dass jeder Mensch die hierfür erforderlichen Fähigkeiten bereits in sich birgt. Diese Voraussetzung kann gar nicht genug betont werden, denn wir haben tatsächlich mehr Talente und Begabungen, größere Anlagen und größeres Leistungsvermögen in uns, als wir glauben. Thomas Alva Edison war als Vertreter der exakten Naturwissenschaften sicher kein Mensch, der sich zu oberflächlichen oder leeren Behauptungen hinreißen ließ, und doch war er es, der einmal sagte: »Führten wir alles aus, wozu wir imstande sind, würden wir buchstäblich über uns selbst staunen.«

An diese Bemerkung anknüpfend, stellt sich für jeden von uns die Frage: Habe ich schon einmal die Gelegenheit wahrgenommen, mich selbst mit meinen Leistungen in Erstaunen zu versetzen? Haben Sie sich diese Frage noch nicht gestellt? Dann wird es Zeit! Denn Sie können es nämlich, wenn Sie glauben, es zu können!

Bei einem dramatischen Zwischenfall während des Koreakrieges setzte ein junger amerikanischer Matrose seine Umwelt in Erstaunen, als er in einer lebensbedrohlichen Situation im entscheidenden Moment die richtige Lösung lieferte. Es war ihm gelungen, die tief in seinem Inneren angelegten Kräfte zur rechten Zeit nutzbar zu machen, was in seinem Falle sogar über Leben und Tod entschied …

Doch zu unserem Bericht: Während des Koreakrieges lag im Hafen von Wonsan ein amerikanischer Zerstörer vor Anker. Es war eine klare Nacht, erhellt durch den Mond, und es war sehr still. Der Quartiermeister machte gerade seinen Routinegang auf dem Schiff, als er plötzlich erstarrte: Ein großer schwarzer Gegenstand trieb langsam mit der abebbenden Flut auf das Mittelschiff zu – eine Kontaktmine, die sich vermutlich aus einem Minengürtel losgerissen hatte! Entsetzt rief der Quartiermeister über Sprechfunk den wachhabenden Offizier, der sofort zum Schauplatz gestürzt kam. Der Kapitän wurde benachrichtigt und allgemeiner Alarm gegeben. Im Nu war die ganze Schiffsbesatzung auf den Beinen.

Offiziere wie Mannschaft starrten entgeistert auf den langsam sich nähernden Sprengkörper. Fieberhaft wurde versucht, das drohende Unheil abzuwenden. In rasender Eile prüften die Offiziere alle Möglichkeiten. Sollten sie den Anker lichten? Nein, dazu blieb keine Zeit mehr. Sollten sie die Maschinen starten, um die Position des Schiffes zu verändern? Das war ebenfalls nicht möglich: Die Schiffsschrauben würden durch den Sog, den sie verursachten, die Mine nur noch rascher heranziehen. Sollten sie die Mine durch Beschuss zum Explodieren bringen? Das kam auch nicht infrage, weil sie sich schon zu nah am Schiffsmagazin befand. Aber was dann? Ein Boot zu Wasser lassen und versuchen, den Sprengkörper mit Stangen vom Schiff fernzuhalten? Unmöglich, da es sich um eine Kontaktmine handelte, die bei der leisesten Berührung explodieren würde. Die Katastrophe schien unabwendbar.

Ein einfacher Matrose übertraf alle seine Vorgesetzten an Geistesgegenwart, als ihm der rettende Einfall kam. »Holt die Feuerwehrschläuche!«, rief er. Jeder begriff, wie sinnvoll der Vorschlag war. Der Wasserstrahl wurde aufs Meer gerichtet, und die so entstehende Strömung trug den Sprengkörper in entfernteres Gewässer, wo er sicher zur Explosion gebracht werden konnte.

Dieser ungewöhnliche Einfall eines gewöhnlichen Matrosen verdient Bewunderung. Wir alle wissen, wie schwer es ist, in einer Gefahrensituation einen kühlen Kopf zu bewahren und sich nicht verwirren zu lassen. Doch der Matrose verließ sich auf sein nüchternes Denken – allein seiner Besonnenheit war die rettende Lösung zu verdanken.

Die Anlagen zu erstaunlichen Leistungen sind grundsätzlich in jedem Menschen vorhanden; sie nutzbringend zu entfalten, dazu bedarf es der richtigen Einstellung; so kann auch eine positive Selbsteinschätzung ungemein förderlich sein.

In diesem Zusammenhang denke ich an den Fall eines deutschen Jungen, der sich in den Vereinigten Staaten mit seiner Rolle als Ausländer anfangs nicht abfinden konnte. Hans, so hieß er, wollte gern das College besuchen, doch Minderwertigkeitsgefühle und Zweifel an seinem Können standen ihm im Wege. Er fürchtete, die neue Sprache werde ihm Schwierigkeiten bereiten und seine Mitschüler würden ihn wegen seines fremden Akzentes hänseln. Der starke Wunsch nach einer College-Ausbildung und der nötige Ehrgeiz waren zwar vorhanden, doch seine geringe Selbsteinschätzung hatte ihn zutiefst verunsichert.

Während einer Unterhaltung mit dem Jungen erinnerte ich mich an ein Zitat des Literaturnobelpreisträgers Rudyard Kipling: »Wir haben 40 Millionen Erklärungen für ein Versagen, aber keine einzige echte Entschuldigung.« Ich sagte ihm, er brauche sich vor nichts und niemandem zu fürchten, schon gar nicht vor sich selbst, schließlich sei er intelligent und lernfähig. »Male dir nie einen Misserfolg aus«, riet ich ihm, »weil solche Gedanken zur Verwirklichung streben. Stell dir stattdessen vor, dass du erfolgreich sein wirst. Du wirst es schaffen, wenn du dir vorstellst, dass du es schaffst. Auch gibt es keinen Grund, dich wegen deines deutschen Akzentes minderwertig zu fühlen. Lachen deine Mitschüler über dich, so lache einfach mit ihnen. Du wirst sehen, sie werden dich mögen.«

Hans ließ sich zum Collegebesuch überreden und entwickelte sich zu einem zuversichtlichen, selbstbewussten Schüler. Er war bei seinen Klassenkameraden sehr beliebt und fand viele Freunde. Auch seine Lehrer waren mit seinen schulischen Leistungen sehr zufrieden.

Wohl kaum etwas kann größere Qualen bereiten als Gefühle der eigenen Minderwertigkeit! Dabei ist das Leiden völlig unnötig. Gleichgültig, wie lange jemand schon von diesem Übel geplagt wird, er kann sich von ihm befreien. Die Heilung beginnt, sobald er den festen Entschluss gefasst hat, sich zu ändern.

Das Gefühl der Unzulänglichkeit resultiert zumeist aus einem Mangel an Kenntnis unserer wahren Fähigkeiten, aus einer viel zu geringen Selbsteinschätzung, deren Folge Zweifel und Unsicherheit sind. Es ist doch meist nur unsere Vorstellung, die alle möglichen Hindernisse erzeugt. Haben wir aber erst einmal unsere wahren Fähigkeiten entdeckt, weichen die alten Minderwertigkeitsgefühle einem neuen Selbstbewusstsein. Wollen wir also die nagenden Zweifel an unserem Können erfolgreich aus unserem Denken fernhalten, ist es wichtig, ihnen schon im Entstehen ganz bewusst und willentlich positive Gedanken an ein Gelingen entgegenzusetzen. Tritt dann einmal ein wirkliches Hindernis auf, können wir es, im Vertrauen auf das eigene Können, mit kühlem Kopf untersuchen und auf seine Beseitigung hinarbeiten.

Die Parabel vom Adler

Kennen Sie die Parabel vom Adler, der glaubte, er wäre ein Huhn?

Eines Tages kletterte ein unternehmungslustiger Junge unweit der elterlichen Farm in die Berge, wo er auf einen Adlerhorst stieß. Vorwitzig stahl er ein Ei aus dem Nest und trug es behutsam nach Hause. Dort legte er es zwischen die Eier einer Bruthenne.

Als die Eier ausgebrütet waren, schlüpfte ein Adlerjunges zusammen mit den anderen Küken aus. Es wuchs mit den Hühnern auf, ohne im Entferntesten zu ahnen, dass es anders war als sie. Als der Vogel jedoch größer wurde, verspürte er zunehmend ungewohnte Regungen in seinem Inneren. Dann und wann dachte er: »Ich bin mehr als ein gewöhnliches Huhn.« ... Eines Tages, als ein gewaltiger Adler über den Hühnerhof hinwegflog, spürte er, wie sein Herz wild zu pochen begann.

Noch während er den majestätischen Vogel in der Ferne entschwinden sah, kam ihm die Erkenntnis: Das bin ich! Meine Bestimmung liegt nicht in diesem Hühnerhof, sondern in der Weite des blauen Himmels.

Seine Flügel bebten in ungeahnter Kraft. Obwohl er nie in seinem jungen Leben geflogen war, breiteten sich seine Schwingen nun wie von selbst aus und hoben ihn in die Luft. Die neue Kraft trug ihn zu einem nahe gelegenen Hügel. Unendlicher Jubel erfüllte ihn, als er höher und höher stieg, bis er den höchsten Gipfel eines gewaltigen Berges erreichte. Er hatte sein ureigenstes großartiges Selbst gefunden.

Bedenken Sie bitte eines: Niemand kann Ihr Leben so gut leben wie Sie selbst. Wenn Sie, wie der Adler in der Geschichte, Ihr wahres Selbst entdecken, werden Sie wissen, wozu Sie fähig sein können. Um die kleine Parabel abzurunden: Wie denken Sie darüber, sich nicht länger mit einem »Hühnerdasein« zufriedenzugeben und den »Adler« in sich zu entdecken? Es könnte ein großes Abenteuer werden!

Wer daran zweifelt, dass diese Parabel auf sein eigenes Leben übertragbar ist, weil er meint, nichts Überdurchschnittliches an sich entdecken zu können, oder wem es zu vermessen scheint, sich für etwas Besonderes zu halten, der sollte bedenken, dass in jedem Menschen sehr wohl etwas Besonderes angelegt ist – wie es auch unser gutes Recht ist, hohe Erwartungen an unser Schicksal zu stellen! Auch sollten wir nicht vergessen, dass wir uns mit unseren Erwartungen auf eine bestimmte Handlungsebene festlegen. Wer sich mit niedrigen Erwartungen begnügt, schränkt sich selbst in seiner Entfaltung ein, während derjenige, der seine Ansprüche stets höherschraubt, den Weg zu immer neuer Weiterentwicklung ebnet.

Weigern wir uns doch einfach zu glauben, dass es Dinge außerhalb unserer Reichweite gibt, und stecken wir unsere Ziele entsprechend höher! Die größten Erfolge der Menschheit waren schließlich denjenigen zu verdanken und werden stets diejenigen erreichen, die in der Verfolgung noch so großer Ziele und noch so schwerer Aufgaben nie an ihren eigenen Fähigkeiten zweifeln, sondern einfach handeln.

Ein Handicap braucht kein Handicap zu sein

Ein anschauliches Beispiel für unbeschwertes Handeln frei von allen Komplexen liefert uns Tom Dempsey, ein Football-Star, der gegen Ende der Sechzigerjahre mit einem sensationellen Rekordschuss die Sportwelt verblüffte.

Toms rechter Fuß war von Geburt an verkrüppelt, ebenso wie seine rechte Hand. Seine Eltern ließen ihn sein Handicap jedoch nie auf unangenehme Weise spüren, sodass er frei und unbekümmert aufwuchs und sich ebenso verhielt wie andere Jungen seines Alters. Wenn die Pfadfinder beispielsweise eine Wanderung über 10 Meilen unternahmen, war Tom dabei. Im Grunde fehlte ihm ja auch nichts, und er war ebenso kräftig und geschickt wie seine Freunde.

Eines Tages überraschte er seinen Vater mit dem Wunsch, sich einer Football-Mannschaft anzuschließen. Seine Eltern unterstützten auch in diesem Fall den Jungen und ließen für ihn einen Spezialschuh anfertigen. Bald entdeckte Tom, dass er den eiförmigen Ball sogar weiter schießen konnte als die meisten seiner Kameraden. Ohne je einen Gedanken an seine Missbildung zu

verlieren, erschien er im Trainingslager, um Weitschieß-
übungen mitzumachen. Der Leiter versuchte ihm so
schonend wie möglich beizubringen, dass er sich doch
besser etwas andres als ausgerechnet Football aussuchen
sollte, doch Tom ließ sich nicht beirren. Er bewarb sich
bei der Mannschaft der »New Orleans Saints«. Obwohl
der Trainer große Bedenken hatte, gab er dem Jungen
eine Chance und nahm ihn in seine Mannschaft auf, nicht
zuletzt wohl auch deshalb, weil ihn Toms starkes Selbstvertrauen mächtig beeindruckte.

Zwei Wochen später erzielte Tom Dempsey während
eines Freundschaftsspiels ein Tor mit einem Schuss über
55 Meter! Von nun an wurde er regelmäßig als Kicker
eingesetzt und bereits in seiner ersten Saison brachte er
den »Saints« 99 Punkte ein.

Seine große Stunde kam, als ihm vor über 60 000 Zu-
schauern der neue Rekord gelang. Jeden Augenblick wurde der Abpfiff erwartet, als den »Saints« noch ein Freistoß
zugesprochen wurde. Es schien jedoch aussichtslos: Über
60 Meter lagen zwischen Ball und gegnerischem Tor, und
aus dieser Entfernung war noch nie ein Tor erzielt worden. Den weitesten je gemessenen Torschuss in der Geschichte des amerikanischen Footballs hatte ein gewisser
Bert Rechichar mit 55 Metern erzielt. Der Trainer feuerte
Dempsey an: »Los, Tom, Direktschuss!«

Tom rannte los und trat mit ganzer Wucht zu. Atem-
los verfolgten die Zuschauer den Ball, der hart und gerade auf das 5,50 Meter breite Tor zuschoss. Hatte er genügend Durchschlagskraft? Da zeigte auch schon der
Linienrichter den gelungenen Treffer an. Der Ball hatte
haarscharf die Latte passiert und damit den »Saints« den
Sieg eingebracht. Auf den Tribünen tobte alles vor
Begeisterung: Sieg durch Rekordschuss! Und dazu von
dem Spieler mit dem halben Fuß!

Tom Dempsey war überglücklich. Voller Liebe und Dankbarkeit dachte er in diesem Augenblick an seine Eltern. Sie hatten ihm nie einzureden versucht: »Das kannst du nicht« oder: »Das ist zu schwer für dich«, sondern ihn stets ermutigt und in seinen Plänen bestärkt.

Wenn wir uns einreden, etwas nicht zu können, wird uns das mehr behindern als jedes Handicap. Sagen wir uns aber, dass wir etwas können, ist schon der erste und wichtigste Schritt getan. Wenn wir allen Ernstes an unser Können glauben und auch damit verbundene Mühen nicht scheuen, wird jedes Vorhaben gelingen.

Diese Behauptung ist nicht übertrieben, selbst wenn immer wieder eingewendet wird: »Das ist einfach nicht machbar!« Solche oder ähnliche Äußerungen werden dann laut, wenn die echte Motivation fehlt. Wer aber von einer starken Motivation getragen ist, wird erfahren, dass sich das Motto: »Du kannst, wenn du glaubst, du kannst«, selbst in unvorstellbar schwierigen oder entmutigenden Situationen bewährt – wie auch das folgende Beispiel wieder zeigt:

Ein besonders tragisches Unglück widerfuhr einem Mann namens John McWethy, als er am 22. Februar des Jahres 1971 die Schnellstraße bei Saint Louis entlangfuhr. Auf der eintönigen Fahrstrecke war er am Steuer eingenickt. Die Folge: Der Wagen überfuhr den Mittelstreifen, geriet ins Schleudern und überschlug sich. John McWethy erlitt erhebliche Verletzungen, und es grenzte an ein Wunder, dass er überlebte.

McWethy blieb von der Brust abwärts gelähmt. Er konnte seine Hände nicht mehr gebrauchen und der größte Teil seines Körpers war empfindungslos. Der Unfall hatte ihn völlig bewegungsunfähig gemacht!

Es folgte ein Stadium abgrundtiefer Verzweiflung. Er schwankte zwischen Angst, Hoffnungslosigkeit und

Selbstmitleid. Doch in dieser ohnmächtigen Lage entdeckte er in sich neue Lebenskraft. In mutiger Entschlossenheit trat er seinen mühsamen Wiederaufstieg aus der
Verzweiflung an. So erstaunlich es klingt: Knapp ein
Dreivierteljahr nach seinem verhängnisvollen Unfall
nahm er seine Arbeit als Abteilungsleiter des *Wallstreet
Journal* wieder auf. Auch wenn er an den Rollstuhl
gefesselt blieb und offiziell als Vollinvalide galt, so fand
er doch den Weg zurück in ein aktives, erfülltes Leben,
und sein anerkannter Platz in der Gesellschaft stand nie
infrage.

Es finden sich immer und überall Pessimisten, die gerne dieses positive Lebenskonzept anzweifeln und beto-
nen, dem Menschen seien seine Grenzen gesteckt. Sie
behaupten etwa, der Mensch könne seinem Schicksal
nicht entgehen, er könne sich nicht aus seiner Armut
befreien oder er könne ein körperliches Gebrechen nicht
ungeschehen machen. Doch wie schnell müssen solche
Stimmen angesichts der vielen John McWethys dieser
Welt verstummen! Zahllose Beispiele von Menschen, die
an sich und an ihre innere Kraft glauben, belegen immer
wieder, wie die Macht positiver Gedanken jedes Schicksal meistern kann.

Auch Schicksalsberge sind zu bezwingen

Betrachten wir noch ein ähnlich gelagertes Beispiel, die
Geschichte des jungen Ben B. Franklin aus Topeka in
Kansas:

»Ich war 18 Jahre alt, als der Berg mich bezwang. Bis
zu diesem Erlebnis wähnte ich mich als Bezwinger der
Berge. Bergsteigen war meine große Leidenschaft. Jeden

Sommer bestieg ich neue Gipfel, und im Winter träumte
ich bereits wieder vom nächsten Sommer und neuen
Bergtouren.

Am 14. April 1963 geschah das Unglück, während ich
mit zwei Studienkameraden von der Colorado University auf einer Bergtour war. Wir befanden uns an einer
Steilwand, als plötzlich das Seil riss und ich wohl an die
20 Meter in die Tiefe stürzte.

Ich hatte das Gefühl, in schwarzer Watte zu schweben. In meinem Schmerz kam mir nur ein Gedanke: Das
Seil! Was ist mit dem Seil? Die verzweifelten Rufe meiner Freunde drangen nur undeutlich an mein Ohr. Als
der Rettungstrupp ankam, lag ich bereits im Fieberwahn.
Sie trugen mich auf einer Tragbahre die Schlucht hinunter und luden mich in einen Krankenwagen. In halsbre-
cherischem Tempo rasten sie dann die 30 Meilen bis zur
Klinik nach Denver.

In einer mehrere Stunden dauernden Operation setzten die Chirurgen mein zertrümmertes Becken wieder
zusammen und behandelten die Rückgratverletzungen.
Als ich aus der Intensivstation entlassen worden war
und die Schmerzen langsam nachließen, begannen die
eigentlichen Qualen.

Das Betttuch lag unbeweglich auf meinem Körper.
Ich konnte die Finger krümmen und die Handgelenke
drehen, doch – welch ein Entsetzen! – mein Körper war
von der Hüfte abwärts leblos! Meine Beine, dieselben
Beine, die mich auf so viele Berge getragen hatten, waren
nicht mehr zu gebrauchen!

Eine Woge ohnmächtigen Zorns überkam mich. Ich
versuchte mit Gewalt, einen Muskel zu bewegen. Ich
musste die tödliche Stille unter meiner Decke durchbrechen. Ich strengte jede Faser meines Willens an, um eine
Bewegung zu erzwingen. Doch nichts rührte sich.

Meine Hoffnung schwand in dem Maße, wie meine Beine zusehends an Kraft verloren. In meiner Verzweiflung begann ich zu beten und überantwortete mein Schicksal dem Willen Gottes.

Nachdem ich mit allen mir zu Gebote stehenden Mitteln vergebens um Besserung gekämpft hatte, musste ich erkennen, dass mein eigener Wille und meine eigene Kraft in dieser Lage nichts vermochten. ›Wenn nicht mein Wille, Herr‹, betete ich, ›so möge dein Wille geschehen.‹

Ich fiel in einen tiefen, erfrischenden Schlaf und hatte zum ersten Mal seit der Bergtour wieder friedvolle Träume. Meine Hilflosigkeit wich heiterer Gelassenheit. Von dem Zeitpunkt, da ich meinen Widerstand aufgab und mein Schicksal der Führung Gottes überließ, erfüllte mich ein Gefühl tiefen Friedens.

Am darauffolgenden Abend bewegte sich eine Zehe. Ich traute meinen Augen nicht. War ich einer Sinnestäuschung zum Opfer gefallen? Gebannt starrte ich auf das Betttuch und versuchte, die Bewegung zu wiederholen. Und richtig, die Decke bewegte sich wieder! Ekstatische Freude überkam mich. Ich lachte und schrie, schrie und lachte, bis eine besorgte Schwester ins Zimmer stürzte. Vor lauter Jubel hätte ich sie umarmen können.

Tränen der Freude und Dankbarkeit liefen mir über die Wangen, als ich Gott im Gebet für alles dankte.

Das Glück, das mir in jener Nacht zuteilwurde, hat mich seither nicht wieder verlassen. Bereits nach einem Jahr im Rollstuhl konnte ich wieder gehen, wenn ich auch Krücken zu Hilfe nehmen musste. Ich machte mein Examen und begann, im Unternehmen meines Vaters zu arbeiten. Heute reise ich als Veranstaltungsorganisator auf meinen Krücken um die ganze Welt.

Ich bin dankbar für jeden Schritt, den ich tun darf. Ich bin sogar dem Berg dankbar, der mich in jungen Jahren lehrte, dass es ein weit größeres Glück als das Bergsteigen gibt.«

Nichts ist unmöglich

Im Zusammenhang mit dem Wort »unmöglich« muss ich an den bedeutenden Autor Napoleon Hill und seine wissenschaftlich erarbeitete Erfolgsphilosophie denken. Hill verspürte schon in jungen Jahren den Wunsch, Schriftsteller zu werden. Sein ehrgeiziges Ziel setzte natürlich die meisterhafte Beherrschung der Sprache voraus – und Hill war von einem fest überzeugt: Die geschickte Wahl der Worte würde eines Tages sein Markenzeichen sein. In ärmlichen Verhältnissen aufgewachsen und ohne höhere Schulbildung bekam er jedoch von sogenannten »wohlmeinenden Freunden« immer wieder zu hören, sein Vorhaben sei »unmöglich«.

Der junge Napoleon Hill sparte jeden Cent. Bald kaufte er sich das beste und vollständigste Wörterbuch, das es auf dem Markt gab. Alle Wörter, die er jemals benötigen würde, standen in diesem einen Buch, und er hatte sich in den Kopf gesetzt, sie meisterlich zu beherrschen und anzuwenden. Nun tat er etwas sehr Merkwürdiges: Er suchte das Stichwort »unmöglich« und schnitt den ganzen Eintrag mit der Schere aus dem Buch. Den kleinen Papierschnipsel warf er fort. Durch diese symbolische Handlung brachte er sich in den Besitz eines Buches, in dem der Begriff des »Unmöglichen« fehlte!

Welch herrliche Grundlage für eine Karriere, wenn jemand wie er von der Voraussetzung ausgeht, dass nichts unmöglich ist für den, der weiterkommen, weiterlernen und über sich hinauswachsen will!

Natürlich brauchen Sie jetzt nicht zur Schere zu greifen, Ihre Bücher durchzublättern und das Wort »unmöglich« aus ihnen zu entfernen. Zum einen wäre das – je nach Umfang Ihrer Bibliothek – sehr zeitaufwendig, zum anderen schade um die Bücher. Außerdem können Sie sich bedeutend besser helfen: Streichen Sie dieses Wort aus Ihrem Wortschatz, aus Ihren Unterhaltungen, aus Ihren Gedanken und Meinungen. Haben Sie es erst einmal erfolgreich verbannt, werden Sie feststellen, wie überflüssig es im Grunde ist. Um wie vieles lebensfroher ist dagegen der Ausblick auf das »Mögliche«, impliziert es doch, dass es geht, wenn Sie glauben, es gehe.

Den gleichen Gedanken finden Sie in dem schon zitierten Bibelwort des Evangeliums nach Matthäus (17, 20) wieder: *»Wenn euer Glaube auch nur so groß ist wie ein Senfkorn ... dann wird euch nichts unmöglich sein.«* Um diese Botschaft stets gegenwärtig zu haben, könnten Sie diese Weisheit beispielsweise auf eine Karte schreiben und sie immer bei sich tragen. Noch besser aufgehoben sind die Worte allerdings, wenn Sie sie tief in Ihr Gedächtnis einprägen. Machen Sie sie zu einem ständigen Begleiter auf Ihrem weiteren Lebensweg – und Sie werden Schritt für Schritt, in dem Maße, wie Sie immer neue Möglichkeiten verwirklichen, ihren tiefen Sinn enthüllen.

Wenn etwas als »unmöglich« abgetan wird, ist ein gesundes Misstrauen angebracht. In meiner Jugend war beispielsweise die Redewendung: »Das ist genauso unmöglich wie eine Reise zum Mond«, noch sehr beliebt, um etwas als »Ding der Unmöglichkeit« abzustempeln. Solche Behauptungen, hinter denen sich oftmals nur

Unkenntnis der wahren Zusammenhänge verbirgt, werden stets irgendwann von der Wirklichkeit eingeholt – im Fall der »Reise zum Mond« spätestens durch die Raumfähre Apollo 11 und deren Besatzung: Am 20. Juli 1969 setzten die amerikanischen Astronauten Neil Armstrong und Edwin Aldin als erste Menschen ihren Fuß auf den Erdsatelliten.

Bei jedem Problem, dessen Bewältigung zunächst unmöglich erscheint, muss an erster Stelle eine sachliche und nüchterne Untersuchung aller Eventualitäten stehen, da ein Urteil wie: »Es ist unmöglich!«, zumeist vorschnell von einer gefühlsbetonten Warte aus gefällt wird. Ein rationales, kritisches Überdenken des Sachverhalts, ohne Beteiligung der Emotionen, wird dagegen das »Unmögliche« ad absurdum führen, wie es beispielsweise die Techniker und Wissenschaftler der NASA gezeigt haben.

Anstatt uns von dem Mythos des »Unmöglichen« – und es ist ja tatsächlich nichts weiter als ein Mythos, wie die Tatsachen am Ende stets beweisen – die Hoffnung rauben zu lassen, können wir, jeder Einzelne von uns, uns auf die Seite der Menschen schlagen, die das »Unmögliche« möglich machen.

Der starke Lebenswille

Vor Jahren berichteten die amerikanischen Zeitungen über die Ernennung Irwin W. Rosenbergs zum Konteradmiral. Was jedoch nicht in den Zeitungen stand, war die Lebensgeschichte dieses bewundernswerten Mannes, die der Krönung seiner Laufbahn vorausgegangen war.

In jungen Jahren, noch als Marineoffizier, musste er wegen eines Krebsleidens aus dem Dienst der US-Streitkräfte ausscheiden. Eine Zeit schwerer Krankheit folgte, in der er mehr als einmal den Tod vor Augen hatte. Die Ärzte, die mit ihm um sein Leben rangen, gaben ihn bereits auf. Doch sein Lebenswille blieb stärker als die Krankheit, und nach langen, schweren Kämpfen kam der Krebs gegen jede Erwartung doch noch zum Stillstand.

Rosenberg lebte, doch seine Laufbahn war zerstört. Sein Lebensziel war ihm genommen, da die Vorschriften der Marine es nicht zuließen, einen Mann mit einer Krankengeschichte wie der seinen wieder in den Dienst aufzunehmen.

Seine hartnäckigen Bemühungen schienen völlig aussichtslos, als er eines Tages erfuhr, dass nur ein neuer Kongresserlass die bestehenden Vorschriften ändern konnte. Rosenberg war aber nicht der Mann, der angesichts dieser Sachlage resignierte. Er trug sein Anliegen an höchster Stelle vor und führte seinen Kampf auf Kongressebene weiter, mit dem Ergebnis, dass der erforderliche Sondererlass genehmigt wurde und er seinen Dienst wieder aufnehmen konnte.

Für Admiral Rosenberg, Befehlshaber der siebten Flotte, gab es kein »unmöglich«. Er gehört zu den Menschen, die ihre Lebensziele, nachdem sie sich einmal dafür entschieden haben, mit eisernem Willen und unermüdlichem Einsatz verfolgen. Er lebte nach der Erkenntnis, dass weniger die äußeren Umstände als vielmehr die eigene innere Einstellung zum Leben, also unser Denken, Wollen und Handeln, letzten Endes den Ausschlag gibt und den Unterschied macht. Er hatte es selbst in der Hand und nutzte die Gelegenheit.

Zur Kinderlosigkeit verurteilt

Diese bewundernswerte Einstellung ist aber keineswegs Wissenschaftlern und Admiralen vorbehalten. Unzählige Menschen beweisen tagtäglich, dass sich jeder – unterstützt durch einen starken Willen und festes Gottvertrauen – tatsächlich über die Barrieren des »Unmöglichen« hinwegsetzen kann. Das zeigt auch der nachstehende Bericht einer zutiefst gläubigen jungen Frau:

»Nach drei Jahren kinderloser Ehe ließ ich mich ärztlich untersuchen, denn ich wünschte mir nichts sehnlicher, als ein Kind zu bekommen. Die Ärzte stellten eine unterentwickelte Gebärmutter fest. Zudem hatte ich die seltene Blutgruppe A Rh (D)-negativ, die eine gesunde Schwangerschaft ausschloss, wie mir ein Arzt nach dem anderen bestätigte. Mein Mann war sehr verständnisvoll und versuchte mich zu trösten, doch ich konnte mich mit dieser Diagnose nicht abfinden.

Als mir der Arzt wieder einmal die Aussichtslosigkeit meines Kinderwunsches vor Augen führte, sagte ich zu ihm: ›Dann richte ich die Hoffnung auf den Einen, der mehr vermag als Sie.‹ Ich fand das Bild eines wunderhübschen kleinen Babys, eines Mädchens mit zarten Locken, und betrachtete es immer wieder. Das Bild half mir, die Vorstellung eines eigenen Kindes lebendig zu halten. Was spielte es da für eine Rolle, dass es einer Reklame für Babynahrung entnommen war? Mit dem Bild dieses kleinen Lebewesens vor Augen richtete ich mein Gebet an Gott und überließ das Geschenk eines Kindes seinem Willen.

Ich wurde schwanger. Als ich mit dieser Neuigkeit zu meinem Arzt ging, nahm er mich anfangs nicht ernst. Er glaubte mir nicht. Umso mehr verblüffte ihn das Untersuchungsergebnis. Meine Erklärung lautete nur: ›Ich wandte mich an den großen Arzt, den ich bei meinem letzten Besuch erwähnte.‹

Der Arzt teilte meine Zuversicht jedoch nicht. Er hatte ernste Bedenken – seiner Meinung nach würde ich das Kind nicht länger als drei Monate austragen können. Allen Erwartungen zum Trotz behielt ich es aber. Auch später, während der Arzt immer noch eine Früh- oder Fehlgeburt befürchtete, verlief die Schwangerschaft ohne größere Komplikationen.

Ich brachte ein gesundes Mädchen zur Welt! Wir stellten voller Dankbarkeit fest, dass es nicht meine seltene Blutgruppe, sondern die seines Vaters geerbt hatte. Wie kann ich nach einer solchen Erfahrung jemals daran zweifeln, dass Gott unsere Nöte kennt und unsere Gebete erhört?«

Die meisten Menschen begehen den Fehler, sich viel zu früh geschlagen zu geben. Aber auch kämpferische Naturen erleben, wie Sorgen und Misserfolg sie langsam zermürben. Wir brauchen also einen Quell, aus dem wir immer neue Kraft schöpfen können, um auch auf langen Durststrecken durchzuhalten. Wer einmal zu einem tiefen Gottesglauben gefunden hat, der kennt den Weg zu dieser Quelle, die nie versiegt.

Keine Angst vor der Angst!

Am Neujahrstag des Jahres 1972 starb der berühmte französische Chansonnier und Filmschauspieler Maurice Chevalier. Mit seinem kecken Strohhut, seiner warmen, einschmeichelnden Stimme und seinem schelmischen Lächeln hatte er sich die Herzen von Millionen erobert. Er konnte jedes Publikum mit seinem Charme bezaubern, und jeder spürte: die Begeisterung und Lebensfreude, die er ausstrahlte, war nicht gespielt, das war echt.

Ebenso sehr wie sein schauspielerisches Können verdienen sein unumstößliches Vertrauen in das Gute und seine mutige Einstellung zum Leben unsere Bewunderung. Mut kann viele Gesichter haben. Das Geheimnis eines echten Lebensmutes besteht jedoch darin, dass man sich seine Ängste eingesteht und trotzdem handelt. Solange man sich nicht fürchtet, fällt jedes Handeln leicht. Wie viel schwerer ist es dagegen, Taten zu vollbringen, die uns Angst einflößen!

Eines Abends überkamen Maurice Chevalier unmittelbar vor seinem Auftritt heftige Schwindelgefühle. Sein Kopf schien in Flammen zu stehen und keinen einzigen klaren Gedanken mehr zuzulassen. In diesem Zustand hoffnungsloser Verwirrung vermochte er seinen Faden nicht wiederzufinden. Stichworte, die hilfreiche Kollegen ihm zuraunten, drangen nicht zu ihm durch. Von der weltmännischen Leichtigkeit des großen Künstlers war an jenem Abend nichts geblieben. Er musste sich unter Stocken und Stammeln über seinen Auftritt hinwegquälen.

Sein Arzt Dr. Robert DuBois empfahl ihm, sich in Südfrankreich während einer Kur von diesem traumatischen Versagenserlebnis zu erholen. »Ich bin erledigt«, beschrieb Chevalier dem Arzt seine Gefühle. »Dieses Erlebnis hat mir Angst gemacht. Wie kann ich meine Karriere fortsetzen, wenn ich mich vor einem neuerlichen Versagen fürchte?« Chevalier befolgte schließlich den Rat seines Arztes und unternahm lange Spaziergänge, ruhte viel aus und suchte erholsame Zerstreuung in der Natur. Dennoch fand er seine frühere Ruhe und Unbeschwertheit nicht wieder. Als der Arzt glaubte, er sei so weit wieder hergestellt, seine Arbeit aufnehmen zu können, schlug er vor, einen Auftritt vor einer kleinen Dorfgemeinde zu wagen. Chevalier entgegnete: »Schon der Gedanke an einen Auftritt versetzt mich in Angst und Schrecken. Wer kann mir garantieren, dass der Schwindel und die Verwirrung nicht wiederkehren?«

Freimütig entgegnete der Arzt: »Niemand kann Ihnen etwas Derartiges garantieren. Das Einzige, was ich Ihnen aufrichtig raten kann, ist Folgendes: Gehen Sie gegen Ihre bedrückenden Gefühle vor, indem Sie sich Ihre Angst eingestehen. Lassen Sie die Angstgefühle ruhig zu, denn sie sind real. Verdrängen Sie nichts, aber gehen Sie trotzdem auf die Bühne. Angst ist kein Grund, die Flucht zu ergreifen, wenn sie auch oft als Entschuldigung herhalten muss. Haben Sie keine Angst vor der Angst, sondern machen Sie einfach trotz der Angst weiter!«

Chevalier kämpfte noch lange mit sich, bevor er, den Rat seines Arztes befolgend, auf der Bühne des Theaters der Kleinstadt eine erste Vorstellung gab. Die Aufführung verlief ohne Zwischenfall. Das Publikum applaudierte begeistert. Unbeschreibliche Freude und Erleichterung erfüllten ihn, auch wenn er sich durchaus bewusst war, dass er die Angst noch nicht ein für alle Mal überwunden hatte. »Ich gestand mir die Angst ein und machte trotzdem weiter«, sagte er.

Wie seine lange, von Erfolg gekrönte Karriere zeigt, trat er noch viele Jahre in den großen Sälen der Welt auf. »Es gibt immer Momente der Angst«, gestand er, »und, wie mein Arzt so richtig sagte, es gibt nie eine Garantie gegen ein Versagen. Aber seit meiner ersten Begegnung mit der Angst ergriff ich nie wieder die Flucht vor ihr.«

Wie die Erfahrungen dieses beliebten Künstlers zeigen, ist es mitunter unumgänglich, sich trotz seiner Angst zum Handeln zu entschließen. Denn eines ist sicher: Wollte jeder stets darauf warten, bis alle Fehlerquellen ausgeschaltet sind und keinerlei Gefahr mehr droht, würde wohl kaum ein Berg bestiegen und kaum ein Rennen gewonnen werden. Nichts würde geschehen, und niemand würde Glück und Erfüllung in neuen, großen Taten finden.

Stärkung und Trost liegen im Glauben

Der Mensch, heißt es, ist die Krone der Schöpfung. Besagt das nicht, dass wir alle, als Gottes Geschöpfe, Anlagen zu wahrer Größe und Seelenstärke in uns tragen? Jeder von uns hat seine Fehler und Schwächen, gewiss. Wir sind kleinmütig, verstricken uns in Widersprüche und weisen viele unrühmliche Charakterzüge auf. Doch wir sind auch imstande, kraft einer tief in der menschlichen Natur verankerten Würde, über uns hinauszuwachsen und Größe zu beweisen. Ein kleines Beispiel mag dies verdeutlichen:

Ich ließ mich eines Nachmittags im Taxi vom New Yorker Kennedy-Airport ins Stadtzentrum fahren. Mein Fahrer war ein freundlicher, herzlicher Mensch, mit dem ich gleich ins Gespräch kam. Als wir an einer roten Ampel warten mussten, drehte er sich um und fragte mich nach meinem Namen. Wie sich herausstellte, war ihm meine Stimme aus Radiosendungen bekannt. Er sagte: »Ich freue mich, Sie persönlich kennenzulernen. Was für Zufälle das Leben doch manchmal bereithält!«

Dann kam er auf seine Frau zu sprechen, die erst vor einigen Tagen gestorben war. Seine Stimme verriet Kummer und Schmerz, als er fortfuhr: »Gestern ist sie beerdigt worden. Wir waren 30 Jahre verheiratet. Sie war eine liebe, herzensgute Frau. Sie war so gut zu mir … Wie kann ich ohne sie weiterleben?«

Ich versuchte, ihm ein paar tröstende Worte zu sagen: »Im Grunde brauchen Sie nicht wirklich ganz ohne sie weiterzuleben, denn in einem höheren Sinn wird sie weiter mit Ihnen sein, wie auch Sie in Gedanken bei ihr sein können. Ihre Liebe zueinander wird weiterbestehen.«

Nachdem er eine Weile in Schweigen versunken war, nahm er das Gespräch wieder auf: »Ist das Leben nicht voller Kummer und Sorgen? Nehmen Sie meine fünf Kinder. Über vier von ihnen will ich nicht klagen, aber der fünfte macht uns schon seit Längerem Kummer. Er treibt sich in schlechter Gesellschaft herum, hat, soviel ich weiß, auch schon Drogen genommen, ist widerspenstig und stur. Was soll aus ihm werden? Er lässt sich einfach nichts sagen, nimmt keine Ratschläge an. Und nun stehe ich mit dieser schwierigen Erziehungsaufgabe ganz allein da.« Er nahm meine Antwort vorweg: »Ich weiß, was Sie sagen wollen. Aber machen Sie sich um mich keine Sorgen. Ich weiß, dass ich auf Gottes Beistand bauen kann. Mit Gottes Hilfe werde ich es schaffen.«

Am meisten imponierten mir seine abschließenden Worte, als er sagte: »Der Mensch kann stärker sein als alles, was ihm je zustoßen mag.« Welche Charakterstärke, welche Seelengröße sprach aus diesen Worten! Hier war ein Mensch, dem weder der Kummer um den missratenen Sohn noch der schmerzliche Verlust eines geliebten Menschen den Lebensmut rauben konnte. Gleich ihm tragen wir alle die Gottesgabe seelischer Größe in uns und ruhen in einer Kraft, die uns selbst über unsäglliches Leid hinweghilft.

Nachfolgend sind noch einmal die Schwerpunkte dieses Kapitels zusammengefasst:

- Sie können vollbringen, was Sie zu denken vermögen. Denken Sie also, dass Sie es können, und Sie werden es können.
- Thomas Alva Edison erinnerte uns an unsere verborgene Größe, als er sagte: »Führten wir alles aus, wozu wir imstande sind, würden wir buchstäblich über uns selbst staunen.«
- Wie Rudyard Kipling sagte, haben wir »40 Millionen Erklärungen für ein Versagen, aber keine einzige echte Entschuldigung«.
- Vertrauen Sie der Botschaft der Adler-Parabel. Sie können sich zu Höherem aufschwingen.
- Streichen Sie das Wort »unmöglich« aus Ihrem Wortschatz, um so das »Unmögliche« möglich zu machen.
- In der Schnelllebigkeit unserer heutigen Welt wird der, der behauptet, etwas könne nicht verwirklicht werden, schon wieder Lügen gestraft von dem, der es in die Tat umsetzt.
- Sie können stärker sein als alles, was Ihnen im Leben je zustoßen mag.

DALE CARNEGIE: Wenn Sie eine Zitrone haben, machen Sie Zitronenlimonade daraus

Während ich an diesem Buch schrieb, fuhr ich einmal zur Universität von Chicago und fragte den Rektor Robert Maynard Hutchins, wie er es schaffte, sich keine Sorgen zu machen. Er antwortete: »Ich habe immer versucht, den Rat zu beherzigen, den mir der verstorbene Julius Rosenwald gab, der Generaldirektor von Sears, Roebuck and Company: ›Wenn du eine Zitrone hast, mach Zitronenlimonade daraus.‹«

So handelt ein weiser Lehrer und Erzieher. Der Dummkopf macht es genau umgekehrt. Wenn er vom Leben ein paar saure Zitronen bekommen hat, gibt er auf und sagt: »Ich gebe mich geschlagen. Das ist Schicksal. Ich habe keine Chance.« Dann flucht und schimpft er und schwelgt in Selbstmitleid. Ein kluger Mann, der sich eine saure Zitrone eingehandelt hat, fragt: »Was kann ich aus meinem Pech lernen? Wie kann ich meine Lage ändern? Wie kann ich aus dieser Zitrone eine Zitronenlimonade machen?«

Eine der wunderbarsten Eigenschaften des Menschen ist seine Kraft, »aus einem Minus ein Plus zu machen«.

Nachdem er sein ganzes Leben die Menschen und ihre verborgenen Kraftreserven beobachtet hatte, erklärte der große Psychologe Alfred Adler, dass eine der wunderbarsten Eigenschaften des Menschen seine Kraft sei, »aus einem Minus ein Plus zu machen«.

Hier ist die interessante und anspornende Geschichte einer Frau, die genau dies tat. Sie heißt Thelma Thompson. »Während des Krieges«, sagte sie, als sie mir von ihrem Erlebnis erzählte, »während des Krieges war mein Mann in einem Armeeausbildungslager an der Moja-

vewüste stationiert, in Kalifornien. Ich zog auch dorthin, um in seiner Nähe zu sein. Ich hasste den Ort. Ich
verabscheute ihn. Noch nie im Leben war ich so verzweifelt gewesen. Mein Mann wurde zu Übungen in der
Wüste abkommandiert, und ich saß allein in einer winzigen Baracke. Die Hitze war unerträglich – 52 Grad im
Kaktusschatten. Keine Menschenseele, mit der ich mich
hätte unterhalten können. Ständig blies ein Wind, und
alles, was ich aß, ja sogar die Luft, die ich atmete, war voll
Sand, Sand, Sand!

Ich war so unglücklich und tat mir so leid, dass ich
meinen Eltern einen Brief schrieb. Ich schrieb, dass ich
es nicht mehr aushielte und nach Hause käme. Ich würde
nicht eine Minute länger bleiben. Lieber ginge ich ins
Gefängnis! Die Antwort meines Vaters bestand nur aus
zwei Sätzen – zwei Sätze, die ich immer im Gedächtnis
behalten werde, zwei Sätze, die mein Leben völlig veränderten:

**Zwei Gefangene sahen durchs Gitter
in die Ferne.
Der eine sah nur Schmutz,
der andere die Sterne.**

Ich las jene zwei Sätze immer wieder. Ich schämte mich.
Ich beschloss, die positiven Seiten meiner Situation zu
entdecken. Ich wollte zu den Sternen aufblicken!

Deshalb bemühte ich mich, mit den Einheimischen
Freundschaft zu schließen, und deren Reaktion verblüffte mich. Als ich mich für ihre Webereien und Töpfe
interessierte, schenkten sie mir ihre Lieblingsstücke, die
sie den Touristen nicht verkaufen wollten. Ich beschäftigte mich mit den faszinierenden Formen der Kakteen
und Yuccas und Josuabäume, spürte den Präriehunden

nach und beobachtete die Sonnenuntergänge über der Wüste. Und ich suchte nach Muschelschalen, die vor Millionen Jahren zurückgelassen worden waren, als der Wüstensand noch der Boden eines Ozeans gewesen war.

Was hatte die erstaunliche Veränderung in mir verursacht? Die Mojavewüste war noch dieselbe. Aber ich nicht. Ich hatte meine geistige Einstellung geändert. Und dadurch hatte ich aus einer unerfreulichen Erfahrung ein höchst aufregendes Abenteuer gemacht. Ich war begeistert von der neuen Welt, die ich entdeckte. Ich schrieb sogar ein Buch darüber, einen Roman, der unter dem Titel *Der helle Wall* erschien – ich hatte aus meinem selbst geschaffenen Gefängnis geblickt, hinauf zu den Sternen.«

Thelma Thompson entdeckte für sich eine alte Wahrheit, die die Griechen schon 500 Jahre vor Christi Geburt lehrten: »Die besten Dinge sind die schwierigsten.«

Harry Emerson Fosdick sagte es im 20. Jahrhundert wieder: »Glück ist im Wesentlichen nicht Vergnügen. Es ist im Wesentlichen Sieg.« Ja, ein Siegesgefühl, weil wir etwas geleistet haben, ein Triumphgefühl, weil wir aus unseren sauren Zitronen Zitronenlimonade machten.

Einmal besuchte ich einen zufriedenen Farmer in Florida, der sogar eine schlechte Zitrone zu Limonade machte. Als er die Farm übernahm, wusste er noch nicht, was ihm blühte. Aber bald war er ziemlich mutlos. Die Erde war so schlecht, dass er weder Obst noch Schweine züchten konnte. Nichts gedieh, außer Zwergeichen und Klapperschlangen. Dann hatte er einen Einfall: Er würde die Nachteile zu seinem Vorteil verwenden, anders ausgedrückt, er würde aus diesen Klapperschlangen so viel wie möglich herausholen! Zur allgemeinen Verblüffung fing er an, Klapperschlangen zu Konserven zu verarbeiten. Als ich ihn vor einigen Jahren besuchte, strömten die Touristen in Scharen zu seiner Klapperschlangenfarm, 20 000 im Jahr. Sein Geschäft florierte. Gift aus den Giftzähnen seiner Schlangen wurde an Labors verschickt, die Schlangenserum daraus herstellten. Die Häute verkaufte er zu Fantasiepreisen an Damenschuh- und Handtaschenhersteller. Konserven mit Schlangenfleisch wurden an Kunden in aller Welt versandt. Ich kaufte eine Ansichtskarte von der Farm und gab sie im Postamt des Ortes auf, der zu Ehren des Mannes, der eine schlechte Zitrone in süße Zitronenlimonade verwandelt hatte, in »Rattlesnake«, also Klapperschlange, umgetauft worden war.

Während meiner wiederholten Reisen kreuz und quer durch dieses Land hatte ich immer wieder das Vergnügen, Dutzende von Männern und Frauen kennenzulernen, die die Kraft gehabt hatten, »aus einem Minus ein Plus zu machen«.

Der verstorbene William Bolitho, Autor von *Zwölf gegen die Götter*, drückte es so aus: »Es ist nicht die wichtigste Sache auf der Welt, immer mehr Gewinn zu machen. Das kann jeder Dummkopf. Wirklich wichtig ist nur, aus seinen Verlusten zu profitieren. Das erfordert Intelligenz. Und dies ist der Unterschied zwischen einem vernünftigen Menschen und einem Dummkopf.«

Bolitho schrieb dies, nachdem er bei einem Zugunglück ein Bein verloren hatte. Doch ich kenne einen Mann, der beide Beine verlor und die Kraft hatte, daraus etwas Positives zu machen. Sein Name ist Ben Fortson. Ich traf ihn in Atlanta in einem Hotelaufzug. Als ich in den Lift trat, fiel mir ein fröhlich aussehender Mann auf, der in einer Ecke in einem Rollstuhl saß. Er hatte keine Beine. Beim Aussteigen fragte er freundlich, ob ich wohl etwas zur Seite treten würde, damit er seinen Rollstuhl besser drehen könne. »Tut mir schrecklich leid, Sie zu stören«, sagte er, und dabei lächelte er so strahlend, dass einem das Herz aufging.

Während ich zu meinem Zimmer ging, konnte ich an nichts anderes mehr denken. Ich spürte ihn auf, und er erzählte mir seine Geschichte.

»Ich war rausgefahren, um eine Ladung Hickorystangen für die Bohnen in meinem Garten zu schneiden. Nachdem ich sie auf meinen Ford geladen hatte, fuhr ich nach Hause. Plötzlich rutschte eine Stange unter den Wagen und blockierte die Räder, gerade in dem Augenblick, als ich in eine scharfe Kurve ging. Der Wagen schoss über den Straßenrand geradeaus, und ich wurde gegen einen Baum geschleudert. Meine Wirbelsäule wurde verletzt. Meine Beine waren gelähmt.

Damals war ich 24. Seitdem bin ich keinen Schritt mehr gelaufen.«

Mit 24 Jahren für den Rest seines Lebens zum Sitzen im Rollstuhl verdammt! Ich fragte ihn, wie es ihm gelungen sei, den Mut nicht zu verlieren, und er antwortete: »O doch, ich war sehr mutlos.« Er habe gewütet und rebelliert und sei über sein Schicksal verzweifelt gewesen. Die Jahre schleppten sich dahin, und schließlich wurde ihm bewusst, dass seine Empörung ihm nichts einbrachte, außer Verbitterung. »Ich merkte schließlich«, sagte er, »dass die Menschen freundlich und höflich zu mir waren. Also könnte ich es ihnen gegenüber auch sein. Das war das Mindeste.«

Ich fragte ihn, ob der Unfall für ihn nach all den Jahren immer noch ein großes Unglück sei. »Nein«, erklärte er sofort. »Ich bin beinahe froh darüber.« Er erzählte, dass er in einer anderen Welt lebe, seit er Schock und Empörung überwunden habe. Er fing an zu lesen und entdeckte seine Liebe zu schönen Büchern. In den 14 Jahren seit seinem Unfall habe er wenigstens 1400 Bücher gelesen. Und diese Bücher, sagte er, hätten ihm neue Horizonte erschlossen und sein Leben reicher gemacht, als er es je für möglich gehalten habe. Er begann auch, sich mit klassischer Musik zu beschäftigen. Und heute ist er von Symphonien begeistert, die ihn früher nur gelangweilt haben würden. Doch Zeit zum Nachdenken zu haben, war für ihn die größte Entdeckung. »Zum ersten Mal in meinem Leben«, sagte er, »konnte ich mich in Ruhe mit der Welt auseinandersetzen und mir ein richtiges Urteil über alles machen. Ich erkannte, dass die meisten Dinge, die ich angestrebt hatte, gar nichts wert waren.«

Durch das viele Lesen wurde sein Interesse an der Politik geweckt, er beschäftigte sich mit Fragen des Allgemeinwohls und hielt vom Rollstuhl aus Reden! Er lernte viele Leute kennen, und die Leute lernten ihn kennen. Und schließlich wurde er sogar ein hoher Verwaltungsbeamter.

Während ich in New York Kurse in Erwachsenenbildung gab, fand ich heraus, dass viele meiner Studenten vor allem eines bedauerten: dass sie nicht aufs College gegangen waren. Sie schienen zu glauben, dass dies im Leben ein großes Hindernis sei. Ich weiß, dass das nicht immer stimmt, denn ich habe Tausende erfolgreicher Männer und Frauen kennengelernt, die nie über die Highschool hinausgekommen sind. Deshalb erzählte ich meinen Studenten gern die Geschichte eines Mannes, der nicht einmal die Volksschule fertig machte. Er wuchs in entsetzlicher Armut auf. Als sein Vater starb, mussten die Freunde seines Vaters einspringen und den Sarg bezahlen, in dem man ihn begrub. Seine Mutter arbeitete nun zehn Stunden täglich in einer Schirmfabrik und brachte noch Heimarbeit nach Hause mit und schuftete bis 11 Uhr nachts weiter.

Man konnte verstehen, dass ein Junge, der in solchen Verhältnissen aufwuchs, sich für die Theateraufführungen interessierte, die ein Club in seiner Kirchengemeinde veranstaltete. Er spielte selbst mit und war so begeistert, dass er beschloss zu lernen, wie man frei und offen vor anderen Menschen redet. Das führte ihn in die Politik. Als er 30 Jahre alt war, wurde er in die Volksvertretung des Staates New York gewählt. Doch er war auf so eine verantwortungsvolle Aufgabe bedauerlich wenig vorbereitet. Er erzählte mir offen, dass er eigentlich gar nicht gewusst habe, was er dort zu suchen hatte. Er studierte die langen, komplizierten Gesetzesvorlagen, über die er abstimmen sollte, doch soweit es ihn anging, hätten sie ebenso gut auf Chinesisch verfasst sein können. Er war unsicher und besorgt, als man ihn zum Mitglied des Forstausschusses machte, ehe er überhaupt einen Fuß in einen Wald gesetzt hatte. Er war unsicher und besorgt, als er in die staatliche Bankkommission gewählt wurde, ehe er überhaupt ein eigenes Bankkonto besaß. Er erzählte mir persönlich, dass er vor Mutlosigkeit beinahe zurückgetreten wäre, wenn er sich seiner Mutter gegenüber nicht geschämt hätte, seine Niederlage einzugestehen. In seiner Verzweiflung beschloss er, 16 Stunden am Tag zu lernen und seine Zitrone der Unwissenheit in eine Zitrone des Wissens zu verwandeln. Und so wurde aus einem Lokalpolitiker eine große, national bekannte Persönlichkeit. Und die *New York Times* ernannte ihn »zum beliebtesten Bürger von New York«.

Ich spreche von Al Smith.

Zehn Jahre nachdem Al Smith mit seinem politischen Selbstbildungsprogramm begonnen hatte, war er der bedeutendste lebende Politiker der Regierung des Staates New York. Er wurde viermal zum Gouverneur gewählt, damals ein Rekord, den vor ihm noch kein anderer Mann aufgestellt hatte. 1928 war er der Präsidentschaftskandidat der Demokraten. Sechs große Universitäten, darunter Columbia und Harvard, verliehen ihm den Ehrendoktortitel, einem Mann, der nur zur Volksschule gegangen war.

Al Smith erzählte mir, dass er das alles nicht erreicht haben würde, wenn er nicht 16 Stunden täglich Schwerarbeit geleistet hätte, um sein Minus in ein Plus zu verwandeln.

Je genauer ich den Werdegang erfolgreicher Menschen betrachte, desto überzeugter werde ich, dass erstaunlich vielen der Durchbruch gelang, weil sich ihnen am Anfang Hindernisse in den Weg stellten, die sie zu großem Eifer anspornten und zu großen Zielen. Wie William James sagte: »Gerade unsere Schwächen helfen uns, wenn wir es am wenigsten erwarten.«

Ja, es ist äußerst wahrscheinlich, dass Milton schönere Gedichte schrieb, weil er blind war, und Beethoven schönere Musik komponierte, weil er taub war.

Helen Kellers großartige Karriere wurde erst durch ihre Blindheit und Taubheit ausgelöst und war dadurch erst möglich.

Wenn Tschaikowski nicht so enttäuscht gewesen wäre und wegen seiner unglücklichen Ehe nicht beinahe Selbstmord begangen hätte, wenn sein ganzes Leben nicht so erschütternd gewesen wäre, hätte er wohl niemals seine unsterbliche *Pathétique* komponiert.

Hätten Dostojewski und Tolstoi in ihrem Leben nicht solche Höllenqualen gelitten, würden sie wohl niemals ihre großen Romane geschrieben haben.

»Wenn ich nicht immer so krank gewesen wäre«, schrieb der Mann, der das wissenschaftliche Bild vom Leben auf der Erde veränderte, »wenn ich nicht so krank gewesen wäre, hätte ich bestimmt nicht so viel gearbeitet, wie ich gearbeitet habe.« Damit gestand Charles Darwin ein, »dass unsere Schwächen uns helfen, wenn wir es am wenigsten erwarten«.

Am selben Tag wie Darwin in England wurde ein anderer Junge in einem Blockhaus in den Wäldern von Kentucky geboren. Auch ihm halfen seine Schwächen. Sein Name war Lincoln – Abraham Lincoln. Wenn er in einer adligen Familie aufgewachsen wäre, in Harvard Jura studiert und eine glückliche Ehe geführt hätte, würde er vermutlich nie die aus den Tiefen seines Herzens kommenden bewegenden Worte gefunden haben, die ihn bei Gettysburg unsterblich machten, noch die schönen Worte, die er bei seiner Wiederwahl zum Präsidenten fand – der schönste und edelste Satz, den je ein Staatsmann sagte: »Hass auf niemand und Barmherzigkeit für alle.«

Harry Emerson Fosdick schreibt in seinem Buch *Die Kraft der Ausdauer*: »Es gibt ein skandinavisches Sprichwort, das manche von uns als Motto für ihr Leben nehmen sollten: ›Der raue Nordwind schuf die Wikinger.‹ Woher haben wir eigentlich den Glauben, dass allein schon ein sicheres und angenehmes Leben, das Fehlen von Schwierigkeiten oder Behagen und Bequemlichkeit die Menschen gut oder glücklich macht? Im Gegenteil, Menschen, die sich bemitleiden, bemitleiden sich auch noch, wenn man sie auf Rosen bettet; aber in der Geschichte sind immer Leute aus den unterschiedlichsten Verhältnissen, guten, schlechten oder mittelmäßigen, zu Persönlichkeiten geworden und haben das Glück gekannt, wenn sie zu der ihnen auferlegten Verantwortung standen. So schuf der ›raue Nordwind immer wieder Wikinger‹.«

Angenommen, wir sind völlig mutlos und haben jede Hoffnung aufgegeben, aus unseren Zitronen Zitronenlimonade machen zu können – dann gibt es zwei Gründe, warum wir es doch noch einmal probieren sollten, zwei Gründe, warum wir alles zu gewinnen und nichts zu verlieren haben.

Grund Nummer eins: Vielleicht schaffen wir es doch.

Grund Nummer zwei: Selbst wenn es uns nicht gelingt, zwingt uns schon allein der Versuch, unser Minus in ein Plus zu verwandeln, nach vorn zu sehen statt zurück. Positive Gedanken treten an die Stelle der negativen, schöpferische Kräfte werden freigesetzt und geben uns solchen Auftrieb, dass wir vor lauter Tatendrang keine Zeit und Lust mehr haben, über Dinge zu jammern, die längst vorbei und vergangen sind.

Als der berühmte Geiger Ole Bull einmal in Paris ein Konzert gab, riss die A-Saite auf seiner Violine. Ole Bull spielte einfach auf drei Saiten weiter. »Das ist Leben«, sagt Harry Emerson Fosdick, »wenn die A-Saite reißt und man auf drei Saiten zu Ende spielt.«

Das ist nicht nur Leben. Es ist mehr als Leben: Es ist Sieg!

Wenn ich könnte, wie ich wollte, würde ich den schon erwähnten Ausspruch von William Bolitho in Bronze für die Ewigkeit gießen und in jeder Schule im Land aufhängen lassen: »Es ist nicht die wichtigste Sache auf der Welt, immer mehr Gewinn zu machen. Das kann jeder Dummkopf. Wirklich wichtig ist nur, aus seinen Verlusten zu profitieren. Das erfordert Intelligenz. Und dies ist der Unterschied zwischen einem vernünftigen Menschen und einem Dummkopf.«

Wenn wir eine geistige Haltung entwickeln wollen, die uns Frieden und Glück bringt, sollten wir die eine Regel sechs nie vergessen:
Wenn das Schicksal uns eine Zitrone gibt – machen wir Zitronenlimonade daraus!

Louise L. Hay: Erfolg

»Jede Erfahrung ist ein Erfolg«

Was bedeutet »Misserfolg« überhaupt? Bedeutet es, dass sich etwas nicht so entwickelt, wie Sie wollten oder wie Sie erhofften? Das Gesetz der Erfahrung ist immer vollkommen. Wir malen uns unsere Gedanken und Über zeugungen vollkommen aus. Sie müssen also einen Schritt ausgelassen haben oder Sie hatten eine innere Überzeugung, die Ihnen sagte, Sie seien es nicht wert – oder Sie fühlten sich der Sache nicht wert.

So geht es mir auch, wenn ich an meinem Computer arbeite. Wenn ein Fehler auftritt, dann immer nur durch mich. Ich habe etwas getan, das nicht den Gesetzen des Computers entsprach. Das bedeutet nur, dass ich noch mehr zu lernen habe.

Das alte Sprichwort: »Übung macht den Meister«, trifft vollkommen zu. Es bedeutet nicht, dass Sie sich mit der alten Methode weiterquälen. Es bedeutet, seinen Irrtum zu erkennen und andere Methoden anzuwenden – bis Sie die richtige gelernt haben.

Ich meine, es ist unser Naturrecht, unser Leben lang von Erfolg zu Erfolg zu gehen. Wenn uns das nicht gelingt, besteht entweder keine Harmonie zwischen uns und unseren angeborenen Fähigkeiten oder wir glauben nicht, dass Erfolg für uns realisierbar ist, oder wir erkennen unseren Erfolg nicht.

Wir werden immer Misserfolg haben, wenn wir uns Ziele setzen, die für unsere augenblickliche Situation zu hochgesteckt sind oder die wir zurzeit nicht erreichen können.

Wenn ein kleines Kind dabei ist, laufen oder sprechen zu lernen, ermutigen wir es wegen jedem winzigen Fortschritt. Das Kind strahlt und versucht fleißig, es noch besser zu machen. Verhalten Sie sich selbst gegenüber auch so, wenn Sie etwas Neues lernen? Oder erschweren Sie sich das Lernen, weil Sie sich sagen, Sie seien dumm, schwerfällig oder ein Versager?

Viele Schauspielerinnen und Schauspieler meinen, ihr Auftritt bei der ersten Probe müsse perfekt sein. Ich erinnere sie aber daran, dass der Zweck der Probe das Lernen ist. Probe ist die Phase, in der Fehler gemacht, neue Wege beschritten werden und in der gelernt wird. Nur durch ständig wiederholtes Üben lernen wir das Neue und machen es zum natürlichen Teil unseres Lebens. Wenn Sie einen wirklichen Fachmann irgendeines Gebietes beobachten, dann erleben Sie unzählige Stunden des Übens.

Machen Sie nicht den Fehler, den ich oft machte – ich weigerte mich immer wieder, Neues zu versuchen, weil ich nicht wusste, wie ich es bewerkstelligen sollte, und ich wollte nicht als dumm gelten. Lernen heißt Fehler machen, bis unser Unterbewusstsein die richtigen Bilder zusammenfügen kann.

Es spielt keine Rolle, wie lange Sie sich selbst als Versager gesehen haben; Sie können jetzt damit anfangen, sich ein »Erfolgsverhalten« zu bilden. Es spielt keine Rolle, auf welchem Gebiet Sie vorgehen wollen. Die Grundsätze sind dieselben. Wir müssen die »Saat« des Erfolges säen. Diese Saat wird zu einer überreichen Ernte heranwachsen.

Hier sind einige »Erfolgs-Affirmationen«, die Sie anwenden können:

- Göttliche Klugheit gibt mir alle Gedanken, die ich anwenden kann.
- Alles, was ich angehe, wird zum Erfolg.
- Für jeden, auch für mich, ist reichlich vorhanden.
- Es gibt eine Menge Kunden für meine Dienste.
- Ich schaffe mir ein neues Bewusstsein für Erfolg.
- Ich rücke in den Kreis der Gewinner vor.
- Ich bin ein Magnet für göttliches Wohlergehen.
- Ich werde über meine sehnlichsten Träume hinaus gesegnet.
- Ich ziehe Reichtümer jeder Art an.
- Goldene Gelegenheiten gibt es überall für mich.

Nehmen Sie sich eine dieser Affirmationen und wiederholen Sie sie mehrere Tage. Dann nehmen Sie eine andere und tun dasselbe. Lassen Sie diese Affirmationen Ihr Bewusstsein ausfüllen. Machen Sie sich keine Gedanken darüber, »wie« das zustande gebracht wird: die Gelegenheiten werden Ihren Weg kreuzen. Vertrauen Sie darauf, dass Ihre innere Klugheit Sie leitet und führt. Sie sind es wert, in jedem Lebensbereich erfolgreich zu sein.

- In der Unendlichkeit des Lebens, dort wo ich bin, ich alles vollkommen, ganz und vollständig.

- Ich bin eins mit der Macht, die mich geschaffen hat.

- Ich trage alles Erfolgsnotwendige in mir.

- Ich lasse jetzt die Erfolgsformel durch mich strömen und sich in meiner Welt darstellen.

- Alles, wozu ich geleitet werde, wird ein Erfolg sein.

• Ich lerne aus jeder Erfahrung.

• Ich schreite von Erfolg zu Erfolg und von Ruhm zu Ruhm.

• Mein Weg besteht aus einer Vielzahl von Schritten zu einem immer größeren Erfolg.

• Alles ist gut angelegt in meiner Welt.

DAVID J. SCHWARTZ:
Glauben Sie an den Erfolg

Glaube versetzt Berge

Erfolg beinhaltet viele wunderbare, positive Dinge: Wohlbefinden, Ansehen, ein schönes Heim, Urlaub, Reisen, Neuanschaffungen, finanzielle Sicherheit und für Ihre Kinder einen guten Start ins Leben. Erfolg bedeutet Freiheit. Wer erfolgreich ist, hat keine Sorgen, keine Ängste und muss weder Enttäuschungen noch Fehlschläge hinnehmen. Erfolg steht für Selbstachtung sowie für Glück und Zufriedenheit. Erfolg bedeutet aber auch, dass Sie die Menschen unterstützen können, die auf Sie angewiesen sind. *Erfolg ist das große Lebensziel!*

Jeder Mensch wünscht sich Erfolg und möchte gern die angenehmen Seiten, die das Leben zu bieten hat, genießen. Niemand fühlt sich gerne zweitrangig oder

geht gern einen zweitklassigen Weg. Versuchen Sie, erst-
klassig zu werden!

Eine der erfolgträchtigsten Weisheiten ist der Bibel-
spruch, der besagt, dass Glaube Berge versetzt.

Glauben Sie aus tiefstem Herzen, dass Sie einen Berg
versetzen können, und Sie werden es schaffen! Nicht
viele Menschen sind wirklich überzeugt, Berge versetzen zu können, darum gelingt es auch nur wenigen.

Aber mit Ihrem Glauben *können* Sie einen Berg versetzen. Wenn Sie an den Erfolg glauben, *können* Sie ihn
erreichen. An der Kraft des Glaubens ist nichts Magi-
sches oder Geheimnisvolles.

Glauben Sie, und Sie werden sofort erkennen: Die fel-
senfeste Überzeugung, dass Sie etwas Bestimmtes können, erzeugt Kraft und gibt Ihnen Fähigkeit und Energie. Das sind Faktoren, die der Verwirklichung Ihrer
Ziele dienen. Wenn Sie fest glauben, dass Sie etwas können, entwickelt sich das Wie von selbst.

Jeden Tag treten junge Menschen ihre erste Arbeitsstelle an. Sie alle wünschen sich, irgendwann an die Spitze zu gelangen. Doch die meisten bringen nicht den
Glauben mit, den man benötigt, um die obersten Spros-
sen zu erklimmen. Darum erreichen sie dieses Ziel auch
nicht. Weil sie nicht an Aufstiegsmöglichkeiten glauben,
sehen sie die Stufen nicht, die nach oben führen. Ihr Verhalten ist und bleibt das von »Durchschnittsmenschen«.

Einige wenige der jungen Leute glauben wirklich an
ihren Erfolg. Sie sind überzeugt davon, dass sie ganz
nach oben kommen. Und dank ihres unerschütterlichen
Glaubens erreichen sie die Spitze auch. Aufgrund ihrer
Überzeugung, dass sie Erfolg haben werden und dass
der Aufstieg in eine Spitzenposition durchaus möglich
ist, beobachten diese jungen Leute das Verhalten älterer
Chefs und Manager, wenn sie Probleme lösen und Ent-

scheidungen fällen, das heißt: Sie beobachten die Haltung von Erfolgsmenschen.

Ein junger Bekannter von mir beschloss vor einigen Jahren, als Vertreter für Wohnmobile zu arbeiten, obwohl ihn viele warnten und sagten, das könne nicht gut gehen.

Die Ersparnisse des jungen Mannes betrugen knapp 36 000 Dollar. Nach Ansicht der vorsichtigen Menschen in seinem Umfeld war jedoch ein Vielfaches als Mindestinvestition erforderlich.

»Auf dem Gebiet herrscht starke Konkurrenz«, erklärten sie meinem Bekannten. »Außerdem haben Sie keinerlei praktische Erfahrung im Verkauf von Wohnmobilen, geschweige denn in der Führung eines Geschäfts.«

Der junge Mann aber ließ sich im Glauben an seine Fähigkeiten nicht erschüttern. Er gab offen zu, dass es ihm sowohl an Kapital als auch an Erfahrung mangele und dass die Konkurrenz groß sei.

»Alle meine Nachforschungen ergeben jedoch«, sagte er, »dass die Wohnmobilindustrie expandieren wird. Und ich habe meine Konkurrenzfähigkeit getestet. Ich weiß, dass ich besser als jeder andere in unserer Stadt Wohnmobile verkaufen kann. Ich rechne damit, dass ich einige Fehler machen werde, aber ich werde sehr schnell nach oben kommen.«

Und das tat er auch. Es kostete ihn wenig Mühe, Kapital aufzutreiben. Durch seinen felsenfesten Glauben, dass er in dieser Branche Erfolg haben würde, gewann er das Vertrauen von zwei Investoren. Und dank seiner Überzeugung brachte er etwas »Unmögliches« zustande: Er erreichte, dass ihm ein Wohnmobilhersteller mehrere Fahrzeuge ohne Anzahlung überließ.

Im ersten Jahr verkaufte er Wohnmobile für mehr als 12 Millionen Dollar.

»Nächstes Jahr«, sagte er, »rechne ich mit einem Umsatz von 24 Millionen.«

Glaube veranlasst den Geist, Wege und Mittel zur Verwirklichung eines Vorhabens zu finden. Und Ihr Glaube an Ihren Erfolg bewirkt, dass andere Ihnen vertrauen.

Wer glaubt, dass er Berge versetzen kann, der kann es. Wer glaubt, dass er es nicht kann, der kann es nicht. *Der Glaube erzeugt die Kraft zur Ausführung.*

Glauben Sie an einen Sieg, und Sie werden ihn erringen

Der Glaube an überdurchschnittliche Ergebnisse ist die Triebkraft, die hinter allen großen Büchern, Theaterstücken, Kunstwerken und Entdeckungen steht. Der Glaube an den Erfolg spornt alle Geschäftsleute an, ebenso wie alle kirchlichen und politischen Organisationen. Der Glaube an den Erfolg ist *die* grundlegende, unerlässliche, wesentliche Eigenschaft erfolgreicher Menschen.

Glauben Sie daran, dass Sie Erfolg haben können, und Sie werden ihn haben!

Im Laufe der Jahre sprach ich mit vielen Menschen, die bei geschäftlichen Unternehmungen oder in verschiedenen beruflichen Laufbahnen scheiterten. Ich bekam viele Gründe und Entschuldigungen für ihre Fehlschläge zu hören. Bemerkenswert jedoch waren Sätze wie die folgenden: »Ehrlich gesagt, ich habe sowieso nicht geglaubt, dass die Sache klappen würde.« – »Mir war schon unbehaglich, bevor ich damit anfing.« – »Im Grunde war ich nicht überrascht, dass es ein Reinfall wurde.«

Wer denkt: »Na gut, ich werde es versuchen, aber ich
glaube nicht, dass es klappen wird«, der bereitet den
Fehlschlag selbst vor.

Unglauben ist eine negative Kraft! Wenn sich im
Bewusstsein Zweifel oder Unglauben »festgesetzt«
haben, produziert auch der Verstand Gründe, die diesen
Unglauben stützen. Für die meisten Fehlschläge sind
daher Zweifel, Unglauben oder ein unechter Erfolgs-
wunsch verantwortlich. Denn wenn der Glaube an ein
Scheitern erst ins Bewusstsein gelangt ist, dann werden
Sie auch scheitern. *Glauben Sie jedoch an einen Sieg,
dann werden Sie ihn auch erringen.*

Glauben Sie, dass Sie besser sind

Eine junge Romanautorin erzählte mir von ihren schrift-
stellerischen Ambitionen. Die Rede kam auf einen ihrer
berühmten Kollegen.

»Oh«, sagte sie, »er ist ein großartiger Schriftsteller,
und ich kann natürlich nicht annähernd einen solchen
Erfolg erreichen wie er.«

Die Haltung der Autorin enttäuschte mich, denn ich
kenne den erwähnten Schriftsteller. Er ist weder überge-
scheit noch besonders scharfsinnig oder in irgendeiner
anderen Beziehung herausragend. Nur sein Selbstvertrauen ist sehr ausgeprägt. Diese Eigenschaft, die natürlich sein Bewusstsein positiv beeinflusst, ermöglicht es
ihm, seine Ideen optimal umzusetzen und somit Erfolg
und Anerkennung einzuheimsen.

Sehen Sie sich führende Persönlichkeiten an, beobachten und studieren Sie sie. Aber verehren Sie solche
Menschen nicht, sondern glauben Sie daran, dass Sie

besser sind. Wer sich nämlich für den Zweitbesten hält, vollbringt unweigerlich nur Zweitbestes.

Sehen Sie die Sache einmal folgendermaßen: Der Glaube ist der Thermostat, der regelt, was wir im Leben vollbringen. Beobachten Sie einen Menschen, der ein Leben in Mittelmäßigkeit führt. Er glaubt, wenig wert zu sein, also bekommt er wenig. Er glaubt, große Dinge nicht bewältigen zu können, und er bewältigt sie nicht. Er glaubt, unbedeutend zu sein, darum trägt alles, was er tut, den Stempel der Bedeutungslosigkeit. Nach und nach wird das mangelnde Selbstvertrauen im Auftreten, Sprechen und Handeln dieses Menschen sichtbar. Seine Selbsteinschätzung wird zunehmend negativ. Und weil andere in uns das sehen, was wir selbst in uns sehen, verliert er immer mehr die Wertschätzung seiner Umgebung.

Betrachten Sie nun einen Menschen, der unbeirrt seinen Weg geht. Er glaubt, wertvoll zu sein, und erreicht oder erhält dementsprechend viel. Er glaubt, schwierige, große Aufgaben erfüllen zu können, und er kann es. Sein ganzes Tun, seine Art, die Menschen zu behandeln, sein Charakter, sein Denken und seine Ansichten geben zu verstehen: »Hier steht ein Könner, eine bedeutende Persönlichkeit.«

Der Mensch ist das Produkt seiner Gedanken. Glauben Sie an sich, denken Sie anspruchsvoll und groß. Starten Sie Ihre Erfolgsoffensive in der aufrichtigen Überzeugung, dass Sie erfolgreich sein können. *Denken Sie groß und werden Sie groß!*

Machen Sie sich die Kraft des Glaubens zunutze

Nach einem Vortrag, den ich in Detroit vor Geschäftsleuten hielt, sprach mich einer der Zuhörer an. Er stellte sich vor und sagte: »Ihr Vortrag hat mir wirklich sehr gefallen. Hätten Sie einige Minuten Zeit? Ich würde mich gern mit Ihnen über ein persönliches Erlebnis unterhalten.«

»Aber natürlich«, erwiderte ich.

»Ich habe etwas erlebt«, begann er, »das vollkommen mit dem übereinstimmt, was Sie heute Abend gesagt haben – dass man seinen Verstand für sich und nicht gegen sich arbeiten lassen soll. Ich habe nie jemandem verraten, wie ich aus der Welt der Mittelmäßigkeit herausgekommen bin, aber Ihnen würde ich es gern erzählen.«

»Und ich würde es gern hören«, sagte ich.

»Noch vor fünf Jahren plagte ich mich im Werkzeugbau ab. Ich verdiente nach normalen Maßstäben ganz ordentlich, aber meine Lebensumstände waren alles andere als ideal. Unser Haus war viel zu klein, und wir hatten kein Geld für viele Dinge, die wir uns wünschten. Meine Frau beschwerte sich zwar nicht, aber glücklich war sie auf keinen Fall. Ich wurde immer unzufriedener.

Heute ist alles anders. Wir haben ein schönes neues Haus auf einem großen Grundstück und ein paar hundert Kilometer im Norden von hier eine Hütte. Wir brauchen uns keine Sorgen mehr darüber zu machen, ob wir die Kinder auf ein gutes College schicken können, und meine Frau muss nicht mehr jedes Mal, wenn sie Geld für neue Kleider ausgibt, ein schlechtes Gewissen haben. Nächsten Sommer wird die ganze Familie nach Europa fliegen und dort einen Monat Urlaub machen. Wir leben jetzt wirklich.«

»Und wie haben Sie es so weit gebracht?«, fragte ich.

»Ich schaffte es«, antwortete er, »als ich mir um einen Ihrer Sätze von heute Abend zu zitieren – ›die Kraft des Glaubens zunutze machte‹. Vor fünf Jahren erfuhr ich, dass bei einer Werkzeugbaufirma hier in Detroit eine Stelle frei war. Wir lebten damals in Cleveland. Ich bewarb mich in der Hoffnung, etwas mehr zu verdienen. Ich kam am frühen Sonntagabend hier an. Das Vorstellungsgespräch sollte natürlich erst am Montag stattfinden. Nach dem Abendessen wurde ich aus irgendeinem Grund richtig wütend auf mich selbst. ›Warum‹, so fragte ich mich, ›bin ich bloß so eine durchschnittliche Null? Warum versuche ich einen Job zu bekommen, der bloß einen winzigen Schritt vorwärts bedeutet?‹

Ich weiß bis heute nicht, was mich dazu bewog, aber ich schrieb die Namen von fünf Männern auf, die ich gut kannte und die mich weit überflügelt hatten, was das Gehalt und die berufliche Verantwortung anging. Zwei waren ehemalige Nachbarn, die weggezogen waren und Unterabteilungen übernommen hatten, zwei andere waren ehemalige Chefs von mir, und der fünfte war mein Schwager. Dann fragte ich mich, was meine fünf Freunde – von den besseren Jobs einmal abgesehen – auszeichnete. War es ihre Intelligenz, ihre Bildung oder vielleicht ihre Integrität?

Nach sorgfältigem und ehrlichem Abwägen erkannte ich, dass es an diesen Dingen nicht liegen konnte. Schließlich kam ich zu einem anderen Erfolgsmerkmal: zu der Initiative. In diesem Punkt, das musste ich mir widerwillig eingestehen, blieb ich weit hinter meinen erfolgreichen Freunden zurück. Es war mittlerweile 3 Uhr früh, aber ich war noch erstaunlich munter. Ich sah zum ersten Mal meine Schwäche. Ich entdeckte, dass ich mich immer zurückgehalten hatte. Ich stellte fest, dass es mir an Initiative mangelte, weil ich glaubte, nur sehr wenig bewerkstelligen zu können.

In den restlichen Nachtstunden erkannte ich, dass ich meinen Verstand immer gegen mich hatte arbeiten lassen. Mir wurde klar, dass ich mir immer nur vorgepredigt hatte, warum ich nicht vorwärtskommen könne, statt mir vorzupredigen, warum ich es könnte. Ich hatte mich selbst schlechtgemacht. Ich fand heraus, dass diese Selbsteinschätzung in allem zutage trat, was ich tat, und dass niemand an mich glauben würde, wenn ich nicht selbst an mich glaubte. Ich fasste folgenden Entschluss: ›Ab sofort höre ich auf, mich zweitklassig zu fühlen.

Am Morgen war ich immer noch voll Zuversicht. Während des Vorstellungsgesprächs stellte ich mein neues Selbstvertrauen zum ersten Mal auf die Probe. Vor Antritt der Fahrt hatte ich gehofft, ich würde den Mut aufbringen, 9000 oder vielleicht sogar 12 000 Dollar jährlich mehr zu verlangen, als ich zuvor verdiente. Doch jetzt, nachdem ich begriffen hatte, dass ich wirklich ein wertvoller Mensch war, erhöhte ich die Summe auf 420 000 Dollar. Und ich bekam sie. Ich pries mich an, weil ich nach dieser langen Nacht der Selbstanalyse Werte in mir gefunden hatte, die mich viel lobenswerter machten.

Innerhalb von zwei Jahren nach Antritt der neuen Stelle schuf ich mir den Ruf, ein Mann zu sein, der Aufträge heranschaffen konnte. Dann hatten wir eine Rezession. Ich wurde noch wertvoller, weil ich einer der besten Auftragsbeschaffer in der Branche war. Meine Firma wurde umorganisiert, und ich bekam ein schönes Paket Aktien sowie eine beträchtliche Gehaltserhöhung.«

Lenken Sie Ihre positiven Gedanken

Ihr Verstand ist eine »Gedankenfabrik«. Diese Fabrik produziert jeden Tag Gedanken.

Die Herstellung in Ihrer Gedankenfabrik untersteht zwei »Werkmeistern«, die wir »Herr Sieg« und »Herr Niederlage« nennen wollen. Herr Sieg leitet die Produktion positiver Gedanken. Er hat sich auf die Erzeugung von Gründen spezialisiert, die besagen, warum Sie etwas können, etwas leisten, etwas erreichen werden.

Der andere Werkmeister, Herr Niederlage, stellt negative, abschätzige Gedanken her. Er ist Ihr Experte in der Fabrikation von Gründen, die besagen, warum Sie etwas nicht schaffen, schwach und unfähig sind.

Sowohl Herr Sieg als auch Herr Niederlage sind äußerst gehorsam. Beide hören immer auf Sie. Um Ihre Werkmeister zu instruieren, brauchen Sie ihnen lediglich einen leisen Wink zu geben. Ist das Signal positiv, macht sich Herr Sieg an die Arbeit. Bei einem negativen Signal tritt Herr Niederlage in Aktion.

Wenn Sie wissen wollen, wie die beiden Werkmeister arbeiten, versuchen Sie einfach Folgendes. Zuerst sagen Sie sich: »Heute ist ein grässlicher Tag.« Dies signalisiert Herrn Niederlage, dass er in Aktion treten soll, und er erzeugt Fakten, die beweisen, dass Sie recht haben. Er suggeriert Ihnen, dass das Wetter heute schlecht wird, dass die Geschäfte nicht Erfolg versprechend sein werden, dass die Verkaufsziffern sinken und Ihre Mitarbeiter nervös sein werden und dass Ihr Ehepartner schlechte Laune haben wird. Herr Niederlage ist sehr tüchtig: In wenigen Augenblicken hat er Ihnen alles miesgemacht, und bevor Sie es noch recht merken, wird der Tag wahrhaft grässlich für Sie.

Sagen Sie sich dann versuchsweise: »Heute ist ein schöner Tag.« Nun wird Herr Sieg aktiv. Er erklärt Ihnen: »Dies ist ein wunderbarer Tag. Das Wetter ist angenehm, die Sonne scheint. Es ist eine Freude zu leben.

Heute wird Ihnen alles gelingen.« Und Sie werden wirklich einen schönen Tag erleben.

Während Herr Niederlage Ihnen zeigt, warum Sie Herrn Müller nicht zum Kauf bewegen können, wird Ihnen Herr Sieg sagen, dass Sie es können. Herr Niederlage überzeugt Sie, dass Sie scheitern werden, während Herr Sieg Ihnen versichert, dass Sie Erfolg haben werden. Je mehr Arbeit Sie einem Ihrer beiden Werkmeister geben, desto stärker wird er für Sie aktiv. Bekommt Herr Niederlage mehr zu tun, wird er schließlich die gesamte Gedankenproduktion an sich ziehen, und somit wird künftig Ihr ganzes Denken negativ sein.

Entlassen Sie Herrn Niederlage! Sie brauchen ihn nicht. Sie wollen doch nicht, dass er Ihnen ständig sagt, warum Sie etwas nicht können, unfähig sind, scheitern werden und dergleichen mehr. Herr Niederlage wird Ihnen nicht helfen, an Ihr Ziel zu gelangen!

Beschäftigen Sie dafür Herrn Sieg intensiv. Fordern Sie Herrn Sieg auf, für Sie zu arbeiten, sobald Ihnen ein Gedanke kommt. Er wird Ihnen zeigen, wie Sie erfolgreich sein können. Machen Sie den Schritt in Richtung Erfolg. Es ist ein grundlegender, ein absolut unerlässlicher Schritt: Glauben Sie an sich selbst, glauben Sie, dass Sie Erfolg haben können!

Die Entwicklung der Glaubenskraft

Mithilfe der nachstehenden drei Empfehlungen können Sie Glaubenskraft erlangen und diese nachhaltig stärken:

- Denken Sie an Erfolg, nicht an Fehlschläge. Ersetzen Sie in Ihrem Leben jegliches Versagensdenken durch Erfolgsdenken. Wenn Sie vor einer schwierigen Situation stehen, denken Sie: »Ich werde siegen«, und nicht: »Ich werde wahrscheinlich scheitern.« Wenn Sie mit jemandem in Konkurrenz treten, denken Sie: »Ich bin gleichwertig mit dem Besten«, und nicht: »Ich werde von ihm weit übertroffen.« Wenn sich Ihnen eine Gelegenheit bietet, denken Sie: »Ich kann es schaffen«, und niemals: »Ich kann das nicht.« Lassen Sie den Glauben, dass Sie Erfolg haben werden, über Ihr ganzes Denken herrschen. Erfolgsdenken veranlasst Ihren Verstand, Pläne auszuarbeiten, die Erfolg garantieren. Versagensdenken bewirkt das Gegenteil. Es veranlasst Ihren Verstand, Gedanken zu fassen, die Fehlschläge verursachen.
- Erinnern Sie sich regelmäßig daran, dass Sie besser sind, als Sie glauben. Erfolgreiche Menschen sind keineswegs Übermenschen. Erfolg setzt kein Superhirn voraus. An Erfolg ist nichts Mystisches. Und Erfolg basiert auch nicht auf Glück. Erfolgreiche Menschen sind ganz normale Erdenbürger, die lediglich den Glauben an sich selbst und an den Erfolg ihrer Unternehmungen entwickelt haben. Machen Sie sich niemals selbst schlecht!

- Seien Sie groß im Glauben. Die Größe Ihres Erfolgs wird durch die Größe Ihres Glaubens bestimmt. Wenn Sie an kleine Ziele denken, dürfen Sie nur kleine Fortschritte erwarten. Wenn Sie sich aber große Ziele setzen und daran glauben, werden Sie den ganz großen Erfolg erringen. Erinnern Sie sich immer wieder daran, dann werden Sie auch große Ideen und große Pläne verwirklichen.

Ihr Trainingsprogramm

Der Aufsichtsratsvorsitzende eines großen Konzerns sagte einmal auf einer Konferenz von Führungskräften: »Wir müssen von jedem Menschen, der eine Führungsposition anstrebt, den Entschluss fordern, ein persönliches Selbstentwicklungsprogramm zu absolvieren. Niemand kann einem Menschen befehlen, sich zu entwickeln. Ob ein Mensch auf seinem Spezialgebiet hinterherhinkt oder vorwärtskommt, ist eine Angelegenheit seines persönlichen Einsatzes. Zeit, Arbeit und Opfer sind für die Selbstentwicklung notwendig. Niemand kann einem dies abnehmen.«

Sein Hinweis ist treffend und praktisch. Leben Sie danach. Menschen, die im Verkauf, in der Industrie, der Konstruktion, der religiösen Arbeit, der Schriftstellerei und anderen Bereichen Spitzenränge erreichen, schaffen dies durch die bewusste, beharrliche Einhaltung eines Plans der Selbstentwicklung und des persönlichen Wachstums.

Jedes Trainingsprogramm muss drei Punkte erfüllen: Erstens muss es inhaltlich etwas bieten, also das *Was* liefern; zweitens muss es eine Methode an die Hand geben, das *Wie*; und drittens muss es zeigen, wie *Ergebnisse* erzielt werden können.

Das *Was* Ihres persönlichen Erfolgstrainingsprogramms baut auf den Haltungen und Techniken erfolgreicher Menschen auf. Wie managen diese Menschen sich selbst? Wie überwinden sie Hindernisse? Wie gewinnen sie die Achtung anderer? Wodurch unterscheiden sie sich vom Durchschnitt? Wie denken sie?

Das *Wie* Ihres Entwicklungs- und Wachstumsprogramms besteht aus Richtlinien für Ihr Handeln. Wenden Sie sie an!

Und wie steht es mit dem wichtigsten Teil des Programms, den *Ergebnissen*? Kurz gesagt: Die gewissenhafte Anwendung der hier dargebotenen Tipps wird Ihnen den Erfolg bringen, und zwar in einem Maß, das Sie jetzt vielleicht für unmöglich halten. Die einzelnen Abschnitte Ihres Erfolgsprogramms werden Sie auf dem Weg zum Erfolg leiten. Sie werden von Ihrer Familie größere Anerkennung bekommen, von Ihren Freunden und Kollegen Bewunderung ernten, Sie werden sich nützlich fühlen und Ansehen genießen, Sie werden ein höheres Einkommen erhalten und einen höheren Lebensstandard erreichen.

Sie werden Ihr Training vollkommen selbstständig durchführen. Niemand wird Ihnen über die Schulter schauen und Ihnen sagen, was Sie tun und wie Sie vorgehen sollen. Dieses Buch ist ein Leitfaden, aber nur Sie können sich selbst verstehen, können sich dazu motivieren, das Training zu absolvieren, können Ihre Fortschritte beurteilen und Ihr Handeln korrigieren, falls Ihnen ein Fehler unterläuft. Kurz und gut: Sie selbst werden sich zum Erfolg führen.

Ihr perfektes Labor

Ihnen steht ein perfekt ausgestattetes Labor zur Verfügung, in dem Sie arbeiten und studieren können. Dieses Labor besteht aus den Menschen, mit denen Sie täglich Umgang haben, und liefert Ihnen jedes nur denkbare Beispiel menschlichen Handelns. Dem, was Sie lernen können, sind keine Grenzen gesetzt, sobald Sie sich als Wissenschaftler in Ihrem eigenen Labor sehen. Für Ihr Labor brauchen Sie keine Einrichtung zu kaufen, keine Miete zu bezahlen, keinerlei Gebühren zu entrichten. Sie können es kostenlos nutzen, sooft und solange Sie wollen.

Als Chef Ihres eigenen Labors möchten Sie zweifellos das tun, was jeder Wissenschaftler tut: beobachten und experimentieren.

Überrascht es Sie nicht, dass die meisten, obwohl sie ständig von anderen Menschen umgeben sind, so wenig darüber wissen, warum und wie Menschen handeln? Kaum jemand ist ein geschulter Beobachter. Daher ist es eines der wichtigsten Ziele, die Beobachtungsgabe zu verbessern. Durch die Beobachtung anderer erhalten Sie Einsichten in das menschliche Handeln. Sie werden sich nach kurzer Zeit Fragen stellen wie: Warum ist der Erste so erfolgreich, während sich der Zweite nur mühsam durchschlägt? Warum haben manche Menschen viele Freunde und andere nur wenige? Warum akzeptieren die Menschen bereitwillig, was ihnen eine bestimmte Person sagt, lehnen das Gleiche aber ab, wenn es ihnen ein anderer mitteilt?

Hier ein spezieller Tipp, der Ihnen hilft, ein geschulter Beobachter zu werden: Wählen Sie für eine Sonderstudie die beiden erfolgreichsten Menschen aus, die Sie kennen.

Beobachten Sie, wie genau Ihre Erfolgsmenschen sich an die hier angeführten Erfolgsprinzipien halten. Jeder Kontakt mit einem anderen Menschen gibt Ihnen die Chance, zu sehen, was dieser oder jener unternimmt, um Erfolg zu haben. Gewöhnen Sie sich an Erfolg bringendes Handeln. Je mehr Sie üben, desto eher wird es Ihnen zur zweiten Natur.

Fast jeder von uns hat Freunde, die als Hobby irgendwelche Pflanzen züchten, und fast jeder von uns hat diese Freunde schon in etwa sagen hören: »Es ist faszinierend, zu beobachten, wie meine Pflanzen wachsen. Schau nur, wie sie sich in der letzten Woche entwickelt haben.«

Zweifellos ist es schön, mitzuerleben, was passiert, wenn der Mensch mit der Natur zusammenarbeitet. Aber bedeutend aufregender ist es, Ihre eigenen Reaktionen auf Ihr durchgeführtes Programm zur Gedankensteuerung zu beobachten. Es wird Ihnen Freude machen zu spüren, wie Sie Tag für Tag, Monat für Monat mehr Selbstvertrauen gewinnen, leistungsfähiger und erfolgreicher werden. Nichts – absolut nichts – gewährt Ihnen in diesem Leben größere Befriedigung als das Wissen, dass Sie auf dem Weg zum Erfolg sind. Und keine Herausforderung ist lohnender als jene, das Beste aus sich zu machen.

ERHARD F. FREITAG: Ihr Intellekt – größtes Hindernis auf dem Weg zum Selbst

Das positive Denken kann für Sie das Märchen vom Baron von Münchhausen, der sich am eigenen Schopf aus dem Sumpf zog, zur Wahrheit werden lassen. Wie in jedem Lebewesen auf dieser Erde, schlummert auch in Ihnen die Kraft des höheren Bewusstseins. Werden Sie empfänglich für diese Energie, um bald schon Ihren Alltag glücklicher, vollkommener und sorgenfreier zu gestalten. Überwinden Sie als Erstes das größte Hindernis auf diesem Weg, nämlich das Dominanzverhalten Ihres Intellekts.

Überwinden Sie Ihr kleines weltliches Ich, das Sie ständig in die Sphäre des Wünschens und Begehrens stürzen will. Überwinden Sie es, indem Sie Großes denken – damit Großes geschieht. In unserer konsumorientierten Gesellschaft ist das Vergnügen wichtiger geworden als Sinnfindung, Harmonie und seelischer Friede. Haben Sie schon bemerkt, wie dieser Trend auch Sie in immer höhere Ansprüche an Ihre Leistungsfähigkeit und in immer neue Probleme verstrickt? Die Medien sind voller Berichte, wie viel und was wir uns zum Wechsel des Jahrtausends alle zumuten.

Machen Sie Schluss damit, sich daran zu beteiligen. Stoppen Sie Ihre Bereitschaft, das Anwachsen der sich selbst erfüllenden negativen Prophezeiung mitzumachen. Leben Sie jetzt und genießen Sie diesen Augenblick. Düstere Ausblicke auf die Zukunft haben sich bisher fast immer selbst widerlegt, denn wir leben auch jetzt trotz allem besser als vor 20, 50 oder 100 Jahren. Denken Sie daran, wie oft Jehovas Zeugen schon den Weltuntergang vorausgesagt haben. Glauben Sie an das Jetzt, an den Lebenswillen in sich und in allen anderen Menschen und nehmen Sie sich selbst in die Verantwortung, nur das Gute, Positive und das Gottgleiche in Ihrem Leben zu verwirklichen. Mit jeder kleinsten Handlung, mit jedem Gedanken formen Sie Ihre Welt.

Sie sollten sich der Tragweite und der Macht Ihrer negativen Gedanken bewusst geworden sein und sie deshalb meiden. Übernehmen Sie für jede Ihrer Handlungen die Verantwortung. Handeln Sie aus innerer Überzeugung, aus innerer Eingebung zu Ihrem und zum Wohle des Ganzen.

Wenn Sie bei der Arbeit etwas vergessen haben, dann sollten Sie keinem anderen die Schuld geben. Wenn Sie beim Autofahren unachtsam einen anderen Wagen beschädigt haben, stecken Sie einen Zettel an die Windschutzscheibe. Übernehmen Sie Verantwortung – und Sie werden erleben, wie Ihr Selbstwertgefühl steigt. Sie hören nicht mehr nur auf Ihren rationalen Verstand, der Sie mit seinem Unvermögen um Ihre Wahrhaftigkeit bringen wird, wenn Sie sich ausschließlich auf ihn verlassen. Ihre Persönlichkeit wächst nun von Tag zu Tag, und sie ist gerade jetzt dabei, die vielen kleinen Ängste zu überwinden, die der Intellekt mit seinem eher engen Horizont erst entstehen ließ. Sie tragen die Verantwortung für sich selbst. Lassen Sie sie von nun an eine leichte Last sein!

Mit einer noblen Haltung aktivieren Sie Ihr unerschöpfliches Kraftpotenzial, für das es keine Probleme mehr gibt und das Sie unabhängig und frei sein lässt. Ängstlichkeit und Sicherheitsstreben verschwinden wie von selbst, wenn Sie an sich zu glauben beginnen. *Die Sicherheit im Leben erwächst aus Ihnen selbst.* Sehr schnell fühlen Sie die Macht Ihres Unterbewusstseins. Sie erkennen: *Die größte Lebensversicherung liegt in Ihnen selbst.*

Ihre geistige Energie ist Ihr eigenes Vermögen, und dies ist die unzerstörbare Urkraft des Lebens.

Wenn Hass hungernde Liebe ist, dann kann dieser Hunger nur durch Liebe gestillt werden.

Harmonie und Liebe

Von nun an sollte in Ihrem Dasein die innere Harmonie vor allen Gedankenspielen Ihres Verstandes Vorrang haben. Wie ein Wunder wird es Ihnen erscheinen, auf diese Weise alles zu gewinnen, ohne etwas zu riskieren. Worum sich der Intellekt mit aller Willensanstrengung meistens vergeblich bemühte, kommt wie von selbst in Ihre Welt. Gesundheit und Erfolg, ein gesundes Selbstvertrauen und ein gerüttelt Maß vom Glück der Welt klopfen an die Tür Ihres geistigen Hauses. Bald schon werden Sie sagen, dass Sie die Hilfe, die fast alle ständig von außen erwarten, jetzt überreichlich in sich selbst gefunden haben.

Manche fürchten, durch das positive Denken in Schwierigkeiten mit ihren Mitmenschen zu geraten. Sie glauben, als lebensfremd bezeichnet zu werden, wenn sie sich der sogenannten Innenseite der Dinge zuwenden. Unsere Zivilisation ist technisch ein kompliziertes Gebilde geworden, in der Informationsaustausch geradezu lebensnotwendig geworden ist und in der wir auf gegenseitige Unterstützung angewiesen sind. In unserer materiellen Welt funktioniert Kommunikation im Allgemeinen perfekt. Der Intellekt hat die richtigen Methoden im Griff.

Was nützt aber den Büroangestellten oder den Arbeitern die ausgefeilteste Technik zur Arbeitserleichterung, wenn durch immer neue Belastungen am Arbeitsplatz das Leben zur Qual wird? Die ärgsten psychosomatischen Infektionsherde in unserer Wirtschaft sind unsere Großraumbüros und Fabriken mit ihrem allgegenwärtigen und zunehmenden Stress. Neid und Missgunst zerstören die Menschen und lassen sie zum Feind werden.

Erkennen Sie Ihre egoistischen Motive und lernen Sie sie zu kontrollieren. Beobachten Sie, wie Ihre Gedankenenergie sich vergeudet und sich um Dinge kümmert, die für Sie gar nicht wichtig sind, Sie sogar behindern und schwächen. Unangenehme Erlebnisse haben eine besondere Langzeitwirkung. Es mag nur eine unbefriedigende Abendunterhaltung zwischen Eheleuten gewesen sein; das Nachdenken darüber hält manchmal lange wach.

Ihr Schlaf ist zur Regeneration da, und Ihr gutes Gewissen sollte Ihnen ein Ruhekissen sein. Sie brauchen erholsamen Schlaf so notwendig wie die Luft zum Atmen. Machen Sie es sich deshalb zur Regel, Vergangenes, Unabänderliches dort zu lassen, wo es hingehört. Sagen Sie: »Vergangenes ist vergangen!« Neue Gedanken über Altes zu verschwenden bringt nur unnötig erneut Ihr Gemüt in Wallung. Danken Sie Ihrem Unterbewusstsein, Ihnen die Lösung des misslichen Problems gezeigt zu haben, das Sie höchstwahrscheinlich nur selbst durch fehlende Liebe verursacht haben. Schlafen Sie in dem Bewusstsein ein, das fehlende Verständnis, die fehlende liebevolle Zuwendung zu Ihrem Partner gleich bei der ersten Gelegenheit – noch vor dem Einschlafen – auszugleichen. Ihr Gewissen ist damit erleichtert und dankt Ihnen Ihre Einsicht durch größere persönliche Überzeugungskraft, mit der Sie wieder alle friedvoll stimmen.

Die innere Ruhe und Ausgeglichenheit, die Sie durch positives Denken erfahren, beschenkt Sie reichlich durch wirkliche Lebensqualität! Der ruhende Pol des Lebens, die innere Freiheit, glücklich und lebensfroh unsere herrliche Welt zu genießen, liegt in Ihnen selbst. *Lassen Sie den Verstand die äußeren, notwendigen Dinge erledigen. Dazu ist er da.* Er sollte nicht auch noch Ihre Gefühle, Sehnsüchte und Wünsche verwalten. Dafür schöpfen Sie aus der überlegeneren, höheren Instanz

Ihres bewussten Seins, aus der unendlichen Weisheit Ihres göttlichen Selbst.

Machen Sie sofort eine Probe aufs Exempel. Packen Sie das nächstliegende Problem beim Schopf und zerlegen Sie es in seine Einzelheiten. Warum haben Sie Ihrer Frau vorhin an den Kopf geworfen, kein Verständnis für Sie zu haben? Warum haben Sie vorhin Ihrem Mann vorgehalten, nie Zeit für Ihre Sorgen zu haben? Gehen Sie zu Ihrem Ehepartner, wenden Sie ihm Ihre ganze Liebe zu und sagen Sie zu ihm: »Ich war vorhin ungeduldig. Ich habe Dinge, die mich gerade bewegten, viel zu ernst genommen. Es ist überhaupt nicht wert, darüber ein lautes Wort zu verlieren. Entschuldige bitte!«

Wenn Sie sich auf eine wichtige Aufgabe vorzubereiten haben, gehen Sie konsequent immer nach dem gleichen Muster vor:

Langfristig kümmern Sie sich ausführlich um vollständige Informationen über die Gebiete, über die Sie Bescheid wissen müssen. Seien Sie sehr gründlich dabei. Sie wollen Erfolg haben, stellen Sie also an sich selbst die höchsten Ansprüche.

Kurzfristig kümmern Sie sich nur noch um Ihre seelische Ausgeglichenheit. Versetzen Sie sich in Ihrem seelisch-körperlichen Haushalt in vollkommene Harmonie. Überantworten Sie den Ablauf des Tages der unendlichen Weisheit Ihrer höheren Intelligenz. Fühlen Sie sich von einer höheren »Macht« geleitet und Ihres Erfolges sicher. Sagen Sie sich: »Einer mit Gott ist immer die Mehrheit.«

Wenn Sie intensiv nach diesem Muster vorgehen, lösen Sie Ihre Probleme schon, bevor sie in Ihr Bewusstsein kommen. Welche Aufgabe auch immer gerade vor Ihnen liegt, ob sie Ihnen leicht oder schwer erscheinen mag, lehnen Sie sich in Ihrem Stuhl zurück und sagen Sie still in sich hinein:

»Ich bin vollwertig; ich lebe richtig und ich habe die Kraft, alle meine Vorhaben in Übereinstimmung mit göttlicher Vorsehung zu verwirklichen. Ich lebe, ich verwirkliche und ich bewältige alles, was ich mir vornehme. Die unerschöpfliche Lebenskraft in mir hat mich bis zu diesem Lebenstag erhalten, gestärkt und belebt, sie führt mich auch jetzt zum Ziel meines Lebens. Ich bin dankbar! Ich bin lebensfroh und guten Mutes, und ich freue mich aus ganzem Herzen über meinen Erfolg. Ich bin in Harmonie mit meinem geistigen Zentrum. Ich freue mich auf das, was kommt. Es wird erfüllt sein von Freude und Vergnügen!«

Tiefe Ruhe breitet sich nach solchen Gedanken in Ihnen aus. Sie sind gerade dabei, sich Ihrer selbst bewusst zu werden und errichten in sich Ihre eigene Autorität. Die einzige, die Sie anerkennen sollten. Aus eigener Kraft meistern Sie Ihr Schicksal, gelenkt und geleitet von einer unendlichen Weisheit, die seit Ihrer Geburt in Ihnen lebt und Ihnen eine Hilfe ist, wenn Sie ihrer bedürfen.

Die meisten Entscheidungen in unserem Alltag treffen wir anstatt mit Herz *und* Seele mit unserem Intellekt. Zum überwiegenden Teil sind unsere Handlungen nach dem Nützlichkeitswert ausgerichtet. Wer aber ohne Herz und Verstand Urteile fällt, der wird bald erfahren, dass auch seine zwischenmenschlichen Beziehungen kopflastig sind. Die Liebe und die Harmonie bleiben zu oft auf der Strecke, wenn wir anstatt mit dem Herzen nur mit dem Kopf einseitig denken und handeln.

Es gibt mehrere Wege, die Kraftzentrale in uns zu erreichen. Das Einschränken der häufig unkoordinierten Gedankenflut kann durch Konzentration, ein inniges Gebet oder durch Meditation erreicht werden. Sie alle führen zu unserer geistigen Kraft und Mitte, wenn wir uns ihrer bedienen. Jeder kann und sollte sich seinen eigenen Weg zur Selbstverwirklichung suchen, denn jeder ist seines Glückes Schmied.

Für mich ist das positive Denken der erste und schnellste Schritt, sich von negativen Gedankenenergien zu trennen. Erich Fromm zieht in seinem Buch *Haben oder Sein* eine ähnliche Trennungslinie zwischen positivem und negativem Leben. Er unterscheidet Haben- und Sein-Menschen. Diejenigen, die nur *haben* wollen – von der Umwelt und den Mitmenschen –, sind in der Überzahl. Nur einer kleineren Zahl genügt das einfache Sein, das Da-Sein. Sie sind die Natur- und Gottverbundenen; sie sind Vorboten einer neuen Gesellschaft in einer jetzt beginnenden, neuen Zeit.

Nur wer in Harmonie mit seiner geistigen Kraft, in seiner Mitte lebt, lebt wirklich. Aktivieren Sie dieses Zentrum in sich und beginnen Sie, Ihr Tagesdenken für die neuen Qualitäten Ihrer Gedanken empfänglich zu machen.

Befreien Sie sich von altem Ballast, anstatt sich täglich neuen aufzubürden. Befreien Sie sich von falschen Vorstellungen orthodoxer, veralteter religiöser Philosophie. In Harmonie mit Ihrem Unbewussten stehen Sie in höchstem Schutz. Denn Einssein mit sich bedeutet gleichermaßen Einssein mit dem Schöpfer. Das ist alles, was es zu erreichen gilt. Wenn Sie mit Gott sind, wer könnte dann gegen Sie sein? Die große Kraft, die jetzt noch in Ihrem Unterbewusstsein auf ihr Erwachen wartet, ist jedem egoistischen Streben unendlich überlegen. Sie allein kann Sie in jene beglückenden Bereiche des Lebens erheben, in denen Sie sich geborgen fühlen gegen Sorgen, Krankheit und Not. Vielleicht ist es noch ein längerer Weg dorthin, die Reichweite dieser Aussage ganz zu verstehen. Die Fallbeispiele aus meiner Praxis werden Ihnen jedoch weiterhelfen.

Eine Sekretärin mittleren Alters richtete einmal die Frage an mich, ob ich ihr aus ihrer schlimmen Lebenslage helfen könne. Sie sei der Sündenbock der Firma, in der sie arbeite. Jeder mache sie verantwortlich, wenn irgendwo etwas schiefginge. Daraus hatte sich im Lauf der Zeit die Sorge entwickelt, dass ihr Chef eines Tages die falschen Anschuldigungen ernst nehmen und sie entlassen könnte.

Ich konnte ihr nicht gut erklären, dass sie mit ihrer Stellung als »Fehlerdepot« in ihrer Firma in sozialpsychologischer Sicht eine hochwichtige Gemeinschaftsfunktion erfülle. Das schwarze Schaf einer Arbeitsgruppe wird sehr selten gefeuert. Jeder, auch der Chef braucht es, um seine Schuldgefühle und Aggressionen abzuladen, die er nicht selbst zu tragen bereit ist.

Der Sekretärin hätte diese Überlegung wenig geholfen. Ich musste ihr vielmehr dabei helfen, ihr Verhalten zu ändern, das sie zum Sündenbock werden ließ. In ihrer Hilflosigkeit gegenüber ungerechten Beschuldigungen hatte sie sich eine halb jammernde, halb keifende Art der Entgegnung angewöhnt, die ihrer Glaubwürdigkeit nicht gerade zuträglich war.

Vor allem musste sie vorrangig ihr Selbstwertgefühl entwickeln. Ihre Gedanken an ihre guten Fähigkeiten wurden mit folgenden Meditationstexten aufgebaut:

»Ich bin gesund und voller Harmonie. Tiefe Ruhe und Zuversicht erfüllen mich. Ich bin sicher und erfolgreich bei meiner Arbeit. Ich bin geborgen in der unendlichen Kraft meines Unterbewusstseins, die mein Leben bestimmt und mich glücklich und zufrieden macht. Mit Liebe und Zuneigung denke ich an meine Kollegen und alle anderen Mitmenschen, mit denen ich harmonisch

zusammenarbeite. Ich danke dem Schöpfer für die Fülle und den Reichtum an Erleben, an innerem und äußerem Glück, an denen ich teilhaben kann.«

Diese Affirmationen sollte sie mehrmals am Tag laut wiederholen. Wenn nötig, genügte das Lesen in stiller Hingabe. Ich erklärte ihr, je tiefer sie den Sinn dieser Worte in ihr Gemüt aufnehmen werde, je plastischer und je bildhafter sie sich die Auswirkung ihrer »Vision« ausmale, umso schneller würde sie an sich grundlegende Veränderungen bemerken.

Drei Wochen später erzählte sie mir beim Abschiedsgespräch, ihre Kollegen würden sie jetzt schon fragen, was mit ihr geschehen sei. Ob sie wohl einen Liebhaber habe, man könne sich gar nicht mehr richtig mit ihr herumstreiten. Sie war sich in der Tat schnell ihres Eigenwertes bewusst geworden. Die aufblühende Harmonie in ihr strahlte auf ihre Umwelt aus und verhinderte nun schon im Vorfeld weitere Konfrontationen.

Ein halbes Jahr brauchte sie insgesamt, um ihre Aschenputtel-Position zu verlassen. Ihre Ruhe und Ausgeglichenheit zog nun andere Ratsuchende an. Die ehemals hänselnden Kollegen suchten nun Hilfe bei ihr.

Jene Kollegen, die in ihr bisher den Sündenbock und Blitzableiter suchten, mussten nun beginnen, bei sich selber hinzusehen. Schuldgefühle sind nicht einfach weg, weil sich äußerlich etwas ändert.

Diese negative Art des Delegierens von Verantwortung, wenn etwas Unangenehmes geschehen ist, zerrüttet den Beschuldigenden oftmals mehr als den Beschuldigten. Ein bekannter englischer Philosoph, bei dem eingebrochen worden war, sagte in einem Fernsehinterview zu diesem Vorfall: *»Man hat mir all mein Geld gestohlen, wenn es auch nicht viel war, aber ich bin doch froh, dass ich der Bestohlene bin und nicht der Dieb.«*

Besonderer Art war der psychische Hintergrund eines Abteilungsleiters eines internationalen Computerwerks, der zu mir kam und um Hilfe bat. Aus seinen Schilderungen ging hervor, dass er ein sogenannter »Schuldverdränger« war. Er glaubte, seine Mitarbeiter ließen ihn überall hängen und würden durch ihre Nachlässigkeiten seine kontinuierliche Aufbauarbeit vernichten. Durch Arbeitsüberlastung und falsche Lebensführung hatte er seine Leistungsfähigkeit weit überfordert und schob nun seine zunehmende Fehlerquote den anderen in die Schuhe.

Was erwartete er von mir? Ein hypnotisch verpasstes Kraftkorsett für seine lädierte Gesundheit? Ich zog ihn vor einen Spiegel und fragte ihn, ob er darin einen Mann im besten Mannesalter und im Vollbesitz seiner Schaffenskraft sehe. Nach einem schrägen Blick auf mein Gesicht fragte er ärgerlich, ob ich ihn auf den Arm nehmen wolle. Er konnte seinen eigenen Anblick nicht mehr ertragen. Genau das war es, was ich ihm begreiflich machen wollte: Er war zu seinem eigenen Feind geworden. In kurzer Zeit könne er wieder in den Spiegel schauen, erklärte ich ihm – wenn er selbst die Kraft aufbrächte, seine falschen Vorstellungen und seine selbstzerstörerischen Vorwürfe abzulegen. Ich könne ihm nur den Weg weisen, er selber aber müsse ihn gehen.

Es ist wohl nichts schwerer, als einem Kopfmenschen verständlich zu machen, dass seine eingesetzte Willenskraft zum Erreichen eines Ziels das Hindernis auf dem Weg dahin ist. Mein Hilfe suchender Betriebswirt war zu abgekämpft, um gegen dieses paradox klingende geistige Gesetz in intellektueller Weise aufzubegehren. Er benötigte zuerst einmal, damit sein Herz die Aufregungen seiner rigorosen Lebensführung gut überstehen würde, eine Behandlung, die Körper, Geist und Seele mit einschloss. Aufregungen würden weiter seine Begleiter sein, solange er sich besserer Einsicht widersetzen würde.

Ich riet ihm zuerst zu einer fleischarmen Diät, zur Reduzierung seines großen Alkohol- und Kaffeekonsums und zum Einhalten präziser Nachtruhezeiten, ohne sich vorher durch stundenlanges Zappen beim Fernsehen noch unnötig weiter belastet zu haben. Auch bat ich ihn, das Rauchen, soweit er sich überwinden konnte, vorläufig einzustellen.

Besonders schwer war es, das durch Unmengen von Genussmitteln und durch seine starre Geisteshaltung verhärtete Bewusstsein in der Hypnosetherapie zum Loslassen zu bewegen. Das kostete in diesem Fall 15 Behandlungsstunden mehr, als es sonst üblich ist. Die Affirmationen, die er vorerst erhielt, lauteten:

»In mir ist tiefe Ruhe. Die unerschöpfliche Weisheit meines Unterbewusstseins durchströmt mein ganzes Sein und gibt mir neue Lebenskraft. Sie dringt in jede Zelle und erfüllt mein ganzes Wesen mit Harmonie und Liebe. Alle Kraft ist in mir. Ich strahle Liebe und Zuversicht auf meine Familie, meine Kollegen und Vorgesetzten aus, und ich bin erfolgreich in meiner Arbeit. Ich bin gesund, ich lebe harmonisch mit dem höchsten Lebensgesetz, der Liebe zu allen Wesen. Geborgen ruhe ich in meiner Mitte. Sie stärkt mich und schützt mich und lässt mich alle Lebenssituationen sicher und leicht bewältigen.«

Nach vier Wochen war der Mann nicht wiederzuerkennen. Elastisch und ausgeschlafen kam er in die Praxis; allerdings gab er unumwunden zu, die abendlichen Schnäpse und die unzähligen Tassen Kaffee, die er bisher täglich konsumiert hatte, doch zu vermissen. Seine Zurückhaltung in allem tat ihm so gut, dass er von Tag zu Tag mehr Kraft gewann und regelrecht aufblühte.

Als er nach seinem vierwöchigen Aufenthalt bei uns in München nach Hause zurückkehrte, erlebte er die größte Überraschung durch die Reaktion seiner Kollegen. Während seine Familie ihn wegen seines prächtigen Aussehens und seiner ruhigen Stimmung bewundert und beglückwünscht hatte, blieben die Kollegen stumm. Sie wussten natürlich nichts von seiner seelischen Kur und brachten es gerade zu den üblichen freundlichen Begrüßungsworten für einen, der lange im Urlaub war.

Das wirkte äußerst ernüchternd auf ihn, wie er mir später berichtete. Doch die Theorie von der großen Kraft wiederholter Suggestionen hielt der Praxis stand. Er erkannte, wie seine alte Eitelkeit und Arroganz wieder auftauchten, und er hatte die erste Probe im Alltag zu bestehen. Er musste Zeugnis ablegen von seiner Wandlung und bei seinen Kollegen erst langsam den Glauben an seine veränderte Persönlichkeit durch praktisches Vorleben reifen lassen.

Es dauerte schon einige Monate, in denen das Entgegenkommen, das er seinen Mitarbeitern schenkte, unverhohlen bestaunt wurde und langsam eine kameradschaftliche Atmosphäre möglich wurde. Erst jetzt hatte er sein altes Ich erlöst, und seine neue Einsicht bescherte ihm eine neue Weltsicht. Wir trafen uns auf einer Ausstellung wieder, und er bestätigte, das für ihn damals noch paradox klingende geistige Gesetz – dass die eingesetzte Willenskraft zum Erreichen eines Ziels den stärksten Widerstand auf dem Weg zum Ziel darstellt – mittlerweile verstanden zu haben. Was er früher nicht mit höchster Willenskraft durchsetzen konnte, gelingt ihm heute fast spielerisch aus der Harmonie mit seinem göttlichen Inneren.

Es mag hinzugefügt werden, dass dazu sicherlich viele verschiedene Veränderungen in seiner Persönlichkeit beigetragen haben. Ein harmonischer Mensch verkrampft sich nicht so hartnäckig in fixierten Wunschvorstellungen, aber wer ist schon von allein so, wie er sein soll? Was wichtig ist: Er steht jetzt allen Entwicklungen gelassener gegenüber. Widerstände reizen ihn weniger denn je, und er überwindet sie heute leichter, als es früher der Fall war. Dazu kommen sein erweitertes Bewusstsein und die Wahrnehmung seiner inneren Stimme, die ihn feinfühliger und zielgerichteter handeln lassen, als die reine Verstandesebene allein dies möglich machen würde. Bereits aus den Anfängen einer beginnenden Bewusstseinserweiterung ergibt sich also schon eine ganze Kausalkette von Lebensverbesserungen.

Eine der schönsten Veränderungen berichtete mir der ehemalige Patient aus seiner Ehe. Damals war sie fast am Ende und die beiden Partner dachten bereits an Trennung. Jetzt, nach einer erfolgreichen Arbeit an ihm selbst, erstrahlte auch die Ehe in neuem Glanz, meinte er schmunzelnd. Jetzt war er nicht nur erfolgreich, sondern auch glücklich, und er sagte: »Was könnte ich mir noch mehr wünschen?«

Wer kann sich im Durcheinanderwirbeln der Schicksalsmächte schon vorstellen, durch Harmonie und Liebe alle Probleme lösen zu können? »*Das Himmelreich ist in euch*«, sagte Jesus. Manchmal habe ich den Eindruck, als ob wir es uns gar nicht vorstellen wollen, wie einfach es sein kann, zu Ausgeglichenheit und innerem Frieden zu gelangen. Vielleicht sollte man diese Aussage erweitern, indem es heißen könnte: »Wisset ihr nicht, dass Himmel *und* Hölle in euch sind?«

Lassen Sie sich nicht von einer fixen Idee, einer einseitigen Wunschvorstellung Ihres Egos außer Atem bringen. Nur ein Narr meint, wegen einem unerfüllten Wunsch gleich sterben zu müssen. Schwierigkeiten, die vor uns wie Abgründe auftauchen, erscheinen uns so, weil wir sie aus einem bestimmten Blickwinkel betrachten. Sie können sich schnell in günstige Gelegenheiten verwandeln, wenn wir sie im Licht des positiven Denkens betrachten. Eine Lebenssituation wird dann zur Konfliktsituation, wenn wir mit falschen Erwartungen negative Geschehnisse erst provozieren.

Sie können dieses Gesetz sofort auf Ihr Leben übertragen. Von einem Vorhaben, zu dem Sie in Ihrem Den ken Zweifel über das Gelingen einfließen lassen, können Sie sofort ablassen. Denn erstens ist Zweifel Kraftverschleiß und hat zweitens, weil er im Verborgenen wirkt, meistens auch die Macht, sich durchzusetzen.

Wozu geben Sie ihm erst diese Macht, indem Sie zweifeln? Programmieren Sie sich neu. Sie haben die Wahl, deshalb wählen Sie weise, was werden soll.

Überdenken Sie Ihre Pläne. Planen Sie Ihre Kräfte exakt ein, entscheiden Sie, ob das Vorhaben richtig und wichtig für Sie ist. Hören Sie ein lautes »Ja« in sich, dann liegt Ihre Handlungsweise damit fest. Entscheiden Sie, ob Sie vertrauen oder ängstlich sein wollen. Prägen Sie sich die folgenden Worte ein:

»Mein Plan ist vollkommen. Ich setze mich jetzt voll dafür ein. Ich bin erfolgreich mit meinen Vorhaben und erhalte alle Hilfe aus dem unerschöpflichen Kraftreservoir meines Unterbewusstseins. Ich bewältige meine Aufgabe in kurzer Zeit. Die Arbeit tut mir gut! Gottes Liebe erfüllt meine Seele und steht mir bei.«

Das Schönste für den erwachenden Menschen ist, an die Grenzen des Bewusstseins zu gehen – um auch dort Türen zu finden, sie zu öffnen und einzutreten in die Freiheit des absoluten Seins.

Sie haben sich für das Glück entschieden

Sie werden erleben, was Sie denken! Es ist so einfach, negativ hemmende Gedankenenergie aufzulösen und sich vollständig auf positives Erleben umzustellen. Dass Sie leichtsinnig handelten oder in blindem Optimismus, können Ihnen nur hauptberufliche Schwarzmaler vorwerfen, die nichts von Ihren Möglichkeiten wissen. Sie haben sich für das Glück entschieden, Sie halten Ihre Entscheidung für richtig und Sie wissen, dass Sie alle Kraft zur Verwirklichung Ihrer Gedanken seit jeher in sich haben. Sie sind die einzige Autorität, die Sie anerkennen. Benutzen Sie grundsätzlich die Affirmationen mit den größten Sehnsüchten, die jedes Menschenherz bewegen, sagen Sie sich täglich:

»Ich bin gesund.
Ich lebe in Harmonie mit meiner geistigen Kraft.
Ich bin erfolgreich.
Ich liebe mich und mein Leben.
Ich fühle mich in Liebe mit allen Menschen verbunden.
Ich bin erfolgreich in allen meinen Unternehmungen.«

Variieren Sie diese positiven gedanklichen Werte so, dass sie auf Ihre speziellen Anliegen angewendet werden können, und sie werden Licht und Freude in Ihr Dasein bringen. Verwenden Sie nicht die negativen Wörter »kein« oder »nicht« in einem Ihrer Leitsätze. Suggestionen werden im englischen Sprachraum mit dem richtigeren Begriff »Affirmationen« bezeichnet und dieses Wort meint Bejahung. Nennen Sie das beim Namen, was Sie wollen. Verneinen Sie nicht, was Sie nicht wollen, wenn Sie mit Ihrem Unterbewusstsein arbeiten!

Wenn Sie Schwierigkeiten in der Kommunikation und im Umgang mit anderen hatten, werden Sie ein überraschtes Aufatmen feststellen. Sie erfahren plötzlich angenehme Reaktionen aus Ihrer Umwelt, und es sind die Antworten Ihrer eigenen positiven Ausstrahlung. Es kehrt zu Ihnen zurück, was von Ihnen ausgegangen ist.

Über eine leidvolle Vergangenheit nachzugrübeln ist negative Gedankenarbeit in Hochpotenz. Probleme wälzen, Fragen nach Schuld und Verantwortung zu stellen, um dann nur wieder alles auf andere abschieben zu können, schafft immer wieder jene Gemütsaufwallungen, von denen Sie sich gerade befreien wollen. Das gehört alles zu dem alten, herkömmlichen Denkschema, das so viele Menschen leiden lässt und unnötig zermürbt. Für Sie kann das alles jetzt vorbei sein, wenn Sie wollen.

Wollen Sie?

Die medizinische Forschung hat durch Messungen von Blutdruck und Hormonausschüttung und anhand von Organbelastungen feststellen können, wie stark Schockerlebnisse und Stresssituationen immer wieder den Körper aufs Neue in die gleiche Notstandssituation bringen. Der Münchner Biologe Dr. Frederic Vester beschreibt das eingehend in seinem Buch *Phänomen Streß*.

Sie beginnen zu ahnen, wie nötig es ist, von dieser wilden, allzu oft auch destruktiven Gedankenflut nicht ungehemmt Ihr Unterbewusstsein überfluten zu lassen.

Halten wir damit eine weitere, wichtige Erkenntnis fest und durchschauen damit einen schwerwiegenden Fehler, den Sie nie mehr selber machen werden.

Grübeln über Vergangenes ist immer ein hochwirksames Gift für Ihr gegenwärtiges und zukünftiges Wohlbefinden. Sie leben jetzt. Lassen Sie sich nicht von Gedanken in die Vergangenheit verschleppen. Es wäre, als ob

Sie freiwillig auf ein Leben in Freiheit verzichten und lieber ins Exil gehen würden.

Hier können Sie mit einer Übung beginnen, die Sie, je häufiger Sie sie anwenden, zu ganz neuem Selbstverständnis bringen wird! Meditieren Sie mehrmals über die Worte:

»Ich steige im Geist in die Höhe, bis Vergangenheit, Gegenwart und Zukunft zu einem großen Bild verschmelzen und mir eine neue Einsicht der Dinge zuteil wird.«

Mit dieser Meditation erreichen Sie gleich zwei Ziele. Während der Versenkung sind Sie von allen anderen Gedanken, die Sie bestürmen könnten, geschützt. Und während Sie meditieren, sind Sie auf eine neue, höhere Erfahrung ausgerichtet. Darüber hinaus bringt Ihnen der schnell erkennbare Erfolg dieser Meditation eine höhere Perspektive, von der aus Sie bald ein sicheres Gefühl für alle Ihre Handlungen haben werden.

Sie werden bald schon Herr über sich selbst sein, wenn Sie die einfachen Gesetze des Denkens und des Geistes anzuwenden beginnen. Die ersten kleinen Tests und Übungen haben Sie aufmerksam werden lassen; das positive Denken trifft Ihre Sehnsucht nach Harmonie, Liebe, Erfolg und Gesundheit; gemeinsam werden sie Ihre Erfüllung sein.

Im langsamen weiteren Vortasten zu Ihrem ureigensten Wesen wählen Sie deshalb passende Suggestionsformeln aus, die Ihrem Lebensniveau und Ihren Veranlagungen entsprechen. Zum Schluss sollten Sie sich dann Ihre eigene, ganz persönliche Suggestionsformel zusammenstellen. Ihr Ziel steht fest: Gesundheit, Erfolg, Liebe, Harmonie sind Ihre Vision, mit weniger wäre es auch nicht genug.

Frei von Angst und Sorgen

Joseph Murphy: Wie die Kräfte des Unterbewusstseins die Angst vertreiben

Einer meiner Studenten erzählte mir einmal, er sei zu einer Konferenz eingeladen und müsse dort eine Rede halten. Der Gedanke an seine große und hochkarätige Zuhörerschaft erfüllte ihn mit Panik. Trotzdem gelang es ihm, seine Angst zu überwinden. Mehrere Abende hintereinander setzte er sich etwa 5 Minuten lang in einen bequemen Sessel und prägte sich langsam, ruhig und mit Bestimmtheit die folgenden Sätze ein: »Ich werde diese Angst besiegen. Sie wird bereits jetzt schwächer. Ich werde meine Rede unbeirrt und vollkommen sicher halten. Ich bin äußerlich und innerlich völlig entspannt.« Das gezielt angesprochene Unterbewusstsein sorgte für die erwünschte Wirkung.

Unser Unterbewusstsein kann jederzeit durch Suggestion beeinflusst werden. Sobald Sie sich körperlich und geistig entspannen, sinken Ihre bewussten Gedanken ins Unterbewusstsein ab, und in seiner schöpferischen Dynamik erfüllt sich Ihr Wunsch. So erlangen Sie über Nacht Selbstvertrauen und Sicherheit.

Der größte Feind des Menschen

Angst gehört zu den größten Feinden der Menschheit. Sie ist häufig die Ursache von Misserfolgen, Krankheit und gespannten menschlichen Beziehungen. Millionen von Menschen fürchten sich vor der Vergangenheit und der Zukunft, vor dem Alter und dem Tod. Angst ist aber nur Inhalt und Folge Ihrer Gedanken: Sie fürchten sich vor Ihren eigenen Gedanken!

Ein kleiner Junge ist vor Angst gelähmt, wenn er glaubt, ein Monster liege unter seinem Bett. Sobald die Eltern das Licht anmachen und ihm erklären, dass die Gefahr nur in seiner Fantasie besteht, verliert er seine Angst. Sie hätte aber nicht echter und nicht größer sein können, wenn es das gefürchtete Monster wirklich gäbe und es ihn bedroht hätte. Die Wahrheit aber befreit: Was er fürchtet, existiert gar nicht.

Tun Sie das, wovor Sie Angst haben

Emerson sagte zu diesem Thema: »Tun Sie das, wovor Sie sich fürchten, und Ihre Angst ist weg.«

Früher litt ich an Lampenfieber, das ich aber überwinden konnte, indem ich mich immer wieder zwang, öffentlich zu sprechen. Ich tat das, wovor ich mich fürchtete – und meine Angst war bald verschwunden. Sobald Sie mit innerer Überzeugung feststellen, dass Sie Ihre Angst überwinden werden, mobilisieren Sie die Kraft Ihres Unterbewusstseins.

So überwinden Sie Ihr Lampenfieber

Eine gute Stimme allein ist nicht alles! Die bereits erwähnte Sängerin freute sich auf ihre Chance beim Vorsingen, aber sie hatte schon bei drei vorhergehenden Gelegenheiten wegen Lampenfieber versagt. Sie war überzeugt, die Angst würde Sie auch diesmal lähmen und einen Erfolg unmöglich machen. Befürchtungen dieser Art werden aber vom Unterbewusstsein als Aufforderung missdeutet.

Wie Sie inzwischen wissen, handelt es sich hier um eine typische unfreiwillige Autosuggestion. Die Sängerin selbst führte infolge ihrer Angst ihr Versagen herbei.

Dank der bewussten Autosuggestion gelang es ihr, sich von ihrem Lampenfieber zu befreien: Dreimal am Tag zog sie sich in ihr Zimmer zurück. Sie setzte sich in einen Sessel, schloss die Augen und entspannte sich geistig und körperlich. Ruhe macht den Geist aufnahmebereiter für Suggestionen. Sie bekämpfte ihre Angst durch eine Gegensuggestion: »Ich singe wunderschön. Ich bin völlig ausgeglichen, ich bin ruhig, zuversichtlich und gelassen.« Diese Worte wiederholte sie dreimal täglich und nochmals vor dem Einschlafen langsam, ruhig und intensiv fünf- bis zehnmal. Schon nach einer Woche hatte sie eine unerschütterliche Ruhe und Zuversicht gewonnen. Als sie dann tatsächlich vorsang, wurde sie sofort engagiert.

Wer diese Methode anwendet, wird Angstkomplexe und Befürchtungen jeder Art überwinden.

Die Angst vor dem Misserfolg

Manchmal suchen mich Studenten unserer Universität auf, die bei Prüfungen an suggestiver Amnesie (Gedächtnisschwund durch Prüfungsangst, einem sogenannten Blackout) leiden. Ich höre sie immer wieder klagen (und

auch Lehrern ist das Problem bekannt): »Sobald das
Examen vorbei ist, fallen mir die Antworten ein. Während
der Prüfung selbst aber kann ich mich an nichts
erinnern.«

Bei allen stellte ich fest, dass sie sehr große Angst hatten,
zu versagen. Die Angst ist die eigentliche Ursache
dieses vorübergehenden Gedächtnisschwundes. So
kannte ich zum Beispiel einen jungen Medizinstudenten,
der zu den Begabtesten seines Jahrganges zählte,
trotzdem konnte er bei mündlichen und schriftlichen
Examen auch die einfachsten Fragen nicht beantworten.
Ich erklärte ihm, was der eigentliche Grund seines Versagens
war. Er machte sich schon lange Zeit vor dem
Examen Sorgen und seine negative Erwartung steigerte
sich jeweils zu einem Dauerzustand geradezu unüberwindlicher
Panik.

Jeder Gedanke, der ein so machtvolles Gefühl auslöst,
wird vom Unterbewusstsein in die Tat umgesetzt. Das
Unterbewusstsein des jungen Mannes musste seine panische
Examensangst als Aufforderung deuten, einen
Misserfolg herbeizuführen – und genau das tat es auch.
Am Tag der Prüfung befand sich der Kandidat daher in
einem geistigen Zustand, der vom Psychologen als »suggestive
Amnesie« bezeichnet wird.

Die Angst überwinden

Ich erklärte ihm, dass sein Unterbewusstsein der Speicher
seines Gedächtnisses sei, alles, was er während seines
medizinischen Studiums gehört und gelesen habe, ist
hier verankert. Als Nächstes überzeugte ich ihn davon,
dass das Unterbewusstsein reaktionsfähig und -bereit

sei, dazu aber Zuversicht sowie geistige und körperliche Entspannung brauche.

Daraufhin begann er, sich jeden Abend und jeden Morgen vorzustellen, seine Mutter beglückwünsche ihn zu seinen hervorragenden Zeugnissen. In der Fantasie rief sie ihn an und gratulierte. Sobald er sich das lebendig vorstellte, führte er eine entsprechende Reaktion herbei. Die Energie des Unterbewusstseins wurde mobilisiert, sein bewusstes Denken wurde in die gewünschte Bahn gelenkt und schließlich fiel ihm der Weg an sein Ziel leicht: Er bestand alle Examen ohne Mühe. Anders ausgedrückt: Sobald sein Unterbewusstsein die Leitung übernommen hatte, zwang es ihn, Erfolg zu haben.

Angst vor dem Wasser

Viele Menschen haben Angst davor, einen Aufzug zu betreten, über hohe Brücken zu gehen, bergzusteigen oder zu schwimmen. Häufig geht dies auf ein unangenehmes Erlebnis zurück, als der Betreffende ins Wasser geworfen wurde, ohne schwimmen zu können, oder in einem Aufzug stecken blieb und so die Angst vor geschlossenen Räumen entstand.

Im Alter von etwa 10 Jahren fiel ich in einen Teich. Ich erinnere mich noch deutlich an meinen verzweifelten Kampf, wie ich in Todesangst nach Luft rang und wie sich schließlich das immer dunkler werdende Wasser über meinem Kopf zusammenschloss. Im letzten Augenblick wurde ich gerettet. Dieses Erlebnis grub sich tief in mein Unterbewusstsein ein und noch Jahre danach hatte ich eine unüberwindliche Angst vor Wasser.

Ein älterer Psychologe riet mir: »Gehen Sie zu dem Teich, schauen Sie das Wasser an und sagen Sie laut und überzeugend: ›Ich bin stärker als du.‹ Lernen Sie dann schwimmen, gehen Sie ins Wasser und besiegen Sie es.«

Genau das tat ich. Sobald ich eine neue Einstellung gewonnen hatte, reagierte die Macht des Unterbewusstseins und gab mir die Kraft, die Zuversicht und das Selbstvertrauen, mit denen ich meine Angst überwand. Lassen Sie sich niemals einschüchtern – weder vom Wasser noch von etwas anderem. Denken Sie immer daran: Sie sind stärker!

Die unfehlbare Methode, jede Angst zu überwinden

Die folgende Methode, mit jeder Angst fertig zu werden, hat schon vielen Menschen geholfen. Sie wirkt wie ein Zauber. Ob Sie sich nun vor Wasser, großen Höhen, geschlossenen Räumen, einem Vortrag oder Interview fürchten – die Methode hilft immer. Versuchen Sie es selbst!

Nehmen wir an, Sie haben Angst vor dem Schwimmen. Setzen Sie sich drei- oder viermal täglich je 5 bis 10 Minuten völlig entspannt in einen Sessel und stellen Sie sich vor, Sie würden schwimmen. In Ihrer Fantasie schwimmen Sie tatsächlich. Es handelt sich hier um ein subjektives Erlebnis: Mithilfe Ihrer Vorstellungskraft versetzen Sie sich in ein Schwimmbad oder einen See. Sie fühlen die Kühle des Wassers und die rhythmischen Bewegungen Ihrer Arme und Beine. Sie genießen eine Tätigkeit, die Ihnen Spaß macht. Es handelt sich nicht um leere Träumereien, denn Sie wissen ja: Jedes Erlebnis Ihrer Fantasie teilt sich dem Unterbewusstsein mit. Über kurz oder lang werden Sie sich wünschen, das Ihrem Unterbewusstsein eingeprägte Bild zu verwirklichen. Dies ist eines der Prinzipien des Geistes.

Dieselbe Technik können Sie auf jede Angst anwenden. Wem schnell schwindelig wird, braucht sich nur lebhaft vorzustellen, er balanciere sicher über einen schmalen Steg oder er klettere auf einen Berg und freue sich über die wundervolle Landschaft tief unter ihm sowie über seine sichere Körperbeherrschung. Je wirklichkeitsnäher die Vorstellungsbilder sind, umso schneller wird sich die gewünschte Reaktion einstellen und jede Angst verschwinden.

Er segnete den Aufzug

Ich kannte den Geschäftsführer eines großen Unternehmens, der es nicht über sich brachte, einen Aufzug zu benutzen. Jeden Morgen stieg er die fünf Stockwerke zu seinem Büro zu Fuß hinauf. Eines Tages begann er, seine Angst zu bekämpfen. Er dachte mehrere Male während des Tages und noch einmal vor dem Schlafengehen an die Wohltat dieses Aufzuges, und zwar mit folgender Formulierung: »Der Aufzug in unserem Bürogebäude ist eine fabelhafte Sache. Er ist eine Wohltat und ein Segen für uns alle. Er leistet uns hervorragende Dienste. Wie alle anderen benutze ich ihn und das macht mir Freude. Ich sehe mich im Aufzug: mit dem Rücken leicht angelehnt und im Beisein mehrerer unserer Angestellten. Ich spreche mit ihnen und sie antworten mir freundlich. Es ist ein wundervolles Erlebnis der Selbstbefreiung, der Zuversicht und des Selbstvertrauens. Ich danke von ganzem Herzen dafür.«

Diese Sätze wiederholte er etwa zehn Tage lang, um seine Klaustrophobie, seine Angst vor der Enge des Lifts, zu überwinden; am elften Tag betrat er den Aufzug zusammen mit einer Reihe von Mitarbeitern und fühlte sich sehr wohl.

Normale und unbegründete Angst

Menschen kennen von Natur aus eigentlich nur zwei Ängste: die Angst vor dem Fallen und die Angst vor bedrohlichen Geräuschen. Die Natur hat zur Selbsterhaltung eine Art von Alarmsystem entwickelt. Normale Angst ist etwas Sinnvolles und Gutes. Sie hören ein Auto auf sich zukommen und springen zur Seite, um Ihr Leben zu retten. Die Angst, überfahren zu werden, löst spontan die entsprechende Abwehrhandlung aus.

Daneben gibt es viele Ängste und unbegründete Befürchtungen, die eine Folge negativen Denkens sind und für die oftmals Eltern, Verwandte, Lehrer und andere die Psyche eines Kindes beeinflussende Faktoren verantwortlich sind.

Unbegründete Angst

Unbegründete Angst ist eine Folge unkontrollierter Fantasie. So begann zum Beispiel eine Frau, die zu einem Flug rund um die Welt eingeladen war, aus den Zeitungen alle Berichte über Flugzeugkatastrophen zu sammeln. Sie sah sich bereits abstürzen, im Meer ertrinken, verbrennen. Das sind Bilder einer unbegründeten Angst.

Hätte sie diese Gedanken nicht kontrolliert, wäre bestimmt das eingetreten, was sie am meisten fürchtete.

Ein ehemals erfolgreicher und wohlhabender New Yorker Geschäftsmann zeigt ein weiteres Beispiel solcher unbegründeter Befürchtungen. Obwohl es ihm in jeder Hinsicht gut ging, begann er sich in seiner Fantasie in lebensechten Szenen ausschließlich Misserfolge auszumalen. Er sah sich in leeren Geschäftsräumen, fürchtete bankrott zu gehen. Trotz aller Warnungen konnte er sich von diesen morbiden Vorstellungen nicht befreien und er sagte zu seiner Frau immer wieder: »So kann es nicht weitergehen«, »Es gibt bestimmt eine Krise«, »Wir machen sicher noch Konkurs.«

Kein Wunder, dass seine Geschäfte immer schlechter gingen und schließlich seine schlimmsten Befürchtungen eintrafen. Er ging in der Tat bankrott. Dazu hätte es nach der objektiven Geschäftslage nie kommen müssen – hätte er nicht das Unglück selbst heraufbeschworen durch seine negative Sichtweise.

Manche fürchten, ihren Kindern könnte etwas Schreckliches passieren und sie selbst könnten eine Katastrophe erleben. Sobald sie von einer seltenen Krankheit lesen, leben sie in dauernder Angst vor einer Ansteckung oder glauben sich bereits davon befallen. Und Sie?

Das Mittel gegen unbegründete Angst

Fassen Sie Mut! Wer sich seinen Ängsten hingibt, zerstört alles: sein Leben, seine Zukunft, seinen Körper, seinen Geist. Sobald wir uns fürchten, hoffen wir gleichzeitig auf etwas, das uns hilft. Konzentrieren Sie sich sofort auf ein positives Bild. Beschäftigen Sie sich ausschließlich mit dieser positiven Vorstellung, denn Sie wissen, dass Ihre subjektive Vorstellung sich durchsetzen wird. Diese Einstellung wird Ihnen Mut machen und Ihre Stimmung heben. Ihnen kann nichts geschehen.

Schauen Sie der Angst ins Auge

Der Chef eines großen Unternehmens erinnert sich noch heute daran, wie er in seiner ersten Zeit als Vertreter regelmäßig mehrmals um das Haus der Kunden herumging, ehe er den Mut fand, zu klingeln. Als ihm dabei eines Tages der Verkaufsleiter begleitete, sagte der: »Sie fürchten sich doch nicht etwa vor einem Monster? Es gibt kein Monster. Ihre Angst ist völlig grundlos.«

Seither hatte er sich angewöhnt, jeder Angst entgegenzublicken und soweit ihr nicht eine wirkliche Gefahr zugrunde lag, hat sie sich jedes Mal in Luft aufgelöst.

Überleben im Dschungel

Ein Geistlicher erzählte mir einmal von seinen Erlebnissen im Zweiten Weltkrieg. Eines Tages musste er mit dem Fallschirm aus einem brennenden Flugzeug abspringen und landete im Dschungel. Er hatte große Angst, doch er wusste, dass es zwei Arten von Angst gibt, die normale und die unnormale.

Er beschloss, seine Lage ruhig durchzudenken, und sagte sich: »Du darfst deiner Angst nicht nachgeben. Deine Angst ist nichts anderes als der Wunsch nach einem Ausweg, nach Rettung und Sicherheit.«

Dann stellte er voll Vertrauen fest: »Die Kraft meines Unterbewusstseins führt mich aus diesem Dschungel heraus.«

Diese Sätze sprach er laut vor sich hin. »Dann«, so fuhr er fort, »begann sich etwas in mir zu regen. Ich wurde zuversichtlich. Und ich machte mich auf. Nach einigen Tagen war ich den Gefahren des Dschungels wie durch ein Wunder entkommen und wurde von einem Rettungsflugzeug in Sicherheit gebracht.«

Seine geistige Einstellung hatte ihn gerettet. Vertrauen und der unerschütterliche Glaube an seine Kraft hatten ihm aus einer scheinbar ausweglosen Situation herausgeholfen.

Er schloss: »Hätte ich einmal damit angefangen, meiner Angst nachzugeben, so wäre ich sicher ein Opfer der Angst geworden und wahrscheinlich gestorben.«

Er entließ sich selbst

Ein Bekannter, Prokurist eines großen Unternehmens, erzählte mir, dass er früher etwa drei Jahre lang in der dauernden Angst gelebt habe, entlassen zu werden. Er habe immer nur an mögliche Misserfolge gedacht. Seine Befürchtungen hatten keine wirkliche Grundlage und waren die Folge morbider Gedanken. Seine äußerst lebendige Fantasie dramatisierte die Situation so lange, bis er vor Angst, seine Stelle zu verlieren, nervös und unsicher wurde. Schließlich wurde er tatsächlich gebeten, seinen Posten zur Verfügung zu stellen.

Genau genommen aber hatte er sich selbst entlassen. Seine negativen Vorstellungen und Selbstsuggestionen hatten eine entsprechende Reaktion des Unterbewusstseins herbeigeführt. Nur deshalb machte er auf einmal wirklich Fehler und traf falsche Entscheidungen, die ihn als Prokuristen schließlich untragbar werden ließen. Er hätte niemals seine Stellung eingebüßt, wenn er seine Gedanken sofort auf positive Bilder konzentriert hätte, die seiner Angst entgegengesetzt gewesen wären.

Ein Bild der Ruhe

Während einer Vortragsreise rund um die Welt führte ich ein zweistündiges Gespräch mit einem hohen Regierungsbeamten. Er strahlte eine unerschütterliche Gelassenheit aus. Er erklärte mir, alle Angriffe der Zeitungen und seiner politischen Gegner hätten ihn niemals aus der Ruhe gebracht. Jeden Morgen stellte er sich eine Viertelstunde lang vor, dass er völlig ruhig und selbstsicher sei. Aus diesem Gedanken ziehe er die Kraft, alle Schwierigkeiten zu überwinden.

Vor einiger Zeit hatte ihn mitten in der Nacht ein Kollege angerufen, um ihn vor einer Intrige zu warnen. Er antwortete darauf: »Ich werde jetzt schlafen. Sie können die Angelegenheit morgen Vormittag um 10 Uhr mit mir besprechen.« Er fuhr fort: »Ich weiß, dass sich kein negativer Gedanke je verwirklichen kann – es sei denn, ich lasse mich zu unkontrollierten Reaktionen hinreißen. Ich weigere mich strikt, mir irgendwelche Befürchtungen suggerieren zu lassen. Deshalb kann mir auch nichts Negatives geschehen.«

Wie unerschütterlich, ruhig und zuversichtlich! Es wäre ihm nie eingefallen, verzweifelt zu sein. In sich selbst gab es ein großes Kraftreservoir, aus dem er seine unerschütterliche Ruhe schöpfte.

Befreien Sie sich von Angst

Wenden Sie die folgende, zuverlässig wirkende Formel an, um sich von Angst zu befreien: »*Als ich den Herrn suchte, da erhörte er mich und machte mich frei von allen meinen Ängsten*« (Psalm 34, 5). Das Wort »Herr« ist auszulegen als die unendlichen Kräfte Ihres Unterbewusstseins.

Lernen Sie die fantastische Energie Ihres Unterbewusstseins kennen, seine Arbeits- und Wirkungsweise. Lernen Sie, die in diesem Kapitel beschriebenen Techniken zu beherrschen. Wenden Sie sie noch heute an!

Ihr Unterbewusstsein wird reagieren und Sie von aller Angst befreien.

Zusammenfassung

1. Tun Sie das, wovor Sie Angst haben, und Ihre Angst ist weg. Sagen Sie sich aus voller Überzeugung: »Ich werde diese Angst überwinden«, und es wird Ihnen gelingen.
2. Angst ist ein negatives Gedankenmuster. Ersetzen Sie es durch konstruktive Vorstellungen. Angst hat schon Millionen von Menschen getötet. Doch Hoffnung und Selbstvertrauen sind stärker als Angst.
3. Die Angst ist die größte Feindin der Menschheit. Sie ist die eigentliche Ursache vieler Misserfolge, Krankheiten und gespannter menschlicher Beziehungen. Die Liebe vertreibt die Angst. Liebe bedeutet emotionale Bindung an die guten Dinge des Lebens. Lernen Sie, Ehrlichkeit, Offenheit, Gerechtigkeit,

Glück, Freude und Erfolg zu lieben. Leben Sie in der freudigen Erwartung des Besten und genau das wird Ihr Leben bestimmen.

4. Setzen Sie jeder suggestiven Kraft von Angstvorstellungen positive Feststellungen entgegen, wie zum Beispiel: »Ich bin völlig ruhig, gefasst und sicher.« Diese Methode wird Ihnen Gewinn bringen.

5. Angst ist die eigentliche Ursache des Gedächtnisschwunds während mündlicher und schriftlicher Examen. Sie können diesen Zustand überwinden, indem Sie sich wiederholt und überzeugt sagen: »Ich besitze ein vollkommenes Gedächtnis, das alles Wichtige festhält und mir bei Bedarf sofort zur Verfügung stellt.« Stellen Sie sich einen Freund vor, der Ihnen zum hervorragend bestandenen Examen gratuliert. Lassen Sie sich durch nichts von diesem positiven Bild abbringen und Sie werden Erfolg haben.

6. Falls Sie sich vor Wasser fürchten, gehen Sie schwimmen. Versetzen Sie sich im Geist an den Strand oder in ein Schwimmbad. Fühlen Sie, wie das kühle Wasser Ihren Körper umspült und Sie trägt. Spüren Sie Ihre rhythmischen Bewegungen, Ihre kraftvoll ausholenden Züge. Wer sich im Geiste lange genug in diese Tätigkeit hineinsteigert, wird bald den Wunsch zur Verwirklichung verspüren. Er wird angstlos ins Wasser gehen und schwimmen können.

7. Wer sich vor geschlossenen Räumen, wie zum Beispiel Aufzügen, fürchtet, sollte sich geistig in einen Lift versetzen, sich vorstellen, mit ihm nach oben und nach unten zu fahren und das zu genießen. Mit Überraschung werden Sie feststellen, wie schnell diese Methode die Angst besiegt.

8. Menschen kennen eigentlich nur zwei Ängste: die Angst vor dem Fallen und die Angst vor bedrohli-

chen Geräuschen. Alle anderen Ängste sind das Ergebnis negativer Einflüsse. Werfen Sie solche Befürchtungen über Bord.

9. Begründete Angst ist etwas Gutes. Die unbegründete Angst stellt eine ernste Bedrohung dar. Wer sich ständig vor etwas fürchtet, wird zum Schluss das Opfer unbegründeter Angst, von fixen Ideen und Komplexen. In dauernder Angst vor einer imaginären Gefahr zu leben führt zu Panik und lähmendem Entsetzen.

10. Sie können jede unnormale Angst überwinden, indem Sie daran denken, dass Ihr Unterbewusstsein alle Umstände zu Ihren Gunsten wandeln und Ihre Wünsche erfüllen kann. Wenn Sie eine Angstvorstellung heimsucht, konzentrieren Sie sich sofort auf ein entgegengesetztes Wunschbild. Generell ist es die Liebe, die die Angst vertreibt.

11. Wer sich vor Misserfolg fürchtet, muss sein Denken auf Erfolg konzentrieren. Wer sich vor Krankheit fürchtet, muss sein Denken auf völlige Gesundheit richten. Wer vor dem Tod Angst hat, soll an das ewige Leben denken. Gott ist Leben – und Sie leben in Gott.

12. Das Prinzip der Substitution ist ein wirksames Heilmittel gegen jede Angst. Jeder Befürchtung steht eine bestimmte Hoffnung gegenüber. Wenn Sie krank sind, hoffen Sie auf Gesundheit; wenn Sie im Gefängnis der Angst leben, ersehnen Sie sich Befreiung. Erwarten Sie stets das Beste. Konzentrieren Sie sich geistig immer und immer wieder auf das Gute und Ihr Unterbewusstsein wird entsprechend reagieren. Es lässt Sie nie im Stich.

13. Angst ist letzten Endes nichts anderes als ein Gedankenmuster. Gedanken besitzen aber schöpferische

Kraft. Denken Sie das Gute und das Gute wird eintreten.

14. Schauen Sie Ihrer Angst ins Auge. Untersuchen Sie Ihre Ängste im Licht der Vernunft. Lernen Sie über Ihre Angst zu lachen, das ist die beste Medizin.

15. Nichts kann Ihnen etwas anhaben mit Ausnahme Ihrer eigenen Gedanken. Die Suggestionen, Feststellungen oder Drohungen anderer Menschen haben keine Macht über Sie. Diese Macht ruht nur in Ihnen selbst – und wer seine Gedanken auf das Gute richtet, wird beschützt.

Norman Vincent Peale:
Befreien Sie sich von Angst und Sorge!

Nach der Bestandsaufnahme einer amerikanischen Nervenklinik gibt es über hundert Formen krankhafter Ängste. Ängste (in der medizinischen und psychologischen Fachterminologie »Phobien« genannt), so heißt es, können sich erstrecken von der Agoraphobie, das heißt der Angst vor offenen, weiten Räumen, über die Akrophobie, die Angst vor großen Höhen, oder die Klaustrophobie, die Angst in geschlossenen Räumen, bis hin zur Xenophobie, der Angst vor Fremden und Fremdartigem. So unglaublich es scheinen mag, auf dieser stattlichen Liste sind noch über hundert weitere Ängste erfasst. Allein diese zahlenmäßige Betrachtung macht deutlich, um welch weitverbreitetes Phänomen es sich hier handelt. Kleine und große Ängste beeinträchtigen viele in ihrer Funktionsfähigkeit und behindern ihre natürliche Entfaltung, sodass der Überwindung von

Angst und angstbeherrschtem Verhalten immense
Bedeutung zukommt.

Dr. Charles H. Mayo, der 1889 mit seinem Bruder in
Kochester, Minneapolis, eine der bedeutendsten Klini-
ken der Welt gründete, sagte einmal: »Sorgen drücken
auf den Blutkreislauf, auf die Drüsenfunktionen, ja auf
das gesamte Nervensystem; insbesondere aber beeinträchtigen sie unser lebenswichtiges Organ, das Herz«;
und der mehrfache Pulitzer-Preisträger Robert Frost
schrieb: »Dass mehr Menschen an ihren Sorgen als an
ihrer Arbeit zugrunde gehen, liegt einfach daran, dass sie
sich mehr sorgen als sie arbeiten.«

Ohne Psychologe oder Psychotherapeut zu sein oder
sein zu wollen, bin auch ich seit Jahren bemüht, Menschen
bei der Befreiung von zwanghaften und übersteigerten
Ängsten zu helfen. Und das soll auch das Anliegen dieses
Kapitels sein, nämlich praktische Wege zu skizzieren, die
zeigen, wie wir unsere Ängste bewältigen können.

Am Anfang steht die Frage, wovor wir uns fürchten
oder worüber wir uns Sorgen machen. Sind nicht im
Grunde genommen die meisten Ängste und Sorgen
unnötig und überflüssig? Ich jedenfalls bin der Ansicht,
dass wir die meisten unserer Angstvorstellungen über
Bord werfen können. Wir können Angstgefühle durch
ein Gefühl des Vertrauens und des Glaubens ersetzen,
denn die Kraft des Glaubens, wenn es sich um aufrichtigen, festen Glauben handelt, ist allemal stärker und
umfassender. Wir können uns auf die Kraft des Glaubens verlassen, und zwar nicht allein im Sinne des Trostes oder der Linderung, sondern als wirkliches, dauer-
haftes Heilmittel gegen die Angst.

Sowohl die Angst als auch der Glaube sind außerordentlich starke Kräfte, die beide um die Oberherrschaft
über unsere Gedanken und über unser Gemütsleben

ringen. Doch wir können verhindern, dass die Angst den Sieg davonträgt, wenn wir an der Überzeugung festhalten, dass der Glaube die stärkere Macht darstellt. Wir haben es nicht nötig, uns von der Angst beherrschen zu lassen – das zeigen die Erfahrungen unzähliger Menschen. Ein Glaube entscheidet oftmals nicht nur zwischen Zufriedenheit und Leid, sondern sogar zwischen Leben und Tod.

Wer sich völlig auf seinen Glauben verlässt, wird ein Gefühl der Freude und des Losgelöstseins kennenlernen, vergleichbar mit den Empfindungen eines Fallschirmspringers, wie sie sich in der folgenden Schilderung andeuten: »Als ich das erste Mal aus einem Flugzeug springen musste, leistete jede Faser in mir heftigen Widerstand. Alles, was mich vor dem sicheren Tod bewahrte, war ein Stück Kordel und ein kleines Päckchen Seidengewebe. Ich muss zugeben, dass ich ganz erbärmliche Angst empfand. Doch wie kann ich das wunderbare, einzigartige Gefühl beschreiben, das mich durchflutete, als ich erlebte, dass dieses unscheinbare Stück Seide mich tatsächlich trug? Ich empfand eine nie gekannte, unsagbare Freude, weil es plötzlich nichts mehr auf der Welt gab, wovor ich mich fürchtete.

Die Überwindung der Angst machte mich so glücklich, dass ich gar nicht wieder auf die Erde hinunter wollte.«

Solange wir zögern und zaudern, einem uns so seidig und luftig erscheinenden Gebilde wie dem Glauben unser ganzes Vertrauen zu schenken, werden uns Furcht und Angst verfolgen und einholen. Doch wagen wir, wie der Fallschirmspringer, den Sprung, werden wir erfahren, wie diese geheimnisvolle, unfassliche Kraft uns sicher trägt. Diese Erfahrung kann uns ein größeres Glück bescheren, als wir jemals für möglich hielten – ungeahnte neue Kräfte werden uns durchfluten.

Die richtige Adrenalinspritze

Welch außerordentliche Kraft aus dem Glauben erwachsen kann, zeigt das dramatische Erlebnis einer jungen Mutter, die eine tief verwurzelte Angst vor dem Wasser hatte. Diese Frau hatte nie schwimmen gelernt, und obwohl die Familie am Ufer eines reißenden Wildbaches wohnte, hatte sie ihr ganzes Leben lang um jedes Wasser einen großen Bogen gemacht. Aber lassen wir sie ihr Erlebnis in ihren eigenen Worten erzählen:

»Es war ein sonniger Tag, und meine drei kleinen Kinder spielten im Hof, wo ich sie vom Küchenfenster aus im Auge behalten konnte. Marijane, die Dreijährige, kam ins Haus, weil sie sich schmutzig gemacht hatte. Also vertauschten wir das dunkelbraune Kleid gegen ein frisches, orangefarbenes. Es war nicht ganz einfach für mich, ihr beim Umziehen zu helfen, da ich mit einer Hand, bedingt durch einen Unfall wenige Wochen zuvor, etwas behindert war.

Marijane lief wieder nach draußen; sie wollte zu ihrer Schaukel. Mein Mann kam herein, drückte mir einen Kuss auf die Wange und verschwand mit den Worten: ›Ich gehe mal eben zum Laden … bin gleich zurück.‹ Kurz darauf läutete es; eine Freundin schaute vorbei. Wir plauderten einige Minuten auf der Veranda, dann musste sie wieder fort. Da fielen mir die Kinder ein. Benicia, die Fünfjährige, und Lee, der Vierjährige, spielten auf dem Hof. Doch wo war Marijane geblieben? ›Sie wollte eine Ente fangen‹, erzählte Benicia und zeigte in Richtung des Wildbaches!

Das Ufer war menschenleer. Ich schaute ins Wasser: Brodelnde, anschwellende Wassermassen strömten auf einen nicht weit entfernten Wasserfall zu. Ich wollte erleichtert aufatmen, da meine Kleine offensichtlich nicht hier war. Doch da – bewegte sich dort hinten nicht etwas Orangefarbenes im Wasser? Im ersten Moment der Panik nahm ich weder Körperschwere noch Zeit und Raum wahr – eine Woge blinder, übermächtiger Angst überschwemmte mich.

Ich musste Hilfe holen! Ich rannte los bis zum Häuserblock und schaute mich nach allen Seiten um. Doch niemand war zu sehen, die Straße menschenleer. Ich hetzte zurück, durch Büsche und Dornensträucher – und sprang ins Wasser. Eiskalt schlug es über meinem Kopf zusammen, meine Füße erreichten keinen Grund! Warum hatte ich nie schwimmen gelernt!? Ich sendete unwillkürlich ein Stoßgebet zum Himmel: ›Lieber Gott, hilf mir!‹ An einigen alten, brüchigen Wurzeln fand ich Halt. Die Wirbel in der Mitte des Wildbaches waren am gefährlichsten, doch näher zum Ufer hin floss das Wasser gemächlich und ruhig. Dort war meine Tochter. Auf dem Rücken liegend, trieb sie auf dem Wasser. Sie sah aus, als ob sie schliefe. Ihre Augen waren geschlossen und ihr Gesicht hatte eine bläulichrote Färbung angenommen. ›Lieber Gott, steh uns bei!‹ Ich befand mich nur noch wenige Zentimeter von ihr entfernt. Mit einer Hand klammerte ich mich an die Wurzeln, mit der anderen, der verletzten, griff ich nach ihr. Ich spürte weder Schmerzen noch Schwäche. Meine Hand ergriff Marijane und zog sie aus dem Wasser.

Ich musste sie in Sicherheit bringen! Das rettende Ufer ragte einen halben Meter über mir auf, doch ich spürte kaum das Gewicht meiner kleinen Tochter, als ich sie anhob und auf den Uferboden legte. Ihr kleiner Körper schlug dumpf auf, doch zu meinem Entsetzen glitt er langsam wieder wasserwärts. Abermals bekam ich sie mit meiner verletzten Hand zu fassen und es gelang mir, sie auf die Uferböschung zurückzuschieben. Sie gab ein Geräusch, ein leises Wimmern von sich, während ich mich an den Wurzeln aus dem Wasser zog. Als ich die Kleine hochhob, wurde das kaum hörbare Wimmern zu einem deutlichen Weinen. In dem Moment war es für mich das herrlichste Geräusch der Welt!

Undeutlich drangen Schreie an meine Ohren. Ewigkeiten später wurde mir klar, dass es meine eigenen waren. Ich erkannte allmählich die Umrisse einer Frau, die mir die kleine Marijane abnahm. Sanitäter waren gekommen. Mein Mann war auch da, kreidebleich. Konnte sich das alles in der kurzen Zeit abgespielt haben, in der er kurz im Laden drei Straßen weiter gewesen war? Er stieg dann in den Rettungswagen, der Marijane ins Hospital brachte.

Ich kann mich nicht erinnern, wie ich nach Hause kam. Das Erste, was ich wahrnahm, war die schemenhafte Frauengestalt an meiner Seite. Eine Stimme sprach von ›Schockwirkung‹, ›heißes Bad‹ und Ähnlichem. Das verschwommene Gesicht der Frau nahm erst allmählich klare Umrisse an, während sie mir beim Ausziehen der triefenden Kleider behilflich war.

Erst jetzt bemerkte ich, dass ich barfüßig war. Nun begann ich auch den brennenden Schmerz zu spüren, in meiner Hand und in beiden Beinen. Die Wurzeln und Sträucher hatten lange, blutige Striemen in meine Haut gerissen. Für mich waren es dieselben gesegneten Wurzeln, die mir den lebensrettenden Halt geboten hatten.

Als sie aus dem Krankenhaus zurückkamen, trug mein Mann das Kind sanft auf seinen Armen ins Haus. Aus ihrer Körpertemperatur von weniger als 34 Grad hatte der Arzt geschlossen, dass sie etwa 30 Minuten im Wasser gelegen haben musste. Dennoch war sie mit dem Leben davongekommen.

Nachdem sie friedlich in ihrem Bett eingeschlafen war, kniete ich an ihrer Seite und beobachtete sie. Nie zuvor hatte ich es als so wunderbar empfunden, ein kleines Kind atmen zu sehen. Tiefe Dankbarkeit erfüllte mich.«

In dieser Situation höchster Gefahr, in der das Leben ihrer kleinen Tochter auf dem Spiel stand, schöpfte eine Mutter eine Kraft aus ihrem Inneren, die alle Angst besiegte und die ihr übermenschliche Stärke verlieh. Gewöhnlich aber behalten unsere Ängste die Macht über uns, machen uns schwach und lassen unsere inneren Kräfte nicht zur Entfaltung gelangen. Erst wenn eine lebensbedrohliche Krise auftaucht, wie das vorliegende Beispiel gezeigt hat, offenbaren sich diese bislang verborgenen und brachliegenden Kräften in ihrer ganzen Macht und verhelfen uns zu Leistungen, die wir unter normalen Umständen nie für möglich halten würden.

Seitdem die Wissenschaft zu Beginn des 20. Jahrhunderts das im menschlichen Nebennierenmark erzeugte Hormon Adrenalin entdeckte und in der Folgezeit künstlich herstellen und anwenden konnte, weiß man, dass dieser Wirkstoff im menschlichen Körper Erstaunliches auszulösen vermag: In Gefahren- und Stresssituationen mobilisiert er den Stoffwechsel – er steigert den Grundumsatz, den Blutzuckerspiegel, die Durchblutung der Bewegungsmuskulatur und der Herzkranzgefäße sowie die Leistung des Herzens. Doch um wie vieles stärker als jede Adrenalinspritze ist der Zustrom an Kraft, der von einem Glaubensakt ausgelöst wird und der, wie diese junge Mutter uns vor Augen führt, jede noch so große Angst besiegen kann.

Wenn der Mensch in höchster Not auf diese Weise reagieren kann, warum sollte er dann nicht in den weniger aufregenden Routinesituationen unseres Alltags Ähnliches vollbringen können? Wir ahnen es: Dies ist möglich! Dies können wir auch lernen, indem wir durch stetige Übung eine vertrauensvolle Glaubenshaltung zur Gewohnheit werden lassen. Denn wenn wir unsere Gedanken stets auf diese Möglichkeit ausrichten, dann werden wir in der Tat Erstaunliches vollbringen. Ist der Glaube, den wir der Angst entgegenhalten können, stark genug, gibt es eigentlich nichts mehr, was uns verletzen oder Schaden zufügen kann.

Hilfe in höchster Not

In einem Interview mit der amerikanischen Presseagentur *Associated Press* erinnerte sich Captain Jeremiah A. Denton an seine Zeit in einem Kriegsgefangenenlager in Nordvietnam. Seine Erfahrung der Macht des Glaubens grenzt an Wunderbares:

»Zurückblickend auf all die Härten und schweren Prüfungen, die ich als Kriegsgefangener erlebt habe, gelange ich zu der Überzeugung, dass die eigentliche Erklärung für mein Überleben im spirituellen Bereich zu suchen ist, denn es waren nicht zuletzt die Gebete, sowohl meine eigenen als auch die der anderen, die mir halfen, das Schreckliche zu ertragen.

Ich glaube, dass die meisten ehemaligen Kriegsgefangenen ähnlich empfinden. Viele von uns haben es mit Gottes Beistand geschafft, ihre Erlebnisse zu bewältigen und inneren Frieden zu finden. Die größte Einsicht, die uns zuteil wurde, war wohl die, dass die menschliche Natur in höchstem Leiden und größter Not zu ganz außergewöhnlichen Leistungen fähig ist.

Es war im Oktober 1966. Ich befand mich im ›Zoo‹, wie wir unser Lager nannten, und musste unsägliche Folterungen über mich ergehen lassen. Einer der Aufseher, ein finster dreinschauender Offizier, hatte begonnen, verstärkt Druck auf mich auszuüben, und zwar wegen Aufwiegelung meiner Mitgefangenen. Er ging zu immer härteren Maßnahmen über, die in einer fünftägigen Folterbehandlung gipfelten, während der ich grausame Schmerzen aushalten musste. Ich sollte unsere Informationswege preisgeben und Aussagen darüber machen, wie wir Lagerinsassen miteinander kommunizierten.

Am Ende dieser qualvollen Folterung verfasste ich einen Bericht, in dem ich einige harmlose Einzelheiten über unseren Informationsaustausch erwähnte, von denen ich annahm, sie wären den Vietnamesen ohnehin bekannt. Ich hoffte, sie würden sich damit zufriedengeben, denn schließlich hätten sie ja ihr Gesicht gewahrt, da sie mich durch die Tortur zur schriftlichen Preisgabe von Informationen bewegt hatten. Meine Hoffnung war vergebens: Sie ließen sich nichts vormachen.

Ich wurde in die Folterzelle zurückgebracht und musste die gleiche fürchterliche Tortur noch einmal erleiden. Schließlich war ich mit meinen Kräften am Ende. Nach weiteren fünf Tagen wäre meine gesamte Willenskraft gebrochen gewesen – ich hätte alles verraten, was sie von mir wissen wollten. Das war der Zeitpunkt, zu dem ich mein Schicksal ganz in Gottes Hand legte. Mit dem letzten Rest an Kraft, der mir verblieb, richtete ich mein Gebet an Gott.

Nie in meinem Leben sind meine Gebete auf wunderbarere Weise erhört worden! Ich spürte unmittelbar, wie sich ein Mantel des Trostes auf mich herabsenkte und mich einhüllte. Und ich empfand keine Schmerzen mehr! Von da an konnten sie auf mich einschlagen, wie sie wollten, konnten bis an die Grenzen des Erträglichen gehen – ich spürte die Qualen nicht mehr!«

Wir können uns auf die kraftspendende Realität des Glaubens verlassen, wie die Erfahrung des Jeremiah Denton auf so dramatische Weise bestätigt. Der Glaube ist wahrhaftig kein Feind, sondern ein Freund, der uns zu leben hilft und der unseren Ängsten die Gewalt über uns nimmt. Auch in der weniger sensationellen Welt des alltäglichen Lebens brauchen wir uns nicht von der Angst beherrschen zu lassen.

Angst: die Chance zum Handeln

Die Memoiren eines alten Mannes aus dem amerikanischen Westen, der in der Pionierzeit als Funker auf einer einsamen Telegrafenstation arbeitete, bieten ein interessantes Beispiel für einen erfolgreichen Kampf gegen die Angst.

Gleich zu Beginn seiner Arbeit bekam er die Nachtschicht zugeteilt.

Seine Dienstzeit begann abends um 7 und endete am folgenden Morgen ebenfalls um 7 Uhr. Jeden Abend erreichte er mithilfe des Güterzuges die in den Bergen gelegene Station.

Immer dann, wenn der Zug unter Pfeifen und Rattern allmählich in der Ferne verschwand, fühlte der Mann ein vages Unbehagen in sich aufsteigen. Er war ganz allein an diesem verlassenen Ort. Eine alles einhüllende Stille umgab ihn. Der Gedanke, meilenweit von jeder anderen menschlichen Behausung entfernt zu sein, erfüllte ihn mit Unruhe und Ängstlichkeit. Sobald er in seine Dienststube trat, schaltete er alle Lichter an, schloss die Tür hinter sich, verriegelte sie, ließ nervös die Rollläden herunter, um sich so für die Nacht in seinem Stationshäuschen zu verbarrikadieren, aus Angst vor der ihn umgebenden Dunkelheit, aus Furcht vor der Einsamkeit.

Während der Nacht vernahm er die seltsamsten Geräusche. Er fürchtete sich und malte sich aus, wie ihn wilde Tiere oder Banditen überfielen. Sehnsüchtig erwartete er jedes Mal den Tagesanbruch und mit ihm das helle Licht des neuen Morgens. »Das werde ich nicht durchhalten«, dachte er. Dennoch gab er sich große Mühe, mit der Situation fertig zu werden. Aber mit jeder weiteren Nacht schien seine Angst nur noch größer zu werden.

Schließlich, als eines Morgens sein Kollege zur Schichtablösung kam, gestand er ihm: »Bill, ich kann diesen Posten nicht beibehalten. Es hat keinen Zweck, dass ich mir etwas vormache. Ich habe einfach Angst, diese Dunkelheit und Einsamkeit hier treiben mich in den Wahnsinn.«

»Das kann ich verstehen«, antwortete Bill, »doch vielleicht liegt es daran, dass du die Dunkelheit nicht wirklich kennst. Du hast dir noch nie die Mühe gemacht, die Nacht richtig kennenzulernen. Sie ist kein Feind. Halte noch eine Nacht durch, und bemühe dich diesmal, die Dunkelheit zu verstehen. Schließ dich dabei vor allem nicht ein, verkriech dich nicht wie ein verängstigtes Tier. Es gibt nichts, wovor du Angst haben müsstest.«

Er nahm sich den Rat zu Herzen und ließ in der nächsten Nacht trotz seiner Angst Türen und Fenster weit geöffnet. Es sollte eine lohnenswerte Erfahrung für ihn werden. Zu seiner angenehmen Überraschung nahm er neue, unbekannte Eindrücke wahr. Die Atmosphäre der Nacht mit ihren fremdartigen Gerüchen drang in sein Zimmer. Nach einer Weile wagte er sich sogar vor die Tür. Er stand im Freien und schaute in die dunkle Weite des Sternenhimmels über sich. Der Mond erhellte die Nacht mit seinem silbrigen Schein. Wie großartig war die Natur bei Nacht! Dieses Erlebnis blieb ihm unvergessen. Er hatte den Mut aufgebracht, sich seinen Ängsten zu stellen. Indem er sich in die Nacht hinausbegab, lernte er die Dunkelheit kennen und verstehen. Es war ihm gelungen, die lauernden Schrecken, die die Dunkelheit bis dahin für ihn barg, zunichte zu machen.

Die Hauptaufgabe im Umgang mit unseren Ängsten besteht darin, sie beherrschen zu lernen. Dieser Meinung war auch Thomas Carlyle: »Die erste Pflicht des Menschen ist immer noch die, seine Angst zu überwinden.« Ein bewährter Weg zur Überwindung unserer Ängste liegt in entschlossenem Handeln. Wer gegen seine Ängste mit zielgerichtetem, mutigem Handeln vorgeht, wird bald schon die Oberhand über sie gewinnen. Kein Geringerer als Theodore Roosevelt, der 26. Präsident der Vereinigten Staaten von Amerika, ein Mann großer Willenskraft, meisterte seine Ängste auf diese Weise: »Wie oft hatte ich Angst in meinem Leben«, gestand er, »aber ich gab ihr nicht nach. Ich zwang mich, so zu handeln, als ob ich keine Angst verspürte. Das brachte meine Ängste mehr und mehr zum Verschwinden.«

Wenn wir uns vor etwas fürchten, ist es besonders wichtig, uns nicht in lähmende Fantasien und Angstvorstellungen zu verstricken. Als Gegenmittel können wir die Flucht nach vorn antreten: Je eher wir zum Gegenangriff übergehen, also trotz der vorhandenen Angst zu handeln beginnen, desto schneller wird sich die Angst auflösen.

In einer Stadt des Mittelwestens wurde ich einmal von einem energischen jungen Vertriebskaufmann vom Flughafen zu meinem Hotel begleitet. Unterwegs kamen wir auf seinen unerwartet raschen beruflichen Aufstieg zu sprechen. Schließlich bekleidete er in seinen jungen Jahren bereits eine leitende Position.

Erst wenige Jahre zuvor hatte er seine Laufbahn in der Verkaufsabteilung einer größeren Firma begonnen. Der Einstieg wurde dem neuen Mitarbeiter keineswegs leicht gemacht: Der Verkaufsleiter wies ihm gleich zu Anfang einen Kundenkreis zu, der aus völlig neuen Kontakten resultierte und den es erst durch Besuche und Betreuung zu gewinnen galt.

Der junge Mann studierte seine Kundenliste am Abend vor Beginn der neuen Tätigkeit und entwarf seine Route für den kommenden Tag. Am nächsten Morgen jedoch fanden sich plötzlich viele Gründe, warum es besser war, die geplanten Besuche zu verschieben: Er war noch nicht richtig vorbereitet; der Zeitpunkt war ungünstig, da die Ferien bevorstanden; seine Route war nicht gut genug durchdacht – eine Entschuldigung nach der anderen kam ihm in den Sinn. Am darauffolgenden Tag war es wieder das Gleiche. Er fühlte sich nicht wohl, hatte Kopfschmerzen und konnte schon aus diesem Grunde keinen guten Eindruck erzielen.

»Ich war sogar so weit«, berichtete er, »dass ich mich wieder ins Bett legte und meiner Frau vorstöhnte, wie schlecht es mir ginge; ich müsse mich wohl erkältet haben; womöglich hätte ich sogar eine ernsthafte Grippe. Meine Frau jedoch äußerte unumwunden den Verdacht, dass ich wohl nur Angst vor meiner neuen Aufgabe hätte. Sie zeigte mir ihre Enttäuschung über mich und nannte mich einen Versager und einen Feigling. Ich war ausgesprochen verärgert über ihre Bemerkungen und wies ihre Behauptungen entrüstet zurück, doch das machte keinen Eindruck auf sie. Sie fragte lediglich, warum ich mich dann nicht wie ein Mann benehmen könne.

Allerdings musste ich mir selbst eingestehen, dass meine Frau nicht ganz unrecht hatte. Ich hatte tatsächlich Angst vor diesen Besuchen, fürchtete mich vor dieser direkten, aggressiven Verkaufsmethode. Voll innerer Empörung fragte ich mich, warum ich mich – bei meiner Ausbildung und meinen Qualifikationen – als ›Klinkenputzer‹ hergeben sollte. Schließlich strebte ich einen höheren Posten in der Verwaltung an und wollte nicht einsehen, nun unterwürfig von einem potenziellen Kunden zum nächsten jagen zu müssen, wie es – so dachte ich damals – jeder andere auch tun könnte.

In dieser Situation erhielt ich ein Stellenangebot für eine angenehme Bürotätigkeit. Die Bezahlung sah nicht allzu reizvoll aus, aber immerhin hätte ich so meine vermeintliche Ehre retten können. Ich war drauf und dran, diese Stelle anzunehmen. Als ich meiner Frau von dem Angebot erzählte, sah sie mir ins Gesicht und sagte nur: ›Also hast du immer noch Angst?‹

Da rang ich mich endlich dazu durch, Angst hin oder her, diese Verkaufsbesuche hinter mich zu bringen. Allerdings kostete es mich große Überwindung, den ersten Schritt zu tun. Ich musste mich zusammenreißen und mich regelrecht dazu zwingen, die Kundenbesuche auch wirklich durchzuführen.

Natürlich musste ich Ablehnungen hinnehmen, doch mit den ersten erfolgreichen Abschlüssen nahm auch der Mut zum Weitermachen zu. Ich empfand auf einmal Spannung und Neugier, ja, es machte mir Spaß, kritische, verschlossene Kunden zu überzeugen. Ich lernte auf diese Weise etwas äußerst Wichtiges: Wenn man sich vor etwas fürchtet, gibt es nur eines, nämlich das zu tun, wovor man sich fürchtet. Tut man das, hat man die Angst schon bald vergessen!«

Er hat nicht unrecht mit dieser Beobachtung, denn wenn wir gerade das in Angriff nehmen, wovor wir Angst haben, haben wir einen sicheren Weg zur Überwindung der Angst eingeschlagen.

Der Ursprung unserer Ängste

Es gilt heutzutage als unbestrittene Tatsache, dass ein Großteil unserer Ängste auf Kindheitserfahrungen zurückzuführen ist. Frühe Erlebnisse prägen unsere Gefühlsstruktur und lassen sich oft bis ins Erwachsenenalter weiterverfolgen. Um die tieferen Zusammenhänge von Problemen dieser Art aufzudecken, ist es angeraten, sich ärztlicher Anleitung und Hilfe anzuvertrauen.

Ein Flugzeugpassagier, mit dem ich einmal ins Gespräch kam, steht beispielhaft für viele, die Gefahr laufen, von ihren Ängsten regelrecht erdrückt zu werden. Ihm war es am Ende jedoch gelungen, aus diesem Teufelskreis auszubrechen.

Selten ist mir jemand begegnet, der so ungeheuer erleichtert, ja befreit wirkte und vor Lebensfreude überschäumte. »Ich habe eine herrliche Erfahrung machen können«, strahlte er, »meine quälenden Ängste sind verschwunden. Früher wurde ich von der Vorstellung verfolgt, jeden Moment würde etwas Schreckliches über mich hereinbrechen. Glauben Sie mir, es ist ein wunderbares Gefühl, diese Ängste los zu sein!«

Er war ein freundlicher Mann Mitte 30, der, wie es schien, den größten Teil seines bisherigen Lebens in ständiger Angst und Sorge verbracht hatte. Dabei handelte es sich oft um Angstgefühle, die jeder vernünftigen Grundlage entbehrten. Ohne ersichtlichen Anlass wurde er von Beklemmungen gequält, wobei er sich dann einredete, etwas Schlimmes würde geschehen. Schließlich begab er sich wegen seines Zustandes in ärztliche Behandlung. Erst mit der Anleitung eines erfahrenen Therapeuten gelangte er zu einem tieferen Verständnis der Ursachen seiner Angst.

Seine Mutter hatte ihn mit übertriebener Liebe und Fürsorge fast erstickt, wobei sie selber ein Opfer ihrer vielen Ängste zu sein schien. Sie hatte die schlechte Angewohnheit, mögliche Gefahrenquellen und angsterzeugende Situationen ins Uferlose aufzubauschen. Ob dies daran lag, dass sie selbst ein übersteigertes Liebesbedürfnis oder dass sie einen unbewussten Hang zur Dominanz hatte – wie auch immer die zugrunde liegende psychodynamische Struktur ihrer Persönlichkeit ausgesehen haben mochte: Die ständige Belastung und Anspannung übertrug sich jedenfalls auf den Sohn und erzeugte in ihm ein Gefühl schwelender Unsicherheit.

Die Mutter erging sich ständig in vagen Andeutungen über den Vater des Jungen, der scheinbar recht zwielichtigen Geschäften nachging und undurchsichtige Affären mit anderen Frauen hatte. Der Junge erfuhr allerdings nie etwas Konkretes, denn in der Gegenwart seines Vaters waren diese Themen tabu. Der Junge hatte jedoch das unbehagliche Gefühl, dass etwas nicht stimmte. So bemerkte die Mutter oft mit unheilvoller Miene: »Mit deinem Vater wird es kein gutes Ende nehmen. Du wirst schon sehen.« Diese Äußerungen riefen in dem Kind eine unterschwellige Angst hervor, seinem Vater könne etwas zustoßen, und vermehrten gleichzeitig seine eigene Unsicherheit.

Die Mutter bekam, wahrscheinlich als Folge ihrer Ängste und Spannungen, ein Herzleiden. Doch sie dramatisierte ihre Schwäche gern, besonders den Kindern gegenüber. Mit theatralischer Miene verkündete sie dann: »Ihr müsst damit rechnen, dass mir jederzeit etwas zustoßen kann. Ich mag euch zwar gesund erscheinen, bin es aber in Wirklichkeit nicht. Wenn eines Nachts der Arzt gerufen werden muss, werdet ihr verstehen, dass etwas Ernstes geschehen ist. Wenn ihr außer Haus seid, solltet ihr damit rechnen, dass euch eines Tages die Nachricht vom Tode eurer Mutter erreicht. All dies sage ich euch jetzt schon, damit ihr für den Ernstfall gewappnet seid.«

Jahre später, als aus dem Kind längst ein Mann geworden und er als Handelsvertreter häufig auf Reisen war, lag er oft nächtelang im Hotelzimmer wach und fand keinen Schlaf. Unbewusst fürchtete er stets das Klingeln des Telefons, konnte dies doch die Nachricht vom tragischen Tod seiner Mutter bedeuten.

Schließlich wirkte sich diese unerbittliche, zwanghafte Angst auch auf seine körperliche Verfassung aus. Er fürchtete, selbst eine Herzschwäche zu haben, und suchte einen Arzt auf. Dieser riet ihm, sich in psychotherapeutische Behandlung zu begeben und auch geistlichen Rat zu suchen. Ganz allmählich gewann der junge Mann Einblick in seinen Zustand. Er lernte sich selbst und seine Ängste besser verstehen, entlarvte sie bald als Phantome, die von dem Selbstmitleid und den Komplexen seiner Mutter heraufbeschworen worden waren und in seinem Unbewussten ihr Unwesen trieben. Allmählich gewann er sein Vertrauen zurück. In einem neu gewonnenen Glauben fand er die Kraft, seine Ängste zu besiegen. Die alten Schreckgespenster wichen einer neuen Zuversicht, und er fühlte sich glücklich und frei.

Chronische Angstzustände haben ihre Wurzeln häufig in der Kindheit. Kleine Kinder nehmen in ihrem offenen Wesen positive wie auch negative Schwingungen auf, also auch die in ihrer Umwelt vorherrschenden Ängste. Ebenfalls können in der Kindheit erzeugte Schuldgefühle vielfach zu Ängsten führen, die uns bis ins Erwachsenenalter weiterverfolgen. Den Betroffenen ist es selten möglich, sich mit eigener Kraft aus dem fein gesponnenen Netz der Ängste und Komplexe zu befreien. Daher ist es in solchen

Fällen notwendig, sich an einen erfahrenen Psychiater zu wenden. Therapeutische Gespräche dienen zum Verständnis der tieferen Zusammenhänge der krankhaften Zustände und legen somit den Grundstein für eine Erfolg versprechende Behandlung des Problems.

»Selbsterkenntnis ist der erste Schritt zur Weisheit«, heißt es. Auf jeden Fall aber muss die Selbsterkenntnis am Beginn jeder Heilung stehen. Um die endgültige Heilung aber auch herbeizuführen, müssen die alten Ängste und die mit ihnen verknüpften eingefahrenen Verhaltensmuster nicht nur erkannt, sondern auch durch etwas Neues ersetzt werden. Etwas Positives muss an ihre Stelle treten, damit sie nicht wieder auftreten oder gar neue, andere Ängste ihren Platz einnehmen. Das Positivste, das diesen Platz einnehmen kann, ist natürlich ein fester Glaube. Scheuen wir uns daher nicht, zur Erlangung eines tiefen Glaubens auch geistlichen Beistand zu suchen. Erfüllt uns die Kraft des Glaubens, muss jede Angst unweigerlich die Macht über uns verlieren. Wir alle wissen aus Erfahrung, welch gewaltige Macht Ängste zuweilen über uns ausüben können, aber dennoch bleibt der Glaube die stärkere Kraft und wird mit der Zeit jede Angst besiegen.

Welch großartiger geistiger Gesundheit könnten wir alle uns erfreuen, wenn uns von Geburt an jegliche Form von Angst oder Angstneurose erspart bliebe! Doch es ist nun einmal so, dass wir bereits im Kindesalter die Ängste anderer aufnehmen und verinnerlichen. Ohne böse Absicht übertragen Erwachsene ihre Ängste auf Kinder, die dann ihrerseits mit diesem seltsamen Leiden zu kämpfen haben, bis sie sich – sei es aus eigenem Antrieb oder mit ärztlicher oder seelsorgerischer Hilfe – kraft einer gesunden, im Glauben gefestigten geistigen Haltung davon wieder befreien können.

In diesem Zusammenhang muss ich an die Worte eines Gynäkologen denken, der ein etwas ungewöhnliches Entbindungsritual praktiziert (es wäre sicher nicht verkehrt, wenn sein Beispiel Schule machte). Er nimmt das Neugeborene aus dem Schoß der Mutter entgegen und redet ihm beruhigend zu, während er die Entbindung zu Ende führt: »Hallo, mein kleiner Erdenbürger, willkommen in unserer Welt! Hier bist du nun, hineingeboren in eine wundervolle Welt, in der du gewünscht und geliebt bist. Hab keine Angst, mein Kleines. Gott wird stets für dich sorgen.«

Es ist wohl müßig, darüber zu spekulieren, ob diese wohlmeinenden Worte in irgendeiner Form das Bewusstsein des Neugeborenen erreichen können. Doch wäre es so, wie segensreich wäre eine solche erste Grundlage für eine vertrauens- und glaubensvolle Lebenshaltung!

Selbstvertrauen gegen Versagensangst

Über die oft sehr schmerzlichen Begleiterscheinungen der Ängste und Nöte Heranwachsender kann ich einiges aus eigener Erfahrung beitragen. Es fehlte mir zwar nie an einer ausreichend starken Motivation zum Handeln, doch wurde ich stets auch von einem starken Zweifel an mir selbst geplagt, der jegliche Impulse bremste. Ich fühlte mich unzulänglich, redete mir ein, nicht viel zu taugen; ich schien nicht besonders klug zu sein und hatte kein gewinnendes Auftreten; ich war zurückhaltend, verlegen, schüchtern. Das Wort »schüchtern« kennzeichnet den Zustand, in dem ich mich damals befand, besonders treffend, da jemand, der schüchtern ist, sowohl ängstlich als auch scheu reagiert. Meine damalige Verfassung trug also nicht gerade zu einem gesunden Selbstvertrauen bei, da auch andere meine Ansichten über meine Person teilten (tatsächlich sehen unsere Mitmenschen uns meist so, wie wir selbst uns sehen – sie übernehmen unsere eigene Meinung über uns).

Am Vorabend meiner Examensprüfung fand im Haus unserer Studentenverbindung eine Abschiedsfeier statt, zu der der Präsident des College, Dr. John W. Hoffman, als Ehrengast geladen war. Dr. Hoffman beeindruckte durch seine starke Persönlichkeit, und seine einnehmende, offenherzige Art sowie seine hervorragende Menschenkenntnis imponierten besonders. So erkannte er die Stärken und Schwächen seiner Mitmenschen auf den ersten Blick. Bei alledem war er ein großer Menschenfreund, voller Liebe und Zuneigung für jeden.

Als die Gesellschaft zu vorgeschrittener Stunde langsam aufbrach, sagte Dr. Hoffman zu mir: »Begleite mich noch ein Stück des Weges, Norman, ich möchte mit dir sprechen.« Da packte mich die Angst. Wollte er mir schonend beibringen, wie schlecht es um meine Prüfungschancen bestellt war? Eigentlich konnte das nicht sein, weil ich befriedigende Vornoten erzielt hatte und mein Name bereits auf der Liste der Examenskandidaten offiziell ausgedruckt war.

Wir gingen durch die klare Mondnacht. Er sprach zunächst über das Leben allgemein, dann darüber, wie jeder Einzelne seinem Leben durch rechtes Denken Sinn und Richtung geben könne. Als wir vor seinem Haus angekommen waren, entstand eine kleine Pause. Dann legte er die Hand auf meine Schulter und sagte: »Weißt du, Norman, ich glaube an dich. Du hast gute Anlagen in dir, du brauchst sie nur freizusetzen und entfalten zu lernen. Ich bin überzeugt, du hast das Talent dazu, in der Öffentlichkeit aufzutreten ...« Er sah mich lange an.

»Aber«, fuhr er fort, »es ist wichtig, dass du selbst an dich glaubst. Ich denke, es ist an der Zeit, dass du deine Ängstlichkeit, deine Gefühle der Wertlosigkeit, deine Zweifel an dir selbst ablegst. Du brauchst keine Angst vor irgendjemandem oder irgendetwas zu haben, schon gar nicht vor dir selbst.«

Er knuffte mich in die Rippen: »Ich mag dich sehr gern, mein Junge, und werde stets an dich glauben. Denke daran, es gibt keinen Grund zur Angst. Hab Mut, Mut zum Leben!«

Auf dem Rückweg schwebte ich wie auf Wolken. Dieser großartige Mann, unser aller Idol, glaubte an mich! Plötzlich waren Schüchternheit und Hemmungen wie verflogen! Ich fühlte mich frei! Natürlich waren meine Ängste nicht endgültig beseitigt – es sollten mir vielmehr noch einige innere Kämpfe bevorstehen –, doch in jener Nacht, als dieser verständnisvolle Mann mir nahelegte, dass ich meine Zweifel ablegen sollte, mir zeigte, dass ich an mich glauben konnte, wurde der Grundstein für die Bewältigung meiner Ängste gelegt.

Etliche Jahre später erreichte mich die Nachricht, dass Dr. Hoffman unheilbar an Kehlkopfkrebs erkrankt war. Da er nicht mehr lange zu leben hatte, fuhr ich nach Pasadena in Kalifornien, um ihn ein letztes Mal zu sehen.

Seine so wunderbare Stimme, die uns stets begeisterte, war nun verstummt. Doch auf seinen Gesichtszügen lag noch das altvertraute Lächeln. Zur Begrüßung drückte seine große Hand die meinige in dem gewohnten festen Griff. Da er nicht mehr sprechen konnte, musste er zu Papier und Bleistift greifen, um sich mit mir zu unterhalten. »Ich freue mich, dich wiederzusehen!«, schrieb er auf einen Zettel. »Ich bin stolz auf dich und auf deine Entwicklung.« Ich kämpfte mit den Tränen, worauf er die Unterhaltung in andere Bahnen lenkte und an die alten Zeiten erinnerte.

Bald kam uns eine Anekdote nach der anderen in den Sinn, und unser Lachen verdeckte die wenigen Tränen, die uns an den bevorstehenden Abschied gemahnten.

Schließlich ergriff ich seine Hand und sagte: »Dr. Hoffman, erinnern Sie sich an den Abend damals, als wir vor Ihrem Haus standen und Sie mir auf so wundervolle Weise Mut zusprachen? Ich werde nie vergessen, wie Sie mir damals geholfen haben, mit meinen vielen Ängsten fertig zu werden ... Sie sollen wissen, wie dankbar ich Ihnen bin.«

Ich wusste, ich würde ihn nicht mehr wiedersehen. Ein letztes Mal berührte ich ihn leicht mit meiner Hand. »Ich mag dich sehr gern, mein Junge«, schrieb er, »und ich werde bis zum Letzten an dich glauben. Sei ohne Furcht. Möge Gott dich stets behüten.«

An der Tür schaute ich mich noch einmal um. Er hatte die verschränkten Hände zum Gruß erhoben und schenkte mir als letzte Erinnerung sein wundervolles Lächeln, das mir so vertraut war.

Bei der Bewältigung unserer Ängste, insbesondere bei der Überwindung übersteigerter Angstgefühle, wird uns eine Besinnung auf die hier noch einmal zusammengestellten Gesichtspunkte eine gute Hilfe sein:
- Zwei große Kräfte, die Angst und der Glaube, sind in uns wirksam. Wenn auch die Angst sehr mächtig sein kann, ist der Glaube doch stets die stärkere Kraft.
- Die Kraft des Glaubens kann, ähnlich einem Adrenalinschub, in einer Gefahrensituation einen sehr starken Zustrom an Energien auslö-

sen. Diese Energien sind latent bereits vorhanden. Bedienen Sie sich ihrer – auch ohne unmittelbar in Gefahr zu schweben!

- Lernen Sie Ihre Ängste näher kennen – und erkennen Sie, dass sie in Wirklichkeit nichts als Phantome und bloße Schreckgespenster sind!
- Wenn Sie gerade gegen das ankämpfen, was Ihnen die größte Angst einflößt, dann werden Sie Ihre Angst am ehesten verlieren.
- Einsicht in die Ursachen der Angstmechanismen ist der erste Schritt zu ihrer Bewältigung. Liegen tiefer gehende Angstprobleme vor, sollten Sie sich auf keinen Fall scheuen, psychologischen oder seelsorgerischen Rat zu suchen.
- Ein fester Glauben, aus einer gesunden Gemütsverfassung erwachsen, wird jede Angst vertreiben.
- Prägen Sie sich die Botschaft des 34. Psalms (Vers 5) ein, um sie immer wieder ins Gedächtnis rufen zu können: *Ich suchte den Herrn, und er hat mich erhört, er hat mich all meinen Ängsten entrissen.*

DALE CARNEGIE: Wie man Sorgen aus seinen Gedanken verscheucht

Ich werde nie den Abend vergessen, an dem Martin Douglas, einer meiner Studenten, seine Lebensgeschichte erzählte. (Ich habe den Namen geändert, da er aus privaten Gründen anonym bleiben wollte.) Er erzählte von dem Schicksalsschlag, der ihn getroffen hatte. Eigentlich war es nicht nur einer, es waren zwei. Zuerst verlor er seine fünfjährige Tochter, die er angebetet hatte. Er und seine Frau glaubten, dass sie über diesen Verlust niemals hinwegkommen würden. »Aber«, so sagte er, »zehn Monate später schenkte uns Gott ein anderes kleines Mädchen – und nahm es uns nach fünf Tagen wieder.«

Diese beiden Tode waren fast zu viel für sie. »Ich konnte es nicht fassen«, erzählte uns der Vater. »Ich konnte nicht schlafen, ich konnte nicht essen, ich konnte mich nicht ausruhen oder entspannen. Meine Nerven waren völlig zerrüttet, meine Zuversicht war weg.« Schließlich ging er zum Arzt. Der erste empfahl Schlaftabletten, der nächste riet zu einer Reise. Er probierte beides, doch weder das eine noch das andere half. »Mein Körper fühlte sich an, als stecke er in einem Schraubstock«, sagte er, »dessen Schrauben immer fester angezogen wurden.« Die Trauerstarre – wenn Sie je vor Kummer wie gelähmt waren, wissen Sie, was er meinte.

»Aber Gott sei Dank hatten wir noch ein Kind, einen vierjährigen Jungen. Er fand die Lösung. Eines Nachmittags, als ich herumsaß und mich bemitleidete, fragte er: ›Baust du mir ein Boot, Daddy?‹ Ich hatte keine Lust dazu, aber offen gestanden hatte ich zu gar nichts Lust. Doch mein Sohn ist ein hartnäckiger kleiner Kerl. Ich musste nachgeben.

Das Spielzeugschiff zu basteln dauerte etwa drei Stunden. Als es fertig war, stellte ich fest, dass ich mich in diesen drei Stunden zum ersten Mal seit Monaten entspannt und friedlich gefühlt hatte.

Diese Entdeckung riss mich aus meiner Lethargie und veranlasste mich, ein wenig nachzudenken – was ich seit

Monaten nicht mehr getan hatte. Ich entdeckte, dass es schwierig ist, sich Sorgen zu machen, während man etwas tut, das Planung und Überlegung verlangt. In meinem Fall hatte das Basteln des Bootes meinen Kummer vertrieben. Deshalb beschloss ich, nicht mehr müßig zu sein.

Am folgenden Abend ging ich im Haus von Zimmer zu Zimmer und stellte eine Liste mit den Arbeiten zusammen, die erledigt werden mussten. Viele Dinge waren reparaturbedürftig: Bücherregale, Treppenstufen, Sturmfenster, Läden, Türgriffe, Schlösser, tropfende Wasserhähne. Es mag erstaunlich erscheinen, aber im Verlauf von zwei Wochen umfasste meine Aufstellung 242 verschiedene Posten.

In den letzten zwei Jahren habe ich fast alles repariert. Außerdem habe ich mein Leben mit reizvollen anderen Aufgaben angefüllt. Zweimal in der Woche besuche ich in New York Abendkurse für Erwachsenenfortbildung. In meinem Heimatort kümmere ich mich mit um das Gemeinwohl und bin auch Vorsitzender der Schulverwaltung. Es gibt noch eine Menge anderer Sitzungen, zu denen ich gehen muss. Ich helfe, für das Rote Kreuz zu sammeln, und vieles mehr. Ich bin jetzt so beschäftigt, dass ich keine Zeit mehr habe, meinen Sorgen und meinem Kummer nachzuhängen.«

Keine Zeit für Sorgen! Genau das sagte auch Winston Churchill, als der Zweite Weltkrieg tobte und er 18 Stunden am Tag arbeitete. Als man ihn fragte, ob er nicht Angst habe, weil er eine so irrsinnige Verantwortung tragen müsse, meinte er: »Ich bin zu beschäftigt. Ich habe keine Zeit, mir Sorgen zu machen.«

Charles Kettering war in der gleichen Lage, als er den Wagenanlasser erfand. Später wurde er Vizepräsident von General Motors und leitete bis zu seiner Pensionierung die weltberühmte Forschungsabteilung General

Motors Research Corporation. Aber in jenen Tagen, als er noch ein besessener Erfinder war, war er so arm, dass er den Heuboden eines Schuppens als Versuchswerkstatt benutzen musste. Um Lebensmittel kaufen zu können, mussten sie die 1500 Dollar aufbrauchen, die seine Frau mit dem Geben von Klavierunterricht verdient hatte. Später war er gezwungen, seine Lebensversicherung mit 500 Dollar zu beleihen. Ich fragte seine Frau, ob sie sich damals große Sorgen gemacht habe. »Ja«, erwiderte sie, »ich konnte vor Angst nicht schlafen, im Gegensatz zu meinem Mann, der so in seine Arbeit vertieft war, dass er keine Zeit hatte, sich Sorgen zu machen.«

Der große Forscher Pasteur sprach einmal von »dem Frieden, den man in Bibliotheken und Laboratorien findet«. Warum gerade dort? Weil die Menschen, die in Bibliotheken oder Labors arbeiten, meistens in ihre Aufgabe so vertieft sind, dass sie alles andere völlig vergessen. Forscher haben selten einen Nervenzusammenbruch. Sie haben keine Zeit für derartigen Luxus.

Wie kommt es, dass eine so einfache Sache wie Beschäftigung hilft, unsere Sorgen und Nöte zu vertreiben? Weil das ein Gesetz ist – eines der wichtigsten Gesetze, die die Psychologie je entdeckte. Es handelt sich dabei um Folgendes: Es ist völlig unmöglich, dass irgendein menschlicher Verstand, und sei er noch so brillant, mehr als einen Gedanken auf einmal denken kann. Sie glauben mir nicht ganz? Na schön, dann machen wir einmal einen Versuch.

Wie wäre es, wenn Sie sich jetzt zurücklehnen, die Augen schließen und gleichzeitig an die Freiheitsstatue und Ihre Arbeit morgen Vormittag denken würden? (Nur zu, probieren Sie's!)

Sie haben herausgefunden, dass Sie nur der Reihe nach an diese beiden Dinge denken können, nie gleichzeitig,

nicht wahr? Nun, dasselbe gilt auch für die Welt der
Gefühle. Sie können nicht im selben Augenblick wegen
irgendeiner aufregenden Sache begeistert und in Hoch-
stimmung sein und sich andererseits Sorgen machen, die
Sie hinunterziehen. Diese einfache Wahrheit war es auch,
die es den Armeepsychiatern ermöglichte, im Zweiten
Weltkrieg wahre Wunder zu vollbringen.

Den Soldaten, die ihre Fronterfahrungen nicht verarbeiten konnten, die psychoneurotisch wurden, ver-
schrieben die Armeeärzte als Kur: ständig beschäftigt
halten.

Jede wache Minute dieser Männer, die einen Nerven-
schock erlitten hatten, war ausgefüllt – gewöhnlich mit
Tätigkeiten im Freien wie Angeln, Jagen, Ball oder Golf
spielen, Fotografieren, Umgraben oder Tanzen. Man
ließ ihnen keine Zeit, über ihren schrecklichen Erfahrungen zu brüten.

Beschäftigungstherapie nennt man dies heute, wenn
Psychiater ihren Patienten Arbeit verschreiben, als sei
sie ein Medikament. Das ist gar nicht neu. Die Ärzte der
alten Griechen traten schon 500 Jahre vor Christi Geburt
dafür ein.

Von den Quäkern wurde diese Therapie in Philadel-
phia bereits zur Zeit von Benjamin Franklin angewandt.
Ein Mann, der im Jahre 1774 ein Heim der Quäker
besuchte, war schockiert darüber, dass geisteskranke
Patienten mit Flachsspinnen beschäftigt wurden. Er
hielt das für Ausbeutung, bis die Quäker ihm erklärten,
dass sich ihre Patienten bei leichter Arbeit wohler fühlten. Sie wirkte nervenberuhigend.

Jeder Psychiater wird Ihnen bestätigen, dass Arbeit –
Beschäftigtsein – eines der wirksamsten bekannten
Beruhigungsmittel für kranke Nerven ist. Als Henry W.
Longfellow seine junge Frau verlor, fand er dies auf eige-

ne Faust heraus. Seine Frau hatte Siegelwachs an einer brennenden Kerze schmelzen wollen, da fing ihr Kleid Feuer. Longfellow hörte sie schreien und versuchte, sie zu retten. Doch sie starb an ihren Verbrennungen. Eine Zeit lang quälte Longfellow die Erinnerung an jenes schreckliche Erlebnis so, dass er fast verrückt geworden wäre. Doch zum Glück waren noch seine drei kleinen Kinder da, die ihn brauchten. Trotz seines Kummers bemühte er sich, ihnen Vater und Mutter zugleich zu sein. Er ging mit ihnen spazieren, erzählte ihnen Geschichten, spielte mit ihnen und verewigte diese Zeit in seinem Gedicht *Die Kinderstunde*. Außerdem übersetzte er Dante. Und alle diese Pflichten hielten ihn so in Atem, dass er sich selbst darüber völlig vergaß. Er fand seinen Seelenfrieden wieder. Wie sagte doch noch der englische Dichter Tennyson, als er seinen besten Freund verlor: »Ich muss mich durch Beschäftigung betäuben oder ich sterbe an Verzweiflung.«

Die meisten haben wenig Schwierigkeiten, »sich durch Beschäftigung zu betäuben«, während sie die Nase in der Tretmühle haben und sich ihr tägliches Brot verdienen. Aber die Zeit nach der Arbeit – die ist gefährlich. Gerade wenn wir freihaben und das Leben genießen und am glücklichsten sein sollten, fallen uns die trübsinnigen Angstteufel an. Das ist dann der Augenblick, in dem wir uns fragen, ob wir es im Leben mal zu etwas bringen werden. Ob wir nicht in einer Sackgasse stecken, ob der Chef mit seiner Bemerkung von heute irgendetwas »gemeint« hat, ob wir schon alt und grau werden.

Wenn wir nicht beschäftigt sind, neigen wir dazu, in uns eine Art geistiger Leere entstehen zu lassen. Aber schon jeder Physikstudent weiß, dass »die Natur einen Abscheu vor dem leeren Raum hat«. Das, was für uns einem Vakuum am nächsten kommt und Sie und ich

sehen können, ist das Innere einer elektrischen Glühbirne. Wenn Sie sie zerbrechen, lässt die Natur Luft in den
theoretisch leeren Raum strömen.

Die Natur füllt auch unseren leeren Geist. Mit was?
Gewöhnlich mit Emotionen. Warum? Weil Gefühle wie
Angst, Furcht, Hass, Eifersucht und Neid von Urgewal-
ten und den dynamischen Kräften des Dschungels ange-
trieben werden. Derartige Gefühle sind so stark, dass sie
alle glücklichen Gedanken und positiven Energien aus
unserem Kopf verdrängen können.

James Mursell, Pädagogikprofessor an der Lehrer-
hochschule in Columbia, drückte das sehr gut aus, als er
sagte: »Sorgen und Ängste überfallen uns am heftigsten
nach der Arbeit und nicht, wenn wir beschäftigt sind.
Dann kann die Fantasie Amok laufen und sich alle möglichen lächerlichen Dinge ausmalen und die unbedeu-
tendsten Kleinigkeiten ins Riesenhafte vergrößern. In
solchen Augenblicken ist der Geist wie ein Motor, der
keine Last zu befördern hat. Er arbeitet wie wild und
kann sich unter Umständen aus seiner Befestigung los-
reißen oder sogar zerspringen. In seiner Arbeit aufzugehen und etwas Positives zu tun, ist das beste Mittel gegen
Sorgen und Angst.«

Aber man muss kein Universitätsprofessor sein, um
dies zu begreifen und danach zu handeln. Während des
Zweiten Weltkriegs lernte ich eine Hausfrau aus Chicago kennen, die mir erzählte, wie sie herausfand, dass »in
seiner Arbeit aufzugehen und etwas Positives zu tun das
beste Mittel gegen Angst sei«. Ich traf diese Frau und
ihren Mann im Speisewagen, als ich von New York zu
meiner Farm in Missouri fuhr.

Die beiden erzählten mir, dass ihr Sohn sich einen Tag
nach Pearl Harbor freiwillig gemeldet habe. Die Frau
sagte, sie habe vor Sorgen um ihren einzigen Sohn beina-

he ihre Gesundheit ruiniert. Wo war er? War er in Sicherheit? Oder an der Front? Würde er verwundet werden?
Getötet?

Als ich sie fragte, wie sie mit ihren Sorgen fertig geworden sei, erwiderte sie: »Ich beschäftigte mich.« Sie berichtete, dass sie als Erstes ihr Mädchen entlassen habe und alle
Hausarbeit selbst erledigte. Doch das nützte nicht viel.

»Das Problem dabei war«, sagte sie, »dass ich alle
Arbeiten im Haus fast automatisch tat, ohne viel überlegen zu müssen. Während ich also die Betten machte oder
abwusch, grübelte ich weiter. Ich erkannte, dass ich neue
Arbeit brauchte, die mich geistig und körperlich jede
Stunde des Tages in Atem hielt. Deshalb wurde ich Verkäuferin in einem großen Warenhaus. Es wirkte«, sagte
sie. »Ich tauchte unter in einem Wirbel von Aktivität.
Kunden standen in Scharen herum, fragten nach Preisen,
wollten Größen wissen, suchten bestimmte Farben.
Nicht eine einzige Sekunde hatte ich Zeit, an etwas anderes als an meine Arbeit zu denken. Und wenn es Abend
wurde, hatte ich nur noch den einen Gedanken: die
schmerzenden Füße hochzulegen. Kaum hatte ich gegges-
sen, fiel ich auch schon ins Bett und schlief sofort ein. Ich
hatte weder Zeit noch Kraft, mir Sorgen zu machen.«

Sie entdeckte für sich selbst, was John Cowper Powys
in *Die Kunst, Unangenehmes zu vergessen* so beschreibt:
»Ein gewisses angenehmes Gefühl der Sicherheit, eine
Art tiefer innerer Friede, so etwas wie glückselige Betäubt-
heit beruhigt die Nerven des menschlichen Tieres, wenn
es in die ihm übertragene Aufgabe vertieft ist.«

Was für ein Segen, dass es so ist! Eine der berühmtesten
weiblichen Forschungsreisenden, Osa Johnson, erzählte
mir, wie sie ihre Sorgen und Ängste loswurde. Vielleicht
haben Sie ihre Autobiografie gelesen. Sie heißt *Ich heira-
tete das Abenteuer*. Wenn je eine Frau mit dem Abenteuer

verheiratet war, dann bestimmt sie. Martin Johnson wurde ihr Mann, als sie 16 Jahre war. Er hob sie von einem Gehweg in Chanute, Kansas, auf und setzte sie auf einem Dschungelpfad in Borneo wieder ab. Ein Vierteljahrhundert lang reiste das Paar aus Kansas durch die ganze Welt und drehte Filme über gefährdete Tierarten in Asien und Afrika. Einige Jahre später unternahmen sie eine Vortragsreise und führten ihre berühmten Filme vor. In Denver nahmen sie ein Flugzeug zur Küste. Es prallte gegen einen Berg. Martin Johnson kam dabei ums Leben. Die Ärzte erklärten Osa, dass sie ihr Bett nie wieder verlassen würde. Doch sie kannten Osa Johnson schlecht. Drei Monate später saß sie bereits im Rollstuhl und hielt Vorträge vor einem großen Publikum. In jenem Jahr zeigte sie ihre Filme über hundert Mal – immer vom Rollstuhl aus. Als ich sie fragte, warum sie das mache, antwortete sie: »Weil ich dann keine Zeit habe, nachzudenken.«

Osa Johnson hatte für sich die alte Wahrheit entdeckt, die Tennyson schon hundert Jahre früher besang: »Ich muss mich durch Beschäftigung betäuben, oder ich sterbe an Verzweiflung.«

Admiral Byrd machte die gleiche Erfahrung, während er fünf Monate allein in einer Hütte lebte, die buchstäblich unter der riesigen Gletscherdecke des Südpols begraben war, einer Decke aus ewigem Eis, die die ältesten Geheimnisse der Natur enthält, einer Eisdecke, die einen unbekannten Kontinent bedeckt, der größer ist als die Vereinigten Staaten und Europa zusammen. Dort lebte Admiral Byrd fünf Monate lang völlig allein. Im Umkreis von 100 Kilometern existierte kein anderes Lebewesen. Die Kälte war so groß, dass er hörte, wie sein Atem gefror und in feinen Körnern vom Wind an seinen Ohren vorbeigeblasen wurde. In seinem Buch *Allein* beschreibt er genau, wie er diese fünfmonatige

Furcht erregende Dunkelheit ertrug. Die Tage waren so schwarz wie die Nächte. Er musste sich ständig beschäftigen, um nicht verrückt zu werden.

»Abends«, berichtet er, »ehe ich die Laterne ausmachte, legte ich die Arbeit für den folgenden Tag fest. Das wurde zu einer guten Gewohnheit. Ich teilte meine Zeit zum Beispiel so ein: eine Stunde im Nottunnel arbeiten, eine halbe Stunde Schneewehen abtragen, eine Stunde Brennstofftonnen aufstellen, eine Stunde Bücherregalbretter für die Wände im Lebensmitteltunnel zurechtschneiden und zwei Stunden einen gebrochenen Steg am Passagierschlitten reparieren.

Es war herrlich«, schreibt er, »die Zeit auf diese Weise verteilen zu können. Es verschaffte mir ein großartiges Gefühl der Selbstbeherrschung ...« Und er fügt hinzu: »Ohne dieses oder etwas Ähnliches wären die Tage ohne Sinn gewesen. Und ohne Sinn hätten sie geendet, wie solche Tage immer enden, in Auflösung.«

Merken Sie es sich gut: »Ohne Sinn hätten die Tage geendet, wie solche Tage immer enden, in Auflösung.«

Wenn Sie oder ich Sorgen haben, wollen wir uns daran erinnern, dass wir die gute altmodische Arbeit als Heilmittel gebrauchen können. Das sagte kein Geringerer als der verstorbene Dr. Richard C. Cabot, ehemaliger Professor für klinische Medizin in Harvard. In seinem Buch *Wovon der Mensch lebt* schreibt Cabot: »Als Arzt hatte ich das Glück, zu beobachten, wie Arbeit viele Menschen heilte, die an Schüttellähmung litten, verursacht durch tiefen Zweifel, Unentschlossenheit, Unsicherheit und Angst ... Der Mut, den uns unsere Arbeit gibt, gleicht dem Selbstvertrauen, das Emerson für alle Ewigkeit verherrlicht hat.«

Wenn Sie und ich uns nicht beschäftigen, wenn wir dasitzen und brüten, erzeugen wir eine ganze Schar von

»Wibbergibbern«, wie Charles Darwin sie nannte. Und
Wibbergibber sind nichts anderes als die Kobolde von
einst, die uns aushöhlen und unsere Tatkraft, unseren
Willen zerstören.

Ich kannte einmal in New York einen Geschäftsmann,
der gegen die Wibbergibber ankämpfte und so beschäftigt war, dass er keine Zeit zum Grübeln hatte. Er hieß
Tremper Longman und war ein Student von mir. Seine
Geschichte war so interessant, so beeindruckend, dass
ich ihn einmal nach dem Abendkurs zum Essen einlud.
Wir saßen bis weit nach Mitternacht in einem Restaurant
und sprachen über seine Erfahrungen. Doch lassen wir
ihn selbst zu Wort kommen: »Vor 18 Jahren hatte ich
solche Sorgen, dass ich an Schlaflosigkeit litt. Ich war
nervös, gereizt, fahrig. Ich hatte das Gefühl, kurz vor
einem Nervenzusammenbruch zu stehen.

Ich hatte auch Grund, mir Sorgen zu machen. Damals
war ich kaufmännischer Direktor bei Crown Fruit and
Extract, also für die Finanzen zuständig. Wir hatten eine
halbe Million Dollar in Erdbeerkonserven investiert.
20 Jahre lang hatten wir diese Vierliterdosen an Speisee-
ishersteller verkauft. Plötzlich stagnierte der Absatz,
weil die großen Eisfirmen ihre Produktion stark erwei-
terten und nur noch Erdbeeren in Fässern kauften, um
Zeit und Geld zu sparen. Da saßen wir nicht nur mit
einer halben Million unverkäuflicher Konserven da,
sondern wir hatten uns auch verpflichtet, innerhalb der
nächsten zwölf Monate noch mehr Erdbeeren zu kaufen, für eine Million Dollar. Von den Banken war uns ein
Kredit von 350 000 Dollar gegeben worden. Wir konnten weder die alten Kredite zurückzahlen noch neue aufnehmen. Kein Wunder, dass ich mir Sorgen machte.

Ich eilte nach Watsonville in Kalifornien, wo unsere
Fabrik stand, und versuchte, unseren Generaldirektor

davon zu überzeugen, dass sich die Lage verändert hatte, dass wir Bankrott machen würden. Er weigerte sich, mir zu glauben. Er gab unserem New Yorker Büro an allem die Schuld – dort sei man eben völlig geschäftsuntüchtig.

Nach tagelangem Hin und Her schaffte ich es schließlich, ihn dazu zu überreden, die Konservenproduktion zu stoppen und unsere neuen Lieferungen auf dem Frischbeerenmarkt von San Francisco zu verkaufen. Damit waren unsere Schwierigkeiten zum größten Teil aus dem Weg geräumt. Ich hätte also aufhören können, mir Sorgen zu machen. Aber ich konnte es nicht mehr. Es war mir zur Gewohnheit geworden.

Nach meiner Rückkehr nach New York begann ich, mir über alles und jedes Sorgen zu machen: über die Kirschen, die wir in Italien kauften, über die Ananas aus Hawaii und so weiter. Ich war nervös, fahrig, konnte nicht schlafen. Und wie ich schon sagte – ich steuerte auf einen Nervenzusammenbruch zu.

In meiner Verzweiflung änderte ich meine Lebensweise, und das heilte mich von meiner Schlaflosigkeit und meinen Grübeleien – ich erhöhte mein Arbeitspensum. Ich packte so viele Probleme an, dass ich mein ganzes Können einsetzen musste, um sie zu bewältigen, und mir keine Zeit zum Sorgenmachen blieb. Früher hatte ich sieben Stunden am Tag gearbeitet, jetzt schuftete ich 15, 16. Jeden Morgen war ich um 8 Uhr im Büro und blieb dort bis fast gegen Mitternacht. Ich übernahm neue Aufgaben, neue Verantwortung. Wenn ich spätnachts nach Hause kam, war ich völlig erschöpft und fiel wie Blei ins Bett.«

George Bernard Shaw fasste das Ganze einmal sehr richtig zusammen. Er sagte: »*Man ist nur unglücklich, weil man Zeit hat, zu überlegen, ob man unglücklich ist oder nicht. Das ist das ganze Geheimnis.«* Also grübeln Sie nicht darüber nach! Spucken Sie in die Hände und machen Sie sich ans Werk! Ihr Blut wird schneller in den Adern kreisen, Ihr Verstand wird klarer denken – und schon sehr bald wird ein großes positives Lebensgefühl Ihren Körper durchströmen und alle Sorgen aus Ihren Gedanken vertreiben. Also, beschäftigen Sie sich, arbeiten Sie, bleiben Sie am Ball! Das ist die billigste Arznei, die es auf der Welt gibt – und eine der besten.

Dies ist also Regel eins, wenn man die Gewohnheit, sich Sorgen zu machen, abschütteln will:
Tun Sie etwas! Ein Mensch, der sich Sorgen macht, muss sich beschäftigen, oder er stirbt an Verzweiflung.

Positiv denken –
für die Gesundheit

Joseph Murphy:
Das wunderbare Gesetz des Heilens

Es gibt nur eine heilende Kraft. Man kennt sie unter vielen Namen, weil die Menschen sie verschieden benennen: »Gott« oder »die göttliche Liebe«, »die unendliche Heilkraft«, »die göttliche Vorsehung« oder einfach »die Natur«, »das Leben«, »das Lebensprinzip« – der Namen gibt es noch viele, alte und neue. Das Wissen jedoch, dass es diese eine Heilkraft gibt, reicht zurück bis in die dunkle Vorzeit der Menschheitsgeschichte. Schon uralte Tempelinschriften verkünden: »Der Arzt verbindet die Wunde, und Gott heilt den Patienten.«

Die heilende Gegenwart Gottes ist in Ihnen. Weder Psychologen noch Geistliche, kein Arzt, kein Chirurg, kein Psychiater vermögen jemanden zu heilen. Der Chirurg entfernt den Tumor: dadurch beseitigt er das Hindernis, sodass der Patient dank Gottes Heilkraft genesen kann. Der Psychologe oder Psychiater legt seine Behandlung auf die Beseitigung seelisch-geistiger Konflikte an und ermutigt den Patienten, eine neue Geisteshaltung anzunehmen, die Gottes unendliche Heilkraft freisetzt und den Patienten zu innerem Frieden, seelisch-geistiger Harmonie und körperlicher Gesundheit führt. Der Geistliche schafft die Voraussetzungen, dass Sie den anderen und sich selbst vergeben und im Einklang mit dem Unendlichen von der alles heilenden Kraft des Frie-

dens, der Liebe und des guten Willens erfüllt sind bis
hinab in die letzte Tiefe Ihres Unbewussten, das dadurch
von allen negativen Beweggründen gereinigt wird.

Diese allgegenwärtige Heilkraft des Lebens, die Jesus
Christus »Vater« genannt hat, ist die Quelle des Heils
gegen alle körperlichen und geistigen Krankheiten sowie
gegen alle Kümmernisse des Gefühls- und Gemütsle-
bens.

Diese Ihrem Unterbewusstsein innewohnende wunderbare Heilkraft vermag, wenn sie nach wissenschaftlichen Gesichtspunkten gesteuert wird, Ihren Geist zu
heilen, Ihrem Körper Genesung und alle Ihre Belange in
Ordnung zu bringen, was immer auch die Störung oder
das Hindernis sein mag. Diese Heilkraft ist für jeden
Menschen da ohne Rücksicht auf Herkunft, Hautfarbe
oder Glaubensbekenntnis. Sie kennt keine Privilegierten
und keine Benachteiligten. Sie haben seit Ihrer Kindheit
zahllose Male ihren Heilerfolg an sich erfahren. Sie werden sich sicher erinnern können, wie oft dank dieser heilenden Kraft Schnitt- und Brandwunden, Verstauchun-
gen, Quetschungen, Schürfungen und so vieles andere
mehr verheilten, dies wahrscheinlich im Regelfall – wie
beim Verfasser –, ohne dass Sie den Heilungsprozess
durch Anwendung von Medikamenten beeinflusst hätten.

Von »Geisterstimmen« geheilt

Vor wenigen Jahren suchte mich ein Student der hiesigen
Universität auf. Was er mir zu sagen hatte, fiel aus dem
Rahmen des Üblichen heraus. Er beklagte sich, ständig
von Geisterstimmen heimgesucht zu sein. Diese Stim-

men drängten ihn zu niederträchtigen Handlungen und hielten ihn vom Guten ab. Es gelang ihm nicht mehr, die Bibel oder sonst ein aufbauendes oder anspruchsvolles Buch zu lesen. Und wo er auch war und was immer er tat, fühlte er sich von diesen Geisterstimmen verfolgt. Er war überzeugt, dass es sich bei seinen Quälgeistern um eine Art übernatürlicher Wesen handle.

Der junge Mann war offenbar des Hellhörens fähig. Allerdings wusste er nicht, dass bis zu einem gewissen Grad und selbstverständlich individuell verschieden stark ausgeprägt alle Menschen diese Fähigkeit besitzen. Darum glaubte er, in den Stimmen böse Geister erkennen zu müssen. Sein Aberglaube veranlasste ihn, das Phänomen den ruhelosen Geistern Verstorbener zuzuschreiben. Infolge der dauernden Beunruhigung setzte sich diese seine Überzeugung als fixe Idee bei ihm fest. Sein Unterbewusstsein übernahm unter dem zwingenden Eindruck einer ebenso mächtigen wie falschen Suggestion allmählich die vollkommene Herrschaft über ihn, sodass er nicht mehr vernünftig zu denken vermochte. Er war das Schulbeispiel eines Menschen, der geistig aus dem Gleichgewicht geraten war. Es erging ihm, wie es allen ergeht, die sich im Fahrwasser abergläubischer Überzeugungen treiben lassen und dabei schließlich vollständig unter deren Gewalt geraten.

Ich setzte dem Studenten auseinander, dass das Unterbewusstsein und das Geistesleben unter der Bewusstseinsschwelle von unerhörter Wichtigkeit und maßgebender Bedeutung für die Persönlichkeit und den Lebenskurs eines Menschen seien. Da das Unterbewusstsein negativ oder positiv beeinflusst werden könne, gelte es vor allem einmal sicherzustellen, dass er es ausschließlich positiven, aufbauenden, auf innere Harmonie abzielenden Einflüssen aussetze. Das Unterbewusstsein verfüge über fantastische dynamische Kräfte, gleichzeitig aber unterliege es allen ihm übermittelten Suggestionen positiver oder negativer Natur. Diese Erklärung machte auf den jungen Mann einen tiefen Eindruck.

Ich brachte für ihn ein Gebet zu Papier, das er als Suggestion zu seinem Besten jeden Tag drei- oder viermal sprechen und 10 oder 15 Minuten auf sich einwirken lassen sollte. Das Gebet lautete folgendermaßen:

»Ich bin erfüllt von Gottes Liebe und Weisheit. Friede und Harmonie erfüllen mein Herz, erfüllen meinen Geist. Ich liebe die Wahrheit, ich höre die Wahrheit, ich kenne die Wahrheit. Es ist die Wahrheit, dass Gott die Liebe ist und dass Gottes Liebe mich umgibt, beschützt und trägt. Der Strom göttlichen Friedens durchströmt meinen Geist. Ich danke für meine Freiheit.«

Er sollte sein Gebet langsam und ruhig sprechen, durchdrungen von tiefem Gefühl und Ehrfurcht, und das tat er auch. Besondere Wichtigkeit kam seinem Gebet vor dem Einschlafen zu.

Indem er sein Inneres auf geistigen Frieden und Harmonie hin orientierte, ja sich selber damit identifizierte, brachte er eine Neuordnung seiner Gedanken- und Vorstellungsmuster zustande, unter deren Einfluss eine geistige Heilung nicht ausbleiben konnte. Seine geistige Genesung verdanke er der Wiederholung dieser so einfachen und zugleich wunderbaren Wahrheiten, die er in vertrauensvoller Erwartung immer wieder betete.

Gleichzeitig betete auch ich jeden Morgen und jeden Abend für ihn: »H. K. denkt richtig. Er denkt über die göttliche Weisheit und Umsicht nach, die ihn auf allen seinen Wegen leiten. Sein Geist ist Teil des vollkommenen Geistes Gottes, unveränderlich und ewig. Er hört auf die Stimme Gottes, es ist die innere Stimme des Friedens und der Liebe. Der Strom göttlichen Friedens durchströmt und trägt seinen Geist, und er ist voll Einsicht und Weisheit, im Gleichgewicht seelisch-geistiger Ausgeglichenheit. Alles Bedrückende verlässt ihn jetzt, und ich wünsche ihm Frieden und Freiheit.«

Ich meditierte über diese Wahrheiten morgens und nachts, und ich erlangte das »Gefühl« von Frieden und Harmonie. Der junge Mann vermochte sich tatsächlich von seinen Quälgeistern zu befreien. Die Gebete hatten ihm den Frieden gebracht.

Sie hatte ihr Kind bereits aufgegeben

Es ist noch nicht lange her, dass mir eine verzweifelte Frau sagte, ihr Kind habe sehr hohes Fieber. Es bestehe die Gefahr, dass es die Krankheit nicht überlebe. Der behandelnde Arzt hatte dem Kind geringfügige Dosen Aspirin sowie ein Antibiotikum verordnet. Die Mutter gab sich völlig verstört. Da sie sich überdies mit Scheidungsgedanken trug, war ihr ganzes Gemütsleben in Aufruhr. Ihre seelisch-geistige und gefühlsmäßige Unausgeglichenheit hatte sich unbewusst auf das Kind übertragen. Verständlich daher, ja gerade natürlich, dass das Kind erkrankte.

Kinder sind auf Gnade und Ungnade ihren Eltern ausgeliefert und stehen unter dem Einfluss derer, die sie umgeben. Die geistige Atmosphäre und das Gefühlsklima ihrer Umwelt übertragen sich auf sie. Bevor ein Kind das Alter erreicht, in dem es bereits vernünftig zu denken vermag, kann es ja seine Gedanken, Gefühle sowie seine Beziehungen zur Umwelt und zum Leben nicht steuern.

Die Mutter sah ein, dass sie sich von ihren Spannungen lösen und zu innerer Ruhe finden müsse. Auf meine

Empfehlung hin las sie den 23. Psalm, das Preislied des Herrn als des guten Hirten; durch dieses Gebet sollte sie wieder zum Frieden und zu harmonischer Eintracht mit ihrem Gatten gelangen. Indem sie erfüllt von gutem Willen und inniger Liebe an ihn dachte, überwand sie ihren angestauten Ärger und sie befreite sich allmählich von jeglichem Gefühl der Ablehnung oder des Vorwurfs. Das Fieber des Kindes war – davon bin ich ganz überzeugt – wesentlich auf den verdrängten Ärger der Mutter und ihren tiefen Kummer wegen ihrer Ehezwistigkeiten zurückzuführen. Unbewusst übertrug sich das auf das Kind. Das kleine Mädchen fühlte mit der Mutter. In dem hohen Fieber des Kindes kam die tief gehende Störung ihres Gefühlslebens zum Ausdruck.

Nachdem die Mutter ihren eigenen Seelenfrieden wiedergefunden hatte, stellte sie sich ganz auf das Gebet für ihr gefährlich erkranktes Kind ein. Sie betete wie folgt:

»Geist, der vom Geist Gottes ist, ist das Leben meines Kindes. Sein Geist ist niemals krank und hat niemals Fieber. Göttlicher Friede durchströmt Geist und Körper meines Kindes. Gesundheit und Liebe, Harmonie und die Vollkommenheit Gottes werden jetzt sichtbar am Körper meines Kindes, in jeder Faser, in jedem Atom. Mein Mädchen ist entspannt und körperlich und geistig im Gleichgewicht, mein Kind ist ruhig und heiter. Ich rufe den göttlichen Geist, der in meinem Kind wohnt, wach, und alles ist gut.«

Dieses Gebet war das Anliegen der Frau während eines ganzen Tages, sie betete zu jeder Stunde. Schon am folgenden Tag gewahrte sie eine erstaunliche Veränderung: das Kind verlangte gleich nach dem Erwachen nach seiner Puppe und wünschte zu essen. Die Temperatur war gefallen, sie war wieder normal. Was war geschehen? Warum war das Fieber aus dem Körper des Kindes so plötzlich gewichen? Fiel die rasche Genesung des Kindes nicht offensichtlich mit dem inneren Wandel der Mutter zusammen?

Die Mutter hatte sich von ihrer inneren Fieberstimmung und allen seelisch-geistigen Erregungen befreit. Der Friede ihres Herzens und ihre von Liebe getragene Seelenruhe waren vom Kind augenblicklich nachgefühlt und durch eine dementsprechende Reaktion des Körpers übernommen worden.

Heilkräftig geboren

Wir Menschen sind von Natur aus alle »geborene Heilkräftige«. Denn alle Menschen haben Anteil an der heilkräftigen Gegenwart Gottes. Wir können sie vermöge unserer Gedanken wachrufen und durch unseren Glauben erreichen. Sie ist allgegenwärtig und die Lebenskraft von allem, was lebt.

Es gibt Menschen, die kraft ihres Glaubens den Krebs, an dem sie litten, zu heilen vermochten. Andere brachten es zustande, sich von einem tief sitzenden, als unheilbar geltenden Seelenübel wie etwa zwanghafter Boshaftigkeit zu befreien. Der göttlichen Heilkraft fällt es nicht schwer, eine Lungentuberkulose zu heilen; und ebenso leicht vermag sie Ihren wegen eines Messerschnitts blutenden Finger zu verheilen. Es gibt kein »Groß« und kein »Klein« für Gott, der uns erschaffen hat; ebenso wenig kennt Gottes Allmacht »schwierig« oder »leicht«. Und von dieser Allmacht ist ein Teil in jedem Menschen. Die Gebete des Mannes, der einem Kranken die Hand auflegt, um ihm Genesung zu verschaffen, zielen ganz einfach auf die Mitarbeit des Patienten ab. Sie stellen einen Appell an das Unbewusste des Kranken dar, an seiner Heilung mitzuwirken. Dabei spielt es gar keine Rolle, ob der auf diese Art »behandelte« Patient bewusst mitwirkt oder nicht, oder ob er die an sich erfahrene Heilung göttlichem Eingreifen oder der Fürsprache Gottes zuschreibt oder nicht. Jedenfalls tritt die Wirkung ein. Gott erhört unsere Gebete. Und einem Kranken geschieht nach seinem Glauben.

Er hasste seinen Bruder

Ein alter Bekannter, der in New York lebte, litt unter plötzlich auftretenden Lähmungserscheinungen, die von starkem Zittern begleitet waren. Bisweilen versagten ihm die Beine ihren Dienst derart, dass er sich nicht mehr fortbewegen konnte. Solche Zwischenfälle stürzten ihn regelmäßig in Panik. Es konnte vorkommen, dass er dann, inmitten einer verkehrsreichen Straße, wie angewurzelt stehen blieb und nicht mehr vom Fleck kam. Krampflösende und beruhigende Arzneimittel, die ihm sein Arzt verschrieb, brachten ihm zwar eine gewisse Erleichterung; gleichwohl aber lebte er in ständiger Furcht, und schon das unscheinbarste Vorzeichen versetzte ihn in einen Zustand panischer Angst. Das rieb meinen Bekannten völlig auf.

Zunächst musste sich der Kranke vergegenwärtigen, dass die ihm innewohnende wunderbare Heilkraft die Quelle allen Lebens und darum auch jeder Heilung ist. Ich empfahl ihm, im Lukas-Evangelium die Verse 18 bis 24 des 5. Kapitels sowie die verwandte Stelle im Markus-Evangelium (2, 3–5) zu lesen. Diese Kapitel handeln unter anderem von der Heilung des Gichtbrüchigen.

Jesus sagt zu ihm:»*Mensch, deine Sünden sind dir vergeben … Ich sage dir, stehe auf, hebe dein Bett auf und gehe
heim.*«

Er las die beiden Bibelstellen und war davon tief
bewegt. Ich empfahl ihm, in dem Bett, von dem in der
Bibel die Rede ist, das geistige »Bett« des Menschen zu
sehen: wie man sich bettet, so liegt man. Der Gichtbrüchige der Bibel, der auf seinem Bett darniederlag, war
fraglos von Angst, Zweifeln und Aberglaube erfüllt, er
litt an seinen Schuldgefühlen sowie unter der Vorstellung, durch seine Krankheit gestraft zu sein. Derartige
Gedanken, seien sie nun bewusst oder seien sie ins Unbewusste verdrängt, lähmen Geist und Körper.

Wie wir aus der Bibel erfahren, heilte Jesus den Gichtbrüchigen, indem er ihm seine Sünden vergab. Sündigen
bedeutet ja immer, am Sinn des Lebens vorbeizugehen
und vom Weg der Gesundheit, menschlichen Glücks und
inneren Friedens abzuirren. Jeder Mensch leidet unter
begangenen Sünden. Sich diese selbst je nachzusehen, ist
nicht einfach. Am besten versuchen Sie es, indem Sie es
Ihrem hohen Ideal gleichtun und sich allmählich geistig
und gefühlsmäßig mit diesem Ideal identifizieren. Mit
der Zeit wird sich in Ihnen das hohe Erstrebte als Überzeugung oder als subjektive Verkörperung festsetzen.

Sie sündigen auch, wenn Sie zerstörerisch denken,
wenn Sie sich ärgern, wenn Sie hassen, verurteilen oder
sich in Angst und Kummer hineinsteigern. Sie begehen
immer eine Sünde, wenn Sie vom richtigen Weg zielbe-
wussten und sinnvollen Lebens abweichen, das immer
nur in Frieden und Harmonie, in körperlicher und geistiger Gesundheit, in Einsicht und Weisheit seine Erfüllung finden kann.

Mein Bekannter gestand mir ein, dass er seit vielen
Jahren unversöhnliche Hassgefühle gegen einen seiner

Brüder hege, weil dieser ihn früher einmal in einer für sie
beide wichtigen finanziellen Angelegenheit benachtei-
ligt habe. Infolge dieses Bruderhasses war er von tiefem
Schuldbewusstsein erfüllt und er verurteilte darum sich
selbst. Er empfand seine Krankheit als Strafe und hatte
sie als eine Form der Selbstbestrafung angenommen.
Jetzt erkannte er, dass er – genau wie der Gichtbrüchige
der Bibel – von seinem Leiden nicht geheilt werden könne, bis er sich selbst und seinem Bruder vergeben und
sich dadurch frei von Schuld fühlen werde. Er gab sich
selbst Rechenschaft darüber, dass sein physisches Leiden zwar ein gewisses Problem darstelle, er aber nicht
notwendigerweise darunter leiden müsse.

Er wandte sich an die heilkräftige Gegenwart Gottes
in ihm und betete voll Vertrauen:

»Ich habe in mir negative, lebensverneinende und zer-
störerische Gedanken beherbergt – ich mache mich frei
von diesen Gedanken und meiner Schuld. Ich bin entschlossen, mich dem von jetzt an zu verweigern und
meinen Geist rein zu halten. Ich überantworte, ich empfehle meinen Bruder Gottes Obhut. Wo immer er ist,
was immer er tut, ich wünsche ihm aufrichtig Gesundheit, Glück und Gottes Segen. Ich bin jetzt im Gleichklang mit der mir innewohnenden unendlichen Heilkraft und ich fühle die göttliche Liebe jedes Atom meines
Wesens durchströmen. Ich weiß, dass Gottes Liebe jetzt
meinen ganzen Körper durchdringt und erfüllt; Gottes
Liebe wird mich heil und gesund machen. Diese meine
Einsicht erfüllt mich, ich fühle es, und ich bin mit mir
und der Umwelt in Frieden. Mein Körper ist ein Tempel
des lebendigen Gottes, Gott wohnt in seinem heiligen
Tempel. Und ich bin frei.«

Er meditierte regelmäßig über diese Wahrheiten.
Dadurch wurde er allmählich wieder auf den natürlichen

Glückszustand körperlicher und geistiger Gesundheit und vollkommener Harmonie hin orientiert. Und Hand in Hand mit dem Wandel seiner Geisteshaltung ging die Genesung seines körperlichen Gebrechens. Die richtige Einstellung ändert alles. Heute geht mein Bekannter wieder wie jeder andere. Er ist fröhlich und heiter, der Kranke von einst ist vollkommen gesund.

Er hatte »keine gute Hand«

Ein zorniger junger Mann besuchte mich, um sich mit mir zu unterhalten. Er hatte einen besonderen Anlass. Sein Chef hatte ihn vor die Tür gesetzt mit den Worten: »Sie sind wie der Mann in der Bibel: der mit der verdorrten Hand.« Empört fragte er mich, was das nun zu bedeuten habe. »Meine Hände sind doch in Ordnung. Sind sie nicht vollkommen normal?«

Ich gab ihm die folgende Erklärung: »Will man die Bibel richtig auslegen, so muss man wissen, dass die Wahrheiten immer an Beispielen – personifiziert – dargestellt sind, damit sie bildhaft, lebensecht und für jeden Menschen überzeugend eingehen. Wir sollten daher das Gleichnis vom Mann mit der verdorrten Hand nicht im wörtlichen Sinn begreifen. Die Hand ist ein Symbol der Macht und der Kraft, des Wirkens, der Führung und Leitung. Mit Ihrer Hand zeichnen, formen, modellieren und gestalten Sie. Mit der Hand zeigen Sie die Richtung an, Sie weisen und leiten durch das Zeichen der Hand. Im übertragenen Sinn verkörpert der symbolisch im Bild des Mannes mit der verdorrten Hand dargestellte Mensch jenen Menschen, der an Minderwertigkeitskomplexen leidet, der sich schuldig, unebenbürtig und unwürdig fühlt – der Defätist. Ein Mann dieser Art vermag seine Persönlichkeit nicht zu verwirklichen. Er scheitert bei allem, was er unternimmt, und kann der gottgegebenen Kraft in ihm nicht zum Durchbruch verhelfen.«

Der junge Mann war meiner Erklärung mit Interesse gefolgt und gab danach zu, dass alle seine Träume und Ambitionen, seine Ideale und seine Lebenspläne, ja der ganze Sinn des Lebens verkümmern mussten, eingefroren im Geist, weil er nicht wusste, wie er sie hätte verwirklichen und im Leben durchsetzen können. Er kannte die Gesetze des Geistes nicht und er verstand nicht zu beten. Seine Ideen blieben, so edel, schön oder lebensfähig sie auch sein mochten, Totgeburten seines Geistes und erschienen höchstens geeignet, in ihm das Gefühl der Lebensverkürzung und die daraus resultierenden neurotischen Störungen zu hinterlassen. Tatsächlich hatte sein Gemütsleben schwer gelitten. Er stand seelisch-geistig still. Der Mann war im Begriff, buchstäblich aus dem Vollen schöpfend Hungers zu sterben. Darüber hinaus gedieh ihm alles zu eigener Geringschätzung und Selbstverachtung. Seine Lebenseinstellung war von Grund auf falsch. Er gab auch zu, dass er seine Arbeit nicht schätzte und dass alles, was er tat, zu wünschen übrig ließ.

Seine Hand – die Fähigkeit, etwas zu leisten und zu vollbringen – erschien bei ihm tatsächlich verkümmert. Aber warum? Wie war es dazu gekommen? Allzu oft hatte sich dieser junge Mann vorgesagt: »Ja, hätte ich nur den Kopf von diesem … oder den Reichtum von jenem … seine Beziehungen …! Dann könnte auch ich vorwärtskommen, dann wäre auch ich jemand. Aber was bin ich? Niemand, eine Null, ein Nichts! Ich wurde geboren, um nicht auf der Sonnenseite des Lebens zu liegen. Ich muss gerade noch mit meinem Los zufrieden sein. Ich fasse alles falsch an, ich habe keine gute Hand.«

Man kann nicht genug herausstellen, welche Veränderung in diesem jungen zornigen Mann vor sich ging, als er sich allen widrigen Umständen zum Trotz entschloss, seine Hand voll auszustrecken und sich ihrer im Leben zu bedienen. Das gelang ihm nur, indem er zunächst einmal sein geistiges Begriffsfeld erweiterte und zu sich selber das richtige Maß einer gesunden Selbsteinschätzung fand. Er malte sich in seinem Geist das Bild dessen aus, was er zu erreichen wünschte. Sein Wunschtraum lief darauf hinaus, ein großes Unternehmen mit Erfolg zu leiten. Dieses Wunschbild hielt er sich, sooft er konnte, vor Augen und betete dabei: »Ich vermag alles durch die Hilfe und Allmacht Gottes, die mich stärkt, führt, beschützt und leitet. Ich erkenne, dass ich auf dem Weg zum Ziel meines Wunschbildes bin. Ich wende mich jetzt voll Glauben und Vertrauen an die mir innewohnende unendliche Weisheit und gebe mich ganz in ihre Hand. Ich weiß in meinem Herzen, dass die gottgegebene Kraft meinen Geist durchströmt und alle meine Gedanken und Vorstellungen erfüllt. Ich bin auf dem Weg zum Erfolg unter der zwingenden Führung Gottes.«

Sobald er sich mit dieser neuen Konzeption seiner Selbstauffassung zu identifizieren vermochte, zeichneten sich auch bereits die ersten Erfolge ab. Er nahm die Hürden seiner Berufslaufbahn, eine nach der anderen, im Sturm. Heute ist er Generaldirektor eines großen Konzerns und gehört zu den bestverdienenden Wirtschaftsführern Amerikas.

Geheilt von hoffnungsloser Krankheit

Jesus sprach zu dem Toten: *»Jüngling, ich sage dir, stehe auf! Und der Tote richtete sich auf und fing an zu reden.«* (Lukas 7, 14–15)

Wenn hier in der Bibel gesagt wird, dass der Tote sich aufrichtete und zu sprechen begann, so bedeutet dies für Sie, dass Sie, sobald Ihr Gebet erhört wird, eine völlig neue Sprache sprechen; Ihre Zunge geht über von Wohlergehen und Frohsinn, und der Glanz innerer Sicherheit und Freude geht von Ihnen aus. Ihre toten Hoffnungen und Wünsche werden zu sprechen beginnen, sobald die inneren Voraussetzungen gegeben sind, um für sie Zeugnis abzulegen.

In diesem Zusammenhang möchte ich hier den Fall eines jungen Mannes erzählen, eines in Irland lebenden entfernten Verwandten von mir, den ich vor ein paar Jahren gefährlich erkrankt antraf. Er befand sich im Koma. Er litt an einer Insuffizienz der Nieren, die seit drei Tagen nicht mehr funktionsfähig waren. Sein Zustand war von den Ärzten bereits als hoffnungslos bezeichnet worden, als ich in Begleitung eines seiner Brüder an sein Krankenbett kam. Ich wusste, dass er tiefgläubiger Katholik war und sagte zu ihm: »Jesus ist bei dir, du siehst ihn. Er streckt seine Hand aus und legt sie dir in diesem Augenblick auf.«

Ich wiederholte diese Worte mehrmals, indem ich langsam, innig und eindringlich zu ihm sprach. Er war nicht bei Bewusstsein, als ich so zu ihm sprach, und war sich unser beider Anwesenheit nicht bewusst. Aber danach richtete er sich im Bett auf, öffnete die Augen und sagte zu uns beiden: »Jesus war hier. Ich weiß, ich bin geheilt. Ich werde leben.«

Was war geschehen? Dieser Mann hatte in seinem Unterbewusstsein meine Feststellung, Jesus sei hier, bereitwillig angenommen. Sein Unterbewusstsein griff die Idee auf und versetzte sie in die Wirklichkeit. Da nun die Vorstellungen dieses Mannes von Jesus Christus wesentlich von bildlichen Darstellungen, die er von ihm bekannten Kirchen oder von religiösen Kunstwerken her kannte, geprägt waren, erscheint es nicht verwunderlich, dass er glaubte, Jesus habe in Fleisch und Blut an seinem Bett gestanden und ihm seine Hand aufgelegt.

Die Leser meines Buches *Die Macht Ihres Unterbewusstseins* sind sich bestimmt noch der dort nachgewiesenen Tatsache bewusst, dass man einem in Trance befindlichen Menschen suggerieren kann, sein Großvater befinde sich in diesem Augenblick bei ihm und er könne ihn deutlich sehen. Er wird ihn dann sehen, und zwar wird er jemanden sehen, den er für seinen Großvater hält. Sein Unterbewusstsein enthüllt ihm nämlich das Bild seines Großvaters, und zwar so, wie es dort als unbewusstes Erinnerungsbild ruht. Sie können der in Trance befindlichen Person ohne Weiteres auch eine posthypnotische Suggestion erteilen, indem Sie sagen: »Wenn du aus dem Trancezustand erwachst, wirst du deinen Großvater begrüßen und mit ihm sprechen!« Und genau das wird geschehen. In diesem Fall handelt es sich um eine subjektive Halluzination.

Meine Worte hatten im Unterbewusstsein meines tiefgläubigen Verwandten Glauben gefunden. Sein Glaube aber beruhte auf seiner eigenen festen Überzeugung, dass Jesus ihn heilen werde. Dies muss als der heilende Faktor angesehen werden. Es geschieht uns immer nach unserem Glauben, mag es sich nun um einen in geistiger Überzeugung erhärteten Glauben oder gerade nur um blindes Vertrauen handeln. Sein Unterbewusstsein war für meine Suggestion zugänglich und empfänglich. In seinem geistigen Bereich unterhalb der Bewusstseinsschwelle hatte er die von mir eingegebene Idee angenommen und dementsprechend verarbeitet und gehandelt. Angesichts eines solchen Vorfalls könnte man gewissermaßen von einer Wiederauferstehung von den Toten sprechen. Jedenfalls erfuhr mein Verwandter an sich eine Art echter Wiederauferstehung: vom Krankenbett nämlich zu neuer Gesundheit und ungetrübter Lebensfreude. Es war ihm nach seinem Glauben geschehen.

Wahrer Glaube und blinder Glaube

Wahrer Glaube beruht auf der Kenntnis der Funktionsweise der beiden voneinander verschiedenen Bewusstseinssphären des menschlichen Geistes, die wir das Bewusstsein und das Unterbewusstsein nennen, sowie auf dem Wissen von der harmonisch ineinandergreifenden Wechselbeziehung dieser beiden wissenschaftlich steuerbaren Bewusstseinsschichten. Eine Heilung aufgrund solchen Glaubens ist weder Zufall noch Wunder, aber freilich wunderbar. Allerdings vermag auch blinder Glaube Heilerfolge zu zeitigen. Darunter ist Glaube ohne jedes wissenschaftliche Verständnis der im Spiel befindlichen Kräfte zu verstehen. Der Voodoo-Doktor oder der Medizinmann der im Dschungel Afrikas lebenden Naturvölker heilt an Geist oder Körper kranke Stammesangehörige ebenfalls kraft des Glaubens. Und die gleiche Heilkraft scheint sogar Hundeknochen (die von den Gläubigen als die Gebeine Heiliger verehrt werden) oder was immer sonst für Gegenständen innezuwohnen; immer aber handelt es sich um Dinge, die natürlich nicht an sich heilkräftig, jedoch Requisiten sind, an die sich die Menschen voll Glauben wenden.

Die Technik, der Modus Operandi, der Ritus, das Zeremoniell (sei's die Anrufung von Heiligen oder sei es Geisterbeschwörung) spielen keine Rolle; wo immer Heilerfolge erzielt werden, wird dies durch das Unterbewusstsein bewirkt. Die Inhalte Ihres Glaubens und Denkens prägen sich dem Unterbewusstscin ein und drängen dynamisch zur Aktion.

Versuchen Sie es dem kaum acht Jahre alten Jungen, der unsere Sonntagsschule besuchte, gleichzutun. Er litt an einer Augeninfektion. Augentropfen halfen ihm nicht. Darum musste er sich selber helfen. Er betete zu Gott: »Lieber Gott, du hast mir die Augen gegeben. Es muss etwas geschehen. Bitte, heile sie mir jetzt. Mach schnell, bitte. Vielen Dank.«

Ist die Spontaneität, die Sachlichkeit seines kindlichen Vertrauens in Gott, nicht einfach rührend? Mehr noch: seine Augen wurden wider Erwarten rasch gesund. *»... So gehe hin und tue desgleichen!«* (Lukas 10, 37)

Geistige Selbstbehandlung

Eine geistige Behandlung bedeutet die Hinwendung zu Gott, der Ihnen innewohnt, die Erinnerung Ihrerseits an den von ihm ausgehenden Frieden, an Gottes vollkommene Harmonie, Schönheit, Güte, grenzenlose Liebe und uneingeschränkte Macht. Sie müssen sich vergegenwärtigen, Sie müssen wissen, dass Gott Sie liebt und für Sie sorgt. Wenn Sie sich in dieser Art vertrauensvoll Gott zuwenden, wird bald alle Angst von Ihnen gewichen sein. Macht Ihnen Ihr Herz oder Ihre Herztätigkeit Sorgen, sodass Sie deshalb beten, so sollten Sie nicht an Ihr organisches Gebrechen denken. Gedanken in dieser Richtung sind nur hinderlich. Gedanken sind Realitäten Ihrer geistigen Welt, die sich im Stofflichen auswirken. Der Inhalt Ihres Denkens wirkt sich an Ihrem Körper aus, in den Zellen und Geweben, im Nervensystem und in den Organen. Wenn Sie Ihrem geschädigten Herzen oder Ihrem erhöhten Blutdruck nachsinnen, so steuern Sie geradewegs eine Verschlimmerung Ihres Gebrechens an. Sie sollten nicht mehr länger über mutmaßlichen oder festgestellten Krankheitssymptomen brüten und ängstlich Ihren Organen oder überhaupt der Gesundheit Ihres Körpers misstrauen. Auch wenn Sie ein Gebrechen haben, ist dies nicht die richtige geistige Vorgangsweise für Ihre Genesung. Wenden Sie sich vielmehr Gott zu und stellen Sie sich geistig ganz auf seine Liebe ein. Sie müssen fühlen und wissen, dass es nur die eine immer gegenwärtige Heilkraft und demgegenüber nichts gibt, was der Macht Gottes zu widerstreiten vermöchte.

Vergegenwärtigen Sie sich immer wieder, dass die erhebende und stärkende Kraft heilender Macht bis in den letzten Winkel Ihrer Überzeugung und bis in die letzte Faser Ihres Körpers dringt und Sie gesund und heil macht. Seien Sie sich bewusst und fühlen Sie, dass die Harmonie göttlichen Lebens sich an Ihnen manifestiert und Sie zu Gesundheit, Vitalität, innerem Frieden und dem richtigen Tun hinführt. Trachten Sie, sich dessen klar zu werden und Ihre Erkenntnis im inneren Nachvollzug zur Überzeugung zu erhärten, und Ihr geschädigtes Herz (oder welches organische Gebrechen immer Sie belasten mag) wird im herrlichen Licht göttlicher Liebe genesen. »… *Darum so preiset Gott an eurem Leibe.*« (1. Korinther 6, 20)

Wie Sie dem Wort »unheilbar« in Ihrem Leben begegnen

Überall, rundum taucht das Wort auf – »unheilbar!« – und verbreitet Angst und Schrecken. Machen Sie sich von dieser Angst frei. Es gilt, sich über das, was dem Schreckenswort entgegensteht, Rechenschaft zu geben. Sie stehen in ständiger Wechselbeziehung mit jener höheren Intelligenz des schöpferischen Prinzips, das Sie erschuf und allem Geschaffenen eingegeben ist. Die unendliche Heilkraft des schöpferischen Prinzips ist immer und jederzeit für Sie tätig – unbeschadet der Meinung mancher Menschen, derzufolge dieser oder jener Fall unheilbar sei – und wirkt für Sie kraft der schöpferischen Dynamik Ihres Geistes. Machen Sie von dieser Ihrer Kraft Gebrauch, jetzt, sofort, und vollbringen Sie in Ihrem Leben Wunder. Ein Wunder – daran muss in diesem Zusammenhang erinnert werden – beweist ja keineswegs das, was im Leben unmöglich ist; es ist im Gegenteil eine klare Bestätigung dessen, was allen Zweifeln zum Trotz möglich ist. Denn: »... *bei Gott sind alle Dinge möglich.*« (Matthäus 19, 26) »... *Aber dich will ich wieder gesund machen und deine Wunden heilen, spricht der Herr ...*« (Jeremia 30, 17)

Das Wort »der Herr«, dessen sich die Bibel bedient, bedeutet »Gott« oder »das schöpferische Prinzip des Geistes«. Dies ist der Inbegriff aller Heilkraft. Sie durchdringt das ganze Universum, sie durchströmt den Innenraum Ihres geistigen Lebens und verwirklicht alles, was Sie bewusst denken oder unbewusst empfinden, was Sie sich bildhaft vorstellen und in Ihrem Wünschen auswählen. Dank dieses unendlich heilkräftigen Prinzips, das in Ihrem Geist tätig ist und nach Verwirklichung drängt, können Sie im Leben alle Ihre Wünsche wahrmachen. Sie müssen sich nur der Ihnen innewohnenden Kraft bedienen. Sie lässt sich für jeden Zweck einsetzen. Sie ist keineswegs etwa nur körperlicher oder geistiger Heilung vorbehalten. Das gleiche universelle Prinzip befähigt Sie, den ideal zu Ihnen passenden Ehepartner zu finden, im Berufsleben erfolgreich zu sein und den richtigen Platz für die Verwirklichung Ihrer Persönlichkeit zu finden; es offenbart Ihnen die Lösung Ihrer schwierigsten Probleme.

Er wurde von der Wassersucht geheilt

In London kannte ich einen Mann, der tiefgläubig war und in jeder Hinsicht ein sinnvolles Leben zu führen schien. Gleichwohl bereitete ihm ein ihn innerlich quälendes Problem große Sorgen. Er hatte seinen Vater an der Wassersucht sterben sehen. Dieses Erlebnis machte ihm einen tief gehenden, nachhaltigen Eindruck. Eines Tages gestand er mir, dass er seit dem Hinscheiden seines Vaters den Gedanken nicht loswerden könne, er würde dereinst an derselben Krankheit sterben müssen. Nur mit Schrecken konnte er sich an die Behandlung erinnern, der sich damals sein kranker Vater hatte unterziehen müssen: Der Arzt pflegte mit einem »Schreckensinstrument« die Bauchhöhle des Kranken »anzuzapfen« und enorme Wassermengen abzulassen. Das konnte er nicht vergessen. Und selbst wenn er nicht daran dachte – diese Angst war da, ins Unbewusste verdrängt; er litt an einer Angstneurose. Diese war zweifellos auch die Ursache seiner Anlage zur Wassersucht.

Der Mann kannte die einfache psychologische Wahrheit nicht, der vor mehr als hundert Jahren Dr. Phineas

Parkhurst Quimby aus Belfast, Maine, ein Vorkämpfer der modernen psychosomatischen Medizin, Geltung verschafft hatte. Was Dr. Quimby sagte und in der Praxis anwandte, läuft auf die Tatsache hinaus: Was Sie glauben, wird sich verwirklichen, ungeachtet des Umstandes, ob Sie sich den Inhalt Ihres Glaubens bewusst vergegenwärtigen oder nicht.

Warum nun hatte mein Londoner Bekannter diese Anlage zur Wassersucht? Die Erklärung fällt im Hinblick auf die vorher erwähnte psychologische Wahrheit nicht mehr schwer. Die Angst dieses Mannes war zur Überzeugung ausgewachsen. Für ihn stand fest, dass er derselben Krankheit zum Opfer fallen werde wie einst sein Vater. Darum war er nicht wenig erstaunt, als ich ihm seinen Fall im Licht dieser einfachen Tatsachen erklärte. Er begann zu begreifen, dass er eine höchst willkürliche Fehlmeinung als Wahrheit angenommen hatte.

Seine Angst stellte eine glatte Verkehrung der Wahrheit in ihr Gegenteil dar. Solche Angst vor Krankheit hat, wenn wir sie in uns nicht aufkommen lassen, keinerlei Macht; denn hinter der Krankheit steht kein Prinzip, das der Natur entspricht. Die Krankheit steht im Widerspruch zur Natur und zum gottgewollten Leben. Krankheit und Armut, Irrtum und Versagen sind mit dem universellen Lebensprinzip unvereinbar. – Der Mann nahm meine Erklärungen bereitwillig auf. Glücklicherweise hatte er seinen tiefen Glauben an Gott, in dessen Hand er sich wusste; auch war ihm hinreichend bekannt, dass es nur an ihm lag, sich zum Guten oder zum Schlechten hin zu orientieren; darum leuchtete ihm auch sofort ein, dass er die ihm innewohnende geistige Kraft positiv oder eben auch negativ einsetzen könne.

Er ging in sich. War nicht der Geist Gottes, der ihn und alles Leben erschuf, noch immer mit ihm? Und war

nicht der Geist Gottes der Inbegriff aller Leben spen-
denden, aufbauenden und heilenden Kraft und Teil seines eigenen Geistes? Und war hingegen seine Krankheit
nicht einfach einer fehlgeleiteten, vom Negativen ange-
kränkelten Denkgewohnheit zuzuschreiben? Er machte
sich von seiner falschen Überzeugung frei und brachte
sich geistig in Einklang mit dem göttlichen Lebensplan,
der gleichzeitig die Verhaltensnorm für uns Menschen
ist und seine Erfüllung im Zustand der Gesundheit und
des Glücks und inneren Frieden findet.

Immer vor dem Einschlafen sagte er aus vollem Herzen zu sich: »Die allgegenwärtige Heilkraft entfaltet
jetzt in mir ihre Wirksamkeit, sie führt mich zur Genesung; entsprechend ihrer unendlichen Weisheit und
göttlichen Natur steuert sie alle Lebensvorgänge in meinem Organismus und verleiht mir wieder einen gesunden Körper. Ich fühle mich körperlich und geistig gereinigt und von Gottes stärkender Lebenskraft erquickt.
Göttliches durchpulst meinen Körper, meinen Geist
und verleibt sich mir ein; alles andere in mir wird ausge-
schieden. Die Freude des Herrn ist meine bleibende
Stärke.«

Mit diesen Worten betete er ungefähr einen Monat lang
jeden Abend. Nach Ablauf dieser Zeit hatte er sich die
durch das Gebet gefestigte Überzeugung, an Körper und
Geist gesund zu sein, vollkommen einverleibt. Und er
war tatsächlich genesen: sein Arzt entließ ihn als gesund.

Schritte zur Heilung

Der erste Schritt zur Heilung besteht in der Befreiung
von der Angst vor festgestellten oder vermuteten Krank-

heitssymptomen, und zwar vom ersten Augenblick an. Der zweite Schritt besteht in der Vergegenwärtigung der Tatsache, dass ein angeschlagener Gesundheitszustand das nachteilige Ergebnis schädlicher Denkgewohnheiten darstellt, mit deren Ablegung diese ihren schädlichen Einfluss einbüßen. Der dritte Schritt besteht darin, die Ihnen innewohnende wunderbare Heilkraft Gottes zu verherrlichen und zu bestärken.

Durch eine solche Vorgehensweise bringen Sie die Auswirkungen destruktiven Denkens sofort zum Erliegen, weil Sie das Übel an der Wurzel entfernen. Unternehmen Sie diese Schritte für sich selbst oder auch für einen Ihnen nahestehenden Menschen, für den Sie beten wollen. Trachten Sie, sich Ihre Wünsche einzuverleiben, und die Früchte Ihres Denkens und Fühlens werden sich alsbald zeigen. Verschließen Sie sich der Unzulänglichkeit menschlicher Meinungen und dem für Körper und Seele schädlichen Gift allzu menschlicher Angst. Leben Sie im Glücksgefühl und im Bewusstsein Ihres Glaubens, dass Gott in Ihnen waltet zu Ihrem körperlichen und geistigen Wohle.

Geistige Blindheit

Millionen von Menschen sind »blind«. Es mangelt ihnen an psychologischem Wissen und geistigem Scharfsinn; darum wissen sie nicht, dass sie werden, was sie tagtäglich denken. Wer andere hasst, wer missgünstig oder neidisch ist, erliegt seiner seelisch-geistigen Blindheit. Wüsste der Betreffende, dass er sich dadurch selbst am meisten schadet und buchstäblich der Gefahr aussetzt, sein eigenes Opfer zu werden, wäre vielleicht vieles besser bestellt.

Tausende von Menschen beteuern pausenlos sich selbst und anderen gegenüber, für ihre Probleme gebe es keine Lösung und ihre Lage sei hoffnungslos. Eine solche Fehleinstellung ist das Ergebnis geistiger Blindheit. Dieser Geistesverfassung jedoch wird der Mensch verhaftet bleiben, solange er zu seinem geistigen Kraftpotenzial nicht ein neues, durch Verständnis gekennzeichnetes Verhältnis findet. Erst wenn wir uns unserer seelisch-geistigen Kräfte bewusst sind und diese entwickeln, wachsen wir über unsere geistige Blindheit hinaus; erst dann sehen wir richtig. Dann wissen wir auch, dass wir unter der weisen Führung der in uns wirkenden unbewussten Kräfte jedes Problem und jeden Konflikt zu lösen vermögen.

Wir alle sollten uns die Wechselbeziehung zwischen unserem Geistesleben auf bewusster und unbewusster Ebene sowie dessen gegenseitige Wechselwirkung immer vor Augen halten. Unser Denken und Wünschen prägen sich tief den unbewussten Schichten unseres Geistes ein, und die unserem Unbewussten eigene dynamische Kraft drängt von selbst zur Verwirklichung alles dessen hin, was dem Unterbewusstsein suggeriert und von ihm angenommen wurde. Wer bisher für diese Wahrheiten blind war, braucht nicht länger blind zu bleiben. Wer in sich geht und diese Wahrheiten an sich selber prüft, dem wird sich auf einmal eine neue Innenschau darbieten: Er sieht jetzt die Vision von Gesundheit und Wohlergehen, von menschlichem Glück und innerem Frieden. Und er erkennt auch, dass sich durch die richtige Steuerung unseres Denkens, Wünschens und Fühlens sowie die Anwendung der unser Geistesleben beherrschenden Gesetze die Vision des Guten und Schönen in seinem Leben verwirklichen lässt.

Die Sehkraft ist geistiger Natur, ewig und unzerstörbar

Unsere physische und geistige Sehkraft erschaffen wir uns nicht, sie ist vorhanden; es ist viel eher so, dass wir sie freisetzen. Wir sehen nicht mit dem Auge, wir sehen vielmehr durch das Auge hindurch. Die lichtempfindliche Netzhaut des Auges wird von dem physikalischen Reiz der vom Gegenstand ausgehenden Lichtwellen erregt, sie empfängt ein Bild. Diese Erregungen – oder eben die Gesichtseindrücke – werden über den Sehnerv zum Sehzentrum des Gehirns geleitet. Erst wenn im Gehirn das von außen kommende Licht dem inneren Licht geistiger Natur sozusagen begegnet, ereignet sich – vermöge eines geistigen Interpretationsprozesses – das, was wir Sehen nennen.

Betrachten Sie Ihre Augen als Symbole göttlicher Liebe und des Entzückens an den durch Gott möglichen Dingen, darüber hinaus stehen Ihre Augen sinnbildlich für Ihren Wissensdurst nach Gottes Wahrheit. Sehen Sie in Ihrem einen Auge das Sinnbild für richtiges Denken und richtiges Handeln und in Ihrem anderen Auge das Symbol göttlicher Liebe und Weisheit. Diese Symbole erinnern Sie gleichzeitig an die Dualität Ihres Geisteslebens auf bewusster Ebene einerseits und unbewusster Ebene andererseits. Wenn Sie Ihr ganzes Denken – Vernunft und Fantasie – richtig steuern und in jeder Hinsicht guten Willen ausstrahlen, dann sehen Sie richtig, dann sind Sie auf das Wesentliche konzentriert und auf das Vollkommene eingestellt.

»... Sei sehend! Dein Glaube hat dir geholfen. Und alsbald ward er sehend und folgte ihm nach und pries Gott ...« (Lukas 18, 42–43)

Ein besonderes Gebet

»In mir ist Gott, der mich heilt und gesund erhält. Meine Sehkraft ist ewig-geistiger Natur und zugleich eine Eigenschaft meines Bewusstlebens. Meine Augen entsprechen dem göttlichen Plan. Immer leisten sie mir vollkommene Dienste. Ich sehe nach außen und nach innen. Ich empfange die geistige Wahrheit. Sie ist klar und mächtig. In mir geht das Licht der Einsicht auf. Mehr und mehr sehe ich Gottes Wahrheit, mehr und mehr jeden Tag. Ich bin sehend: seelisch-geistig und körperlich. Ich sehe Bilder der Wahrheit und Schönheit. Überall.

Die unendlich heilkräftige Gegenwart Gottes öffnet mir jetzt, in diesem Augenblick der Wiedererschaffung meiner Sehkraft, die Augen. Meine Augen sind Werkzeuge gottgewollter Vollkommenheit, die mich zur geistigen Innenschau und zur Wahrnehmung der Außenwelt befähigen. In meinen Augen offenbart sich die Herrlichkeit Gottes.

Ich höre die Wahrheit. Ich liebe, ich kenne die Wahrheit. Meine Ohren entsprechen dem vollkommenen Plan Gottes. Darum höre ich jederzeit vollkommen richtig. In der Vollkommenheit dieser Werkzeuge offenbart sich mir Gottes Harmonie.

Göttliche Liebe, Schönheit und Harmonie erfüllen mir Augen und Ohren. Ich sehe Gottes Werke und ich höre in mir seine Stimme. Ich befinde mich mit dem Unendlichen im Einklang. Ich bin vollkommen aufgeschlossen und frei.«

Zusammenfassung

1. Sie haben Anteil an der Heilkraft Gottes, die Ihnen innewohnt. Befreien Sie sich von geistigen Störungen und allen Kümmernissen, lassen Sie sich von der alles heilenden inneren Kraft durchströmen.

2. Wer sich dem Einfluss einer übermächtigen und falschen Suggestion nicht verschließt und unter ihre Gewalt gerät, wird das Opfer einer fixen Idee.

3. Gefühlsmäßige Unausgeglichenheit hat suggestive Wirkung. Ein negativer Gefühlsaffekt wird unbewusst übertragen. Aus diesem Grund kann das Kind einer verstörten Mutter an Fieber erkranken. Findet die Mutter zu innerem Frieden und Harmonie, überträgt sich dies auf das Kind und es wird gesund.

4. Wir Menschen sind von Natur aus geborene Heilkräftige, weil wir die uns innewohnende unendliche Heilkraft durch unser Denken und Glauben erreichen können.

5. Die Ihnen innewohnende Heilkraft ist die Quelle allen Lebens und darum auch jeder Heilung. Sie kennt die Lebensabläufe in Ihrem Organismus. Vertrauen Sie der alles heilenden Kraft, jetzt, sogleich, immer.

6. Sie können sich geistig und körperlich erneuern, indem Sie sich ganz auf Gesundheit und Stärke, auf Harmonie und Vollkommenheit einstellen und hierüber häufig meditieren.

7. Die Wahrheiten werden in der Bibel immer an Beispielen – personifiziert – dargestellt, damit sie bildhaft, lebensnah und überzeugend eingehen. Sie können Minderwertigkeitsgefühle dadurch überwinden, dass Sie sich mit Gott verbunden wissen und sich

dadurch – mit Gott – allen Hemmungen und Hindernissen überlegen fühlen.

8. Es gibt keine unheilbaren Krankheiten. Unheilbar sind die Menschen, die an ihrem Irrtum festhalten, sie könnten nicht geheilt werden. Und nach ihrem Glauben geschieht es.

9. Blindem Glauben geht das wissenschaftliche Verständnis der im Spiel befindlichen Kräfte ab, wie dies zum Beispiel beim Gesundbeten der Fall ist. Wahre geistige Heilung beruht auf der harmonischen Gleichschaltung Ihres Bewusstlebens und der dynamischen Tätigkeit Ihres Unterbewusstseins durch die Ausrichtung auf einen bestimmten Zweck und deren Steuerung nach wissenschaftlichen Kriterien. Technik und Verfahrensweise spielen keine Rolle; wo immer Heilerfolge erzielt werden, wird dies durch das Unterbewusstsein bewirkt.

10. Heilung sei unmöglich, sagen manche Menschen. Aber mit Gott ist alles möglich. Gott, der Sie und alles Leben schuf, kann Sie heilen.

11. Das Ihnen eingegebene heilende Prinzip vermag, wenn Sie es in der Welt Ihrer Denk- und Vorstellungsmodelle verwirklichen, allen Ihren Wünschen Geltung zu verschaffen.

12. Ihre Glaubensüberzeugungen werden sich in Ihrem Leben manifestieren. Es ist dabei nicht entscheidend, ob Ihr Glaube Ihrem Bewusstleben gegenwärtig ist oder ob Sie an das, woran Sie glauben, gar nicht bewusst denken. Glauben Sie nur an das, was Sie heilt, segnet und inspiriert.

13. Verherrlichen Sie aus dem Grunde Ihrer Seele Gottes Allmacht. Dadurch halten Sie Krankheiten, die Ihren Körper bedrohen oder schon befallen haben, wirksam auf.

14. Das dankbare Herz ist Gott nahe. Geben Sie darum in allen Ihren Gebeten der Lobpreisung Gottes und Ihrem aus tiefem Herzen kommenden Dank Ausdruck.
15. Sie sind geistig blind, wenn Sie nicht wissen, dass Ihre Gedanken Realitäten sind. Was Sie denken, zeitigt Wirkungen; was Sie fühlen (sei es zum Beispiel Liebe oder Hass oder sei es Glück oder Kummer), ziehen Sie auf sich; was Sie sich vorstellen, werden Sie.
16. Die Sehkraft ist geistiger Natur, ewig und unzerstörbar. Um Ihre Sehkraft zu vertiefen und Ihr Gesichtsfeld nach innen und außen zu erweitern, sollten Sie sich ein wunderbares Gebet zur Gewohnheit machen: »Ich sehe immer besser; ich bin sehend: seelisch-geistig und körperlich.«
17. *»Ich hebe meine Augen auf zu den Bergen. Woher kommt mir Hilfe? Meine Hilfe kommt vom Herrn ...«* (Psalm 121, 1–2)

KARL J. PFLUGBEIL: Positiv denken: Wie man seine Gedanken lenken kann

Positiv denken – das ist eine besonders wichtige Möglichkeit, das Immunsystem über die Psyche zu stärken, zu regulieren und zu harmonisieren. Denn positive Gedanken und Gefühle nehmen einen positiven Einfluss auf den Organismus.

Den vielen Beweisen dafür fügte eine amerikanische Medizinstudentin einen weiteren hinzu. Für ihre Doktorarbeit engagierte sie Schauspieler, ließ diese Gedanken empfinden und Gefühle ausdrücken und bestimmte gleich hinterher die Funktion von deren Immunsystem. Das Ergebnis: Nach Gedanken an »festliche Stimmung« und Gefühlen wie »tief empfundene Freude« war die körpereigene Abwehr viel aktiver, während sie durch negative Empfindungen von »Trauer« oder »Schwermut« gehemmt wurde.

Dieses Versuchsergebnis macht Hoffnung: Jeder Mensch kann sich dahingehend beeinflussen, künftig mehr das Günstige als das Ungünstige im Leben zu sehen und dementsprechend Nutzen für seine Gesundheit daraus zu ziehen. Die Mehrheit der Menschen denkt eher negativ. Für sie ist das Glas Wein »schon halb leer« und nicht »noch halb voll«. Die unterschiedlichen Sichtweisen ein und desselben Tatbestandes versinnbildlicht der Psychiater und Neurologe Dr. Nossrat Peseschkian, Begründer der Positiven Psychotherapie, mit einem Märchen besonders anschaulich:

Das Märchen von der Traumdeutung

Ein orientalischer König hatte einen beängstigenden Traum. Er träumte, dass ihm alle Zähne, einer nach dem anderen, ausfielen. Beunruhigt rief er seinen Traumdeuter herbei. Dieser hörte sich den Traum sorgenvoll an und eröffnete dem König: »Ich muss dir eine traurige Mitteilung machen. Du wirst genau wie die Zähne alle Angehörigen, einen nach dem anderen, verlieren.«

Die Deutung erregte den Zorn des Königs. Er ließ einen anderen Traumdeuter kommen. Der hörte sich den Traum an und sagte (hier verkürzt formuliert): »Ich bin glücklich, dir eine freudige Mitteilung machen zu können: Du wirst älter werden als alle deine Angehörigen, du wirst sie alle überleben.« Der König war erfreut und belohnte ihn reich.

Die Höflinge wunderten sich sehr darüber. »Du hast doch eigentlich nichts anderes gesagt als dein armer Vorgänger. Aber wieso traf ihn die Strafe, während du belohnt wurdest?«, fragten sie. Der Traumdeuter antwortete: »Wir haben beide den Traum gleich gedeutet. Aber es kommt nicht nur darauf an, was man sagt, sondern auch, wie man es sagt.«

Eine negative Einstellung schadet dem Organismus

Auf das Anliegen der Psycho-Neuro-Immunologie übertragen, bedeutet das: Es kommt nicht nur darauf an, was sich ereignet, sondern auch, wie es bewertet wird – ob negativ oder positiv. Beides lässt sich beweisen. Wer eine negative Einstellung hat, der setzt seinen Organismus einem Dauerstress aus, von dem auch das Immunsystem nicht verschont bleibt. Die Krankengeschichten der populärsten Baseballspieler in Amerika wurden daraufhin durchgesehen, und es ergab sich: Diejenigen, die nach einem verlorenen Spiel gleich alles verloren gaben und auch die Schuld an einer Niederlage selbstzerstörerisch bei sich suchten, waren häufiger krank und lebten kürzer.

Wer eine positive Einstellung zum Leben hat, der schont sein Immunsystem und verfügt über einen besseren Schutz gegen Krankheiten. Beispielhaft dafür steht das Schicksal von Chinesen, die Besitz und Heimat verloren hatten und sich nach ihrer Einwanderung in die USA in einem fremden Kulturkreis einleben mussten.

Von den Einwanderern, die optimistisch in die Zukunft sahen und hoffnungsvoll an die neue Arbeit gingen, wurden nicht einmal halb so viele krank wie von den Pessimisten unter den Immigranten.

Positives Denken ist erlernbar

Positiv denken heißt, sowohl Situationen, Umstände, Gegebenheiten positiv zu bewerten als auch sich selbst positiv zu sehen, um sich selbst eine Chance zu geben. Positiv denken allein garantiert zwar keinen Erfolg, aber erhöht die Chancen dafür wesentlich. Selbst wenn ein Vorhaben nicht so gelingt wie geplant, verhilft positives Denken dazu, den Misserfolg besser zu bewältigen und nützliche Erfahrungen daraus zu ziehen.

Positiv denken kann man lernen. Es ist durchaus möglich, negative Gedanken zu durchbrechen und einen positiven Ansatz zu finden. Es gibt viele Bücher darüber, die meisten kommen aus Amerika. Was sie empfehlen, das ist in Europa schon seit Langem bekannt: Durch Autosuggestion mit wohlgewählten Worten kann man sich, vereinfacht gesagt, suggerieren, wie man sein und was man tun will.

»Jede feste Vorstellung hat die Tendenz, sich selbst zu verwirklichen«, erkannte der deutsche Neurologe Professor J. H. Schultz (1884–1970). Auf dieser Grundlage entwickelte er die formelhaften Leitsätze für das autogene Training, mit denen sich Einstellung und Verhalten gezielt beeinflussen lassen – und zwar positiv. Noch früher hat der französische Apotheker Émile Coué (1857–1926) eine andere Selbsthilfe zur positiven Lebensgestaltung entwickelt. Auch seine Empfehlung ist unverändert aktuell:

»Sie sollten Ihr ganzes Leben lang, allmorgendlich beim Erwachen und allabendlich, sobald Sie im Bett liegen, die Augen schließen und 20-mal nacheinander, ohne Ihre Aufmerksamkeit an etwas Bestimmtes zu heften, unter Bewegung der Lippen und laut genug, um Ihr eigenes Wort zu hören, den folgenden Spruch hersagen: ›Es geht mir mit jedem Tag in jeder Hinsicht immer besser und besser, weil ich lerne, von Tag zu Tag besser mit mir zurechtzukommen.‹« Wer sich an diese Empfehlung hält, bei dem wird das Versprechen der sogenannten Zentralformel tatsächlich wahr werden.

Wiederholen von einfachen Sinnsprüchen

Die heutigen Methoden für positives Denken sind im Prinzip die gleichen. Ihre Grundlage ist die regelmäßige Wiederholung von leicht eingängigen Sinnsprüchen, die Affirmationen genannt werden. Diese werden von den Ohren aufgenommen und über Nerven dem Gehirn zugeleitet. Sie erreichen die Psyche, sie gehen in das Bewusstsein und Unterbewusstsein ein. Dort können sie als positive Gedanken verankert werden und zu einer positiven Einstellung führen, die wiederum über das limbische System einen positiven Einfluss auf den Organismus ausübt, auch auf das Immunsystem.

Die Drei-Stufen-Methode

Eine ebenso einfache wie wirksame Methode der positiven Autosuggestion wird über drei Stufen umgesetzt:

Stufe 1: Genau überlegen, welche Einstellung geändert bzw. welches Vorhaben verwirklicht werden soll.

Stufe 2: Diese Vorstellung in einer Affirmation ausdrücken. Ein solcher Sinnspruch sollte den Vornamen enthalten, in der Gegenwart stehen und immer positiv formuliert sein. Er kann sich auf mehr allgemeine Vorstellungen beziehen oder auf spezielle Veränderungen abzielen. Zum Beispiel:»Mir, Ingrid, gelingt alles immer besser und besser«, bzw.»Ich, Klaus, bin erfolgreich« oder »Ich, Anne, fühle mich wohl mit meiner Figur« (falls man die innere Einstellung zur äußeren Erscheinung ändern will), bzw.»Ich, Peter, mache bei der Arbeit alles immer richtiger« (falls man sich nicht länger mit unnötigen Sorgen wegen eines Fehlers belasten will).

Stufe 3: Diese Affirmation immer wieder vor sich hersagen; jeweils mindestens 20-mal hintereinander, halblaut und monoton wie eine Litanei. Morgens noch im Bett, um den Tag positiv zu beginnen, und unbedingt abends kurz vor dem Einschlafen, damit der Sinnspruch in der Nacht nachwirken kann.

Geduld und Zuversicht führen zum Erfolg

Entscheidend für den Erfolg der Autosuggestion sind Geduld und der feste Glaube daran. Wer angespannt darauf wartet oder ihn sogar erzwingen will, dem wird es nicht anders ergehen als einem Schlaflosen, der sich das Einschlafen befiehlt. Der Erfolg kommt ganz von selbst, wenn die Affirmationen richtig formuliert sind und regelmäßig und ausdauernd wiederholt werden. Es wird als ein Gefühl innerer Erleichterung empfunden werden, sich durch mehr Zuversicht und größere

Lebensfreude bemerkbar machen sowie zu mehr Leistungskraft und Widerstandsfähigkeit führen. Darüber hinaus wirken sich Autosuggestion und positives Denken in medizinischer Hinsicht aus. Sie aktivieren den »Arzt im Innern«, indem sie die körpereigenen Heil- und Abwehrkräfte anregen und stärken.

Die Simonton-Methode

Auf diesem Prinzip beruht eine andere Methode, die allerdings nicht zur Vorbeugung genutzt, sondern bei der Behandlung lebensbedrohender Erkrankungen angewendet wird und die nicht mit Worten arbeitet, sondern Bilder einsetzt. Das ist die Simonton-Methode, benannt nach dem Radiologen Carl Simonton und der Psychologin Stephanie Simonton aus Fort Worth (US-Bundesstaat Texas).

Das Therapeutenpaar behandelt zumeist Patienten im letzten Stadium einer Krebserkrankung, indem es ihnen einen ungewöhnlichen Weg zur Selbstheilung weist. Sie werden in einen Zustand tiefer Selbstentspannung versetzt und dann zur Visualisierung angehalten. Verbildlicht werden soll der Kampf der körpereigenen Abwehrkräfte gegen die bösartigen Zellen aus Tumoren. Er wird in positiven Bildern vor dem geistigen Auge dargestellt: Viele starke Ritter in glänzenden Rüstungen auf weißen Pferden (das sind die T-Lymphozyten) stürzen sich mit ihren Schwertern auf kleine schwarze Drachen (das sind die Krebszellen) und vernichten diese; oder große Schwärme von aggressiven Piranhas zerfetzen hässliche Quallen; oder ein ganzes Heer von Supermännern schlägt schmutzige Gangster nieder.

Die Wirkung dessen wird so erklärt: Je öfter die Visualisierung vom Patienten wiederholt wird, desto größer wird seine innere Gewissheit, dass das Immunsystem stärker geworden und überlegen ist, sodass es bereits eine große Anzahl von Krebszellen eliminieren konnte – und diese positive bildhafte Vorstellung wird sich in einer entsprechenden körperlichen Reaktion selbst verwirklichen.

Die Simontons können zwar eine ganze Reihe von Patienten als überlebende Beweise für die Wirksamkeit ihrer Methode aufbieten; selbst die verstorbenen Krebskranken sollen länger als erwartet gelebt und derweilen weniger Schmerzmittel benötigt und eine bessere Lebensqualität gehabt haben. Aber dennoch ist die Simonton-Methode nicht allgemein anerkannt, unter anderem aus methodischen Gründen, weil nicht gleichzeitig eine Kontrollgruppe von Krebspatienten auf konventionelle Art und Weise behandelt worden ist.

Norman Vincent Peale: So fördern Sie Ihre Gesundheit und Schaffenskraft

Eine Frau Anfang 30 suchte wegen ihres labilen Gesundheitszustandes einen Arzt nach dem anderen auf, eine eindeutige Ursache ihrer Leiden konnte jedoch nicht festgestellt werden. Trotz der Bemühungen der hinzugezogenen Ärzte verschlechterte sich ihr Allgemeinbefinden mehr und mehr.

Eines Tages stieß sie im Rahmen einer Vortragsreihe auf einen für sie völlig neuen gedanklichen Ansatz. Der Vortragende sprach davon, wie verschiedene Geistes-

und Gefühlshaltungen unseren Gesundheitszustand beeinflussen. Er schilderte, wie eine positive Einstellung zum Leben unsere natürliche Lebenskraft stimuliert, während eine pessimistische Haltung an unseren Kräften zehrt und uns krank macht. Mit dieser Auffassung bewegte sich der Sprecher auf dem Boden der *psychosomatischen Medizin*, die von der Einheit des Körpers und der Seele ausgeht (*Psyche* = Seele; *Soma* = Körper) und daher den seelischen Komponenten auch im körperlichen Krankheitsverlauf große Bedeutung beimisst. Was er darlegte, war nichts anderes als die grundlegende Erkenntnis, dass unser Denken und Fühlen entsprechende Auswirkungen auf unsere Körperfunktionen haben, weshalb auch die psychosomatische Medizin die geistig-seelische Verfassung eines Patienten bei der Diagnose und bei der Therapie organischer Erkrankungen immer mitberücksichtigt.

Die junge Frau wurde nachdenklich. Die neue Betrachtungsweise der Zusammenhänge zwischen der emotionalen Verfassung und dem körperlichen Gesundheitszustand blieb nicht ohne Wirkung. Wenig später, während eines Spaziergangs mit ihrem Mann in einem Stadtpark, blieb sie in einer ruhigen Ecke unter einigen mächtigen Bäumen stehen und sagte mit fester Stimme: »Ich verstehe endlich, dass wir als Gottes Geschöpfe mit Leben beseelt sind, mit einer uns durchströmenden Lebenskraft. In der Vergangenheit habe ich viel zu oft zugelassen, dass negative Gedanken und Gefühle diesen Energiestrom hemmten, sogar blockierten. Ich fühle die vitale Kraft zurückströmen und ihre Wirkung aufs Neue entfalten. Ich spüre bereits, wie gesundes Denken und Handeln in harmonischer Weise zu meiner Heilung beitragen. Ich glaube an die Energie der vitalen Kraft, die uns leben lässt und gesund erhalten will.«

Wenn sich auch ihre völlige Genesung nicht über Nacht einstellte, gewann doch allmählich ihre positive Einstellung mehr und mehr die Oberhand. Ihre Gedankenmuster nahmen eine neue Ordnung an. Die junge Frau war nicht mehr darauf fixiert, ständig neue Ärzte zu konsultieren, und sie reduzierte ihre Medikamenteneinnahme auf ein vernünftiges Maß.

Gesunde Seele, gesunder Körper

Dieser als Einleitung zu unserem Kapitel geschilderte Fall der jungen Frau lässt vermuten, dass eine gesunde Seele die beste Grundlage für einen gesunden Körper bietet. Der Schweizer Arzt Dr. Paul Tournier sagte einmal: »Die physische Gesundheit hängt ebenso wie die psychische in großem Maße von der geistig-seelischen Verfassung eines Menschen ab.« Hieraus folgt, dass alles, was zu geistiger, emotionaler und spiritueller Stabilität des Menschen beiträgt, auch für die Gesundheit des Körpers maßgebend ist.

Häufig hören wir Formulierungen wie »krank vor Ärger« oder »der viele Kummer macht mich ganz krank«. Solche und ähnliche Redewendungen sind keineswegs immer als Übertreibungen zu verstehen, denn wir können in einem ganz wörtlichen Sinn vor Kummer, Sorge, Angst, Ärger oder Hass krank werden. Ein Arzt stellte einmal fest, dass bei etwa 50 Prozent seiner Patienten deutliche Angstsymptome das Krankheitsbild bestimmten. In diesem Zusammenhang sei noch einmal an den Ausspruch von Dr. Smiley Blanton erinnert: »Angst ist die große Plage unserer Zeit.« Ängste und Sorgen, Ressentiments, Wut und Bosheit sind erwiesenermaßen krankmachende Gefühle, die unsere Gesundheit und Vitalität angreifen.

Ein mir gut bekannter Arzt sagte einmal nach dem Tode eines seiner Patienten, der Kranke sei an »Ärgeritis« gestorben. Dies war keineswegs im Scherz gemeint, denn der Arzt hatte miterlebt, wie der Patient sich durch jahrelangen unversöhnlichen Ärger und Groll selbst zugrunde richtete. »In einem allmählichen Verfallsprozess wurde seine Gesichtsfarbe bleicher und zusehends gelblicher«, berichtete der Arzt. »Seine Augen verloren jeden Glanz, seine Organe führten ihre Funktionen immer mangelhafter aus, sein Atem roch nach Fäulnis.« Dem Arzt zufolge war die Ursache hierfür tatsächlich in seinen negativen Gefühlen zu sehen, denn sie schwächten seine natürlichen Widerstandskräfte und ließen ihn anfällig werden für Krankheitserreger aller Art.

Wenn das oben genannte Beispiel auch ein extremer Fall sein mag, lässt sich doch nicht leugnen, dass unzählige Menschen an chronischem Energiemangel leiden und sich ohne ihre natürliche Schaffenskraft müde und lethargisch durchs Leben schleppen. In erster Linie liegen solchen Symptomen seelische Störungen zugrunde, die die gesunde Stimulation des Körpers verhindern und ihn für alle möglichen Krankheiten anfällig werden lassen. Das soll jedoch nicht heißen, jeder Krankheit lägen ausschließlich psychische Ursachen zugrunde. Doch wir tun gut daran, die Rolle der psychischen Komponente im Krankheitsbild nicht unterzubewerten. Ein bedeutender kanadischer Arzt, der den Stress als Hauptursache einer schlechten Gesundheit ansieht, kam zu der Überzeugung, dass heute bei ausnahmslos allen Erkrankungen die seelische Stressbelastung einen wesentlichen Teil beiträgt.

Krankmachender Hass

Wie leicht wir zum Spielball unserer Emotionen werden können, veranschaulicht der Fall einer Frau, die mich wegen ihres Juckreizes um Rat fragte. Seit drei Jahren und immer dann, wenn sie den Gottesdienst besuchte (sie zählte zu den regelmäßigen Kirchgängern in ihrer Gemeinde), verspürte sie ein äußerst lästiges, ja schmerzhaftes Jucken am ganzen Körper. Sie konnte sich nicht erklären, warum der Juckreiz ausgerechnet in der Kirche so heftig zum Ausbruch kam.

Im Verlauf unseres Gespräches hörte ich allerdings heraus, dass die Frau ein unterschwelliges Hassgefühl gegen ihre Schwester hegte. Als Verwalterin des väterlichen Vermögens habe ihre ältere Schwester sie um einen beachtlichen Teil des rechtmäßigen Erbes betrogen, behauptete sie. Ich begann mich zu fragen, ob sie nicht unbewusst Schuldgefühle wegen ihres ständig latent vorhandenen Hasses empfinden musste? Und gab es vielleicht eine Verbindung zwischen dem Hass- und Schuldkomplex und ihrem Juckreiz?

Ich bat sie um ihr Einverständnis, mit ihrem Arzt über die Angelegenheit sprechen zu dürfen, und sie willigte ein. Der Arzt, der bisher noch nichts von ihren Hassgefühlen gewusst hatte, zeigte sich sehr interessiert. Seine Erklärung lautete: »Man könnte sagen, der Hass wirkt wie eine Art inwendiges Ekzem und führt dazu, dass die Frau sich nicht wohlfühlt in ihrer Haut, was sich äußerlich in diesem seltsamen Juckreiz niederschlägt.« Der Arzt hielt es für angebracht, das Übel bei der Wurzel zu packen. Er wollte die Frau dazu bewegen, mit ihrem Hass ins Reine zu kommen. Er war optimistisch, dass dann auch die äußeren Symptome abklingen würden.

Der Arzt sprach lange mit seiner Patientin, um ihr die inneren Zusammenhänge klarzumachen. Schließlich führte er ihr vor Augen, dass sie ohne eine grundlegende Änderung der Haltung zu ihrer Schwester kaum mit einer Besserung rechnen konnte.

Anfangs musste sie große innere Widerstände überwinden, denn der Hass saß tief. Als sie aber ihrer Schwester erst einmal vergeben hatte und vergessen konnte, was zu jener Zeit vorgefallen war, gab es auch keinen Grund mehr für Schuldgefühle, sobald sie eine Kirche betrat. Erleichtert stellte sie fest, dass der quälende Juckreiz nachließ, bis er schließlich ganz verschwand. Zum Schluss sei noch bemerkt, dass ihre neu gewonnene innere Haltung auch auf die Schwester einen positiven Einfluss ausübte, die als ihren Beitrag zur Versöhnung die finanzielle Streitfrage noch einmal aufrollte und dann zur beiderseitigen Zufriedenheit regelte.

Dieser Frau, die ihren Hass besiegte, gebührt unsere aufrichtige Bewunderung, denn es ist kein leichter Prozess, die alten, eingefahrenen Gefühls- und Denkstrukturen in eine positive Richtung zu lenken. Hass, Missgunst und Neid sind Empfindungen, die sich nicht so ohne Weiteres wieder ablegen lassen – im Gegenteil, sie setzen sich immer tiefer in uns fest, wenn wir nichts dagegen unternehmen. Viele unter uns wissen aus eigener Erfahrung, wie schwer es mitunter werden kann, einem anderen Menschen zu verzeihen oder schwelende Konflikte beizulegen. Leider gibt es keine Arznei oder Ähnliches, was man nur zu schlucken braucht, um schlechte Gefühle wieder loszuwerden. Doch so einfach wird es uns nicht gemacht. Wir müssen schon ein großes Maß an Selbstdisziplin aufbringen, wenn wir diese negativen Emotionen erfolgreich vertreiben wollen.

Spannkraft durch Harmonie

Ich erinnere mich an einen Mann, der, ohne an einer bestimmten Krankheit zu leiden, mit einem auffällig schlechten Allgemeinbefinden zu kämpfen hatte. Er fühlte sich ständig übermüdet und kraftlos. Für die Ärzte war die Diagnose klar: Sein Körpertonus, also die Spannkraft des Organismus, die auch in Ruhe den natürlichen Spannungszustand der Muskulatur und des Körpergewebes aufrechterhält, war erheblich gestört. Ein Arzt gab ihm den geheimnisvoll klingenden Rat: »Wenn Sie selbst richtig gestimmt sind, stimmt auch Ihr Tonus wieder.«

Der Mann fragte mich nach meiner Meinung über diese Bemerkung. Ich vermutete, der Sinn des »Richtig-gestimmt-Seins« sei in einer harmonischen Einstimmung auf die Umwelt zu suchen (wenn wir unsere Gedanken anspannen und aufeinander einstellen – vergleichbar mit dem Stimmen der Saiten einer Gitarre –, wird sich das positiv auf unseren Gesundheitszustand auswirken).

Er solle sich doch einmal vornehmen, schlug ich vor, einen Tag lang nur harmonische, schöne Gedanken zu denken. Er solle, unter Ausschaltung jedes negativen Gedankens oder Gefühls, den ganzen Tag über insistieren, es gehe ihm gut und er sei ein zufriedener, glücklicher Mensch. »Versuchen Sie es, um herauszufinden, ob es eine Auswirkung auf Ihren Gesundheitszustand hat!« Doch meine Idee schien ihn wenig zu begeistern. »Was sind schon 24 Stunden«, argumentierte ich, »gemessen an den 700 000 Stunden, die einem Menschen, grob gerechnet, bis zum Alter von 75 Jahren zur Verfügung stehen? Probieren Sie es aus, es ist eine ausgezeichnete Therapie!« Da ich so sehr darauf bestand, willigte er ein und versprach, es gleich am folgenden Tag einmal zu versuchen.

Nach dem Vorbild der drei Affen bemühte er sich redlich, den ganzen Tag lang nichts Böses zu denken, zu hören, zu sprechen. »Sie haben keine Ahnung, wie schwer das ist!«, gestand er, als er das nächste Mal bei mir war. »Eine ungeheure Selbstdisziplin ist nötig, wenn man nicht automatisch wieder in die alten Gedankenbahnen zurückfallen will. Man muss ständig auf der Hut sein, damit sich kein negativer Gedanke einschleicht. Nun, heute verteilte ich so viele Komplimente wie noch nie und versuchte, an allem nur das Gute zu sehen.« Immerhin fühlte er sich am Ende dieses einen Tages so zufrieden, dass er beschloss, das Experiment am nächsten Tag noch einmal zu wiederholen.

Die Anstrengung war der Mühe wert, denn er begann, sich im Vergleich zu vorher erstaunlich gut zu fühlen. Doch, wie er mir später berichtete, gab es noch viele Kämpfe, und es kostete ihn noch einige Selbstüberwindung, die neue Einstellung beizubehalten. »Dieses optimistische, positive Denken erschöpft mich mitunter so sehr, dass ich mir eine Verschnaufpause gönnen muss – und schon werden die alten Dissonanzen wieder laut«, sagte er. »Doch im Großen und Ganzen habe ich den Eindruck, mich geändert zu haben. Schließlich fühle ich mich um so vieles besser und gesünder seither, sowohl was meine Gemütsverfassung als auch meine körperliche Spannkraft und Leistungsfähigkeit angeht.«

Das Geheimnis des Sich-gesund-Denkens

Die letzten Beispiele haben deutlich gezeigt, welch enorme Bedeutung unsere Denkweise für unsere Gesundheit und unser Wohlbefinden hat. Bis zu einem gewissen

Grad können wir uns krank oder aber gesund denken. »Die Seele«, sagte Marc Aurel, »nimmt die Färbung ihrer Gedanken an.« In einem sehr tiefen Sinne sind wir das, was wir denken. Wer ständig negative Gedanken hat, wird viel von seiner Gesundheit einbüßen. Gleichermaßen können erfrischende, belebende Gedanken zu unserer Stärkung, ja sogar zur Heilung beitragen.

Der Arzt Dr. Joseph Krimsky vertrat die folgende Ansicht: »Das stärkste Bollwerk gegen alle gefährlichen Krankheitserreger sind immer noch die inneren Abwehrmechanismen des Menschen, die *vis medicatrix naturae*, also die natürlichen Heilkräfte in uns, die gegen die feindlichen Horden der Krankheitskeime, gegen Bazillen und Viren aller Art zu Felde ziehen: das Immunsystem. Heute belegt man dieses Kräftespiel meist mit dem Ausdruck »psychosomatisch«, womit das ständige Ineinanderwirken von Seele und Körper gemeint ist. Es ist längst wissenschaftlich erwiesen«, fährt Dr. Krimsky fort, »dass emotionale Spannungen, Stress und seelischer Druck Depressionen und Krankheiten hervorrufen, bei gleichzeitiger Verminderung der körperlichen Abwehrkräfte gegenüber einer Ansteckung oder Erkrankung. Lang anhaltende Sorgen und Ängste, unkontrollierte Leidenschaften und Gefühlsausbrüche, ebenso wie die hohen Leistungsanforderungen und das schnelllebige Tempo unserer Zeit, verursachen degenerative Veränderungen an Herz, Nieren, Leber und anderen Organen; die genannten Faktoren sind auch verantwortlich für Bluthochdruckkrankheiten und Arteriosklerose. Angst oder Aggressionen vergiften den Körper in der gleichen Weise wie chemische Schadstoffe.«

Gesundes Denken führt zur Regeneration brachliegender Kräfte und trägt zu einer ausgewogenen und gesunden Funktion des Organismus bei. Wer seine

Gedanken stets um Misserfolge und mögliches Versagen kreisen lässt, wird Entsprechendes ernten; umgekehrt wird derjenige, der sich den Erfolg ausmalt und an ihn glaubt, ihn auch herbeiführen. Dasselbe gilt für unsere Gesundheit und unsere Schaffenskraft.

Denken wir uns gesund, indem wir in unseren Gedanken ein gesundes Bild von uns erzeugen! Wenn wir uns unseren Organismus als kraftvoll und vital vorstellen und dieses Bild stets vor Augen haben, wird jene Art zu denken eine gesunde Entwicklung auslösen.

Ein afroamerikanischer Taxifahrer in Chicago, ein unglaublich energiegeladener junger Mann, belehrte mich einmal, dass man dieses Prinzip positiver Gedankenvorstellungen wirklich auf alles und in jeder Situation anwenden kann.

Meine Frau und ich hatten in einem Chicagoer Motel übernachtet. Der nächste Morgen war unfreundlich und bitterkalt. Der Portier berichtete uns, dass die Temperaturen auf den Nullpunkt abgesunken waren. Außerdem hatte der Wetterbericht eisige Sturmwinde angesagt.

»Es muss schrecklich kalt sein«, sagte ich an der Tür zu meiner Frau. Bei dem Gedanken, ins Freie zu treten, wurde mir äußerst ungemütlich.

»Zweifellos ist es kalt«, entgegnete meine Frau, »aber wir sind ja warm genug angezogen und haben Wolldecken dabei. Außerdem haben wir, was viel wertvoller ist, unsere Gesundheit. Wir werden die Kälte schon vertragen.«

Das Moteltaxi kam vorgefahren, und der junge Fahrer stieg mit einem fröhlichen: »Guten Morgen!«, aus. »Ist es nicht ein herrlicher Tag heute?«, fuhr er in seiner unglaublich guten Laune fort.

Ein eisiger Wind schlug mir ins Gesicht, und ich murmelte nur: »Hm, ja, aber es ist so furchtbar kalt.«

»Das schon«, strahlte er, »aber ist die Kälte nicht herrlich?« Während er unser Gepäck verstaute, fuhr er fort: »Ich hoffe, es hat Ihnen bei uns im Motel gefallen? Und wie fühlen Sie sich heute Morgen?«

»Danke, es geht«, antwortete ich ohne allzu große Begeisterung.

»Es geht? Das ist nicht genug!«, wandte er ein.

»Und Sie? Wie fühlen Sie sich?«, fragte ich zurück, obwohl unschwer zu erkennen war, dass er sich blendend fühlte.

»Mir geht es großartig!«, antwortete er. »Ich fühle mich einfach wunderbar!«

Während der Fahrt erwähnte ich, dass ich einen Vortrag über Wege zu einer besseren Gesundheit geplant hatte. »Ich bin froh, Sie getroffen zu haben«, sagte ich, »denn Sie sind ein ausgezeichnetes Beispiel für innere Gesundheit und Vitalität. Sie haben eine gesunde Einstellung zum Leben.«

Er nickte: »Seit ich herausgefunden habe, dass gesunde, optimistische Gedanken die beste Grundlage für Gesundheit sind, geht es mir ausgezeichnet!«

Es gibt zahllose Skeptiker, denen dies alles zu einfach scheint. Durch gesunde Gedanken sein Wohlbefinden steigern? Selbst wenn jemand nicht nur einfach schlechte Laune hat, sondern ernstlich krank ist? Das mag durchaus absurd klingen. Doch gerade dann ist es umso nötiger, den ohnehin geschwächten Organismus mit neuen Kräften zu stimulieren, was bedeutet, dass wir zusätzlich, beispielsweise zu einer medizinischen Behandlung, unsere Gedanken, unseren Willen und unseren Glauben auf die Genesung ausrichten und gesunde, kraftspendende Vorstellungen entwickeln.

Solche Gedanken, die auf der Grundlage eines festen Glaubens ruhen, erweisen sich gerade in schweren Fällen oft als außerordentliche Kraftquelle. Hierzu ein Beispiel:

Ich besuchte eine schwer krebskranke Frau im Memorial Hospital in New York. Als ihr Mann das Krankenzimmer verlassen hatte, sagte sie zu mir: »Ich leide an Krebs im fortgeschrittenen Stadium und die Chancen einer Heilung sind äußerst gering. Doch meine Hauptsorge zurzeit gilt meinem Mann. Er befürchtet täglich das Schlimmste und machte sich und mir mit seinen düsteren Gedanken das Leben schwer. Er verhält sich mir gegenüber beinahe so, als ob er mich bereits verloren hätte. Er behandelt mich wie eine Sterbende. Doch ich lebe noch – und es bleibt abzuwarten, ob ich nicht stärker bin als der Krebs!«

Ich fragte mich anfangs, ob die Frau nicht die Augen vor der Wirklichkeit verschloss, denn laut Aussagen der Ärzte gab es kaum noch Hoffnung für sie. Vielleicht aber war es auch ihr starker Glaube, ihre Zuversicht dem Leben gegenüber, die sie den Tod nicht fürchten ließen.

Einige Wochen später traf ich sie auf der Straße wieder. Mit energischen Schritten kam sie auf mich zu und fragte: »Erinnern Sie sich noch an mich?« Ich hatte sie keineswegs vergessen, im Gegenteil, sie hatte mich mit ihrer zuversichtlichen Einstellung damals tief beeindruckt. »Ihrem Aussehen nach müsste es Ihnen wieder bedeutend besser gehen«, bemerkte ich, worauf sie entgegnete: »Ja, mir geht es ausgezeichnet! Vielleicht, weil ich daran geglaubt habe, mit Gottes Hilfe wieder gesund zu werden!«

Auch von wissenschaftlicher Seite wird die Psyche wieder verstärkt in den Gesundungsprozess miteinbezogen, nachdem sich die Medizin lange Zeit auf die äußere Beeinflussung der Krankheit durch Medikamente und andere technische Hilfsmittel konzentriert hatte.

Aber auch eine noch so hoch entwickelte Medizintechnik muss einseitig bleiben. Zu einer ganzheitlichen Behandlung gehört stets auch die Einbeziehung der geistig-seelischen Faktoren, deren Relevanz für jeden Heilungsprozess heute unbestritten ist.

Lassen Sie mich an dieser Stelle ein persönliches Beispiel zu unserem Thema beitragen, wenn auch ein gänzlich undramatisches:

Über Jahre hinweg wurde ich jeden Winter regelmäßig von einer schweren Grippe heimgesucht. Nun wäre das nicht weiter tragisch gewesen, wenn nicht jedes Mal meine Stimmbänder in Mitleidenschaft gezogen worden wären, sodass ich vor Heiserkeit kaum noch sprechen konnte. Da ich ständig Vortragstermine wahrzunehmen habe, die zudem meist schon Monate im Voraus geplant sind, brachte mich meine alljährliche Erkältung mehr als einmal in ernste Verlegenheit.

Einmal war es besonders schlimm. Bei meiner Ankunft in der Stadt, wo ich noch am selben Abend vor etwa 10 000 Menschen sprechen sollte, brachte ich kaum noch ein Flüstern zustande. Ich lutschte alle Sorten von Hustenbonbons, die ich kannte, pumpte mich voll mit Vitamin C, trank große Mengen Flüssigkeit, kurz, ich unternahm all das, von dem gemeinhin angenommen wird, es könne bei Grippe und Erkältung helfen.

Am Nachmittag suchte ich einen Hals-Nasen-Ohren-Arzt auf, einen älteren, besonnenen Menschen. »Herr Doktor, bitte helfen Sie mir!« Ich krächzte wie ein Rabe. »Ich muss heute Abend eine 40 Minuten lange Rede durchstehen.«

Zu meiner Überraschung fragte er: »Nun, was möchten Sie, dass ich mit Ihnen machen soll?«

Darüber hatte ich mir natürlich keine Gedanken gemacht, also antwortete ich: »Sie sind doch der Arzt –

machen Sie mit mir, was Sie für richtig halten. Den Rachen ausspülen, gurgeln, Halstabletten verschreiben.«

»Wenn Sie meinen, dass Sie sich dann besser fühlen ...« Er behandelte mich gründlich und unterzog mich der üblichen Prozedur. »Nun«, er schaute mich über seine Brillengläser hinweg an, »sind Sie auf dem Weg der Besserung. Doch ich möchte Ihnen gern noch ein anderes Rezept mit auf den Weg geben, und zwar das folgende: Sagen Sie sich, dass Sie genug Stimmkraft aufbringen werden, um Ihre Rede durchzustehen. Sehen Sie dem Abend in dieser positiven Erwartung entgegen. Außerdem würde ich an Ihrer Stelle den Rest des Nachmittags im Bett verbringen. Legen Sie sich hin, um sich zu entspannen. Zurzeit sind Sie viel zu verkrampft. Denken Sie nicht an heute Abend. Machen Sie sich vor allem keine Sorgen über Ihre Stimmbänder. Wenn Sie sich selbst lockern, werden auch Ihre Stimmbänder wieder lockerer. Es hilft, wenn Sie sich ausmalen, wie Ihre Stimmbänder locker und geschmeidig werden. Tun Sie das und legen Sie sich dann schlafen, und zwar bis kurz vor Ihrem Termin. Ich bin sicher, dass Ihre Stimme Sie nicht im Stich lässt, wenn Sie meinen Rat befolgen und sich vorher noch genügend Ruhe gönnen!«

Was es auch war, die beruhigende Art des Arztes, die Gebete, die ich nachmittags noch gesprochen hatte, oder die Entspannung durch die Bettruhe – jedenfalls hielt ich die 40 Minuten Redezeit mit vernehmlicher Stimme durch. Von da an begann ich mich zu fragen, wieso ich eigentlich jedes Jahr ungefähr um die gleiche Zeit im Februar eine Grippe bekam. Lag es vielleicht daran, dass ich sie insgeheim schon erwartete? Wenn es mir damals auch ziemlich unwahrscheinlich schien, dass sich eine Erkältung auf die bloße Erwartung hin einstellen kann, so beschloss ich dennoch, das Experiment zu machen, eben keine Grippe mehr zu erwarten. Ich beschloss, fest daran zu glauben, dass ich sie im nächsten Jahr nicht bekam. Natürlich unterstützte ich meinen Plan mit geeigneten Maßnahmen, unter anderem mit regelmäßigen Entspannungsübungen. Von den Schreckensmeldungen der Tagespresse, etwa über eine neue gefährliche Grippewelle, ob sie nun Hongkong-Grippe, London-Grippe oder wie auch immer genannt wurde, ließ ich mich nicht mehr beirren. Ich verscheuchte jeden Gedanken an eine neue Erkältung und wandte meine Aufmerksamkeit anderen Dingen zu. Schließlich hatte mir der alte Arzt an jenem Nachmittag auf einfache, praktische Art eine wertvolle Lektion erteilt, die ich nur zu beherzigen brauchte: Durch die richtige Einstellung kann jeder sehr wohl auf seine körperliche Verfassung einwirken!

Das höchste Gut des Menschen, seine geistige und körperliche Gesundheit, ist Gottes Vermächtnis an uns. Wie ein goldener Faden zieht sich das Thema Gesundheit durch die Botschaft der *Heiligen Schrift*. Mein ehemaliger Klassenkamerad Lawrence Blackburn wies in seinem Buch *God Wants You To Be Well* darauf hin, dass sich jeder siebte Vers in den Evangelien des *Neuen Testaments* in irgendeiner Weise auf Heilungen bezieht. Bernard Martin fand insgesamt 48 Stellen in den Evangelien, wo Jesus als Krankenheiler auftritt, ferner 18 Beispiele von Massenheilungen.

Mit der Bibel heilen? Ja! Denn sicher hat es seinen guten Grund, dass die Bibel nicht nur Moral- und Glaubenslehren überliefert, sondern in erheblichem Umfang die Botschaft von Krankengenesung und Heilung zum Gegenstand hat. Natürlich kann uns niemand garantieren, dass wir ohne Krankheiten und Schmerzen durch unser ganzes Leben gehen, doch die Botschaft der Bibel verkündet, dass es die Heilung gibt. Wer krank ist und leidet, sollte auf jeden Fall zum Arzt gehen und sich behandeln lassen, auch das ist Gottes Wille – doch zusätzlich kann er im Glauben wunderbare Kräfte finden, Kräfte, die die Gesundung beschleunigen und erschöpfte Energien neu beleben.[5]

Das Wunderbare einer Heilung

Der Präsident eines großen Industriekonzerns fragte mich einmal während eines Geschäftsessens nach meiner persönlichen Meinung zu den biblischen Heilsgeschichten. Es war sicher ein ungewöhnliches Gesprächsthema für eine solche Versammlung, bei der führende Persönlichkeiten aus Industrie und Wirtschaft zu einem Erfahrungsaustausch zusammengekommen waren. Dennoch fragte er mich laut und deutlich: »Glauben Sie daran, dass Jesus Christus Menschen heilen kann?«

Ich bejahte.

»Sie haben keinerlei Zweifel daran?«, bohrte er weiter. »Sie glauben gar nicht, wie viele Theologen mir auf diese Frage ausweichende Antworten geben!«

Nachdem ich mich eindeutig zu meiner Überzeugung bekannt hatte, erzählte er seine Geschichte:

Vor einiger Zeit war er krank gewesen, sehr krank sogar. Er hatte den Eindruck, dass die Ärzte ihn bereits aufgegeben hatten und dass ihm nichts mehr blieb, als, hilflos im Bett liegend, sein letztes Stündlein zu erwarten. In dieser Not fragte er seine Frau nach einer Bibel.

---

5 Vgl. Kurt Allgeier: *Mit der Bibel heilen*. Droemer Knaur 1992

Sie war erstaunt über die ungewöhnliche Bitte, denn er hatte sein Leben lang nicht ein Mal das »Buch der Bücher« zur Hand genommen. Doch sie besaß eine alte Bibel, die noch von ihrer Mutter stammte und die sie in einer Schreibtischschublade im Gästezimmer aufbewahrte. Also erfüllte sie ihm den Wunsch und holte die Bibel hervor. »Ich hatte keine Ahnung, wie ich an die Bibel herangehen sollte«, gestand er. »Ich öffnete sie einfach und fing an, hier und da zu lesen. Vieles schien mir uninteressant, doch als ich begann, die Evangelien zu lesen, erwachte mein Interesse. Der Text zog mich auf magische Weise in Bann. Ich spürte, dass hier eine Botschaft ganz besonderer Art zu finden war. Bei Matthäus, Markus, Lukas und bei Johannes las ich, wie Jesus Kranke wieder gesund machte. Ich begann nachzudenken. Wenn die Bibel uns verkündet, wie Jesus Kranke heilt, ja Tote wieder zum Leben erweckt, so muss all das auch einen Sinn für unsere Zeit haben. Wie zur Bestätigung meiner Gedanken las ich an einer Stelle, dass Jesus Christus immer derselbe bleibt, gestern, heute und morgen.

Wenn Jesus damals die Macht hatte, Menschen zu retten, dachte ich, so hat er dieselbe Macht auch heute, also gilt dieselbe Botschaft auch für uns! Ich begann, zu ihm zu beten und begab mich vollkommen in seine Obhut.«

»Und was geschah dann?«, fragte ich.

»Sehen Sie mich an!«, entgegnete er. »Was meinen Sie? Sehe ich nach einem todkranken Menschen aus?«

Seinem strahlenden Aussehen nach zu urteilen, schien er wirklich völlig genesen zu sein.

»Dass ich wieder gesund wurde, ist aber nicht alles. Meine Krise war ein Weg, zu Gott zu finden. Ich las weiter regelmäßig in der Bibel und fand immer neue Hinweise, wie man ein besseres Leben führen kann. Sie kennen vielleicht die Stelle, an der es heißt, wer immer sein

Leben retten will, wird es verlieren, und wer sein Leben gibt, wird es gewinnen, oder? Nun, diese Worte nahm ich zum Anlass, mein bisheriges Verhalten zu überdenken. Ich hatte nie zu denjenigen gehört, die geben, im Gegenteil: Weder für die Kirche noch für andere wohltätige Zwecke hatte ich jemals auch nur einen Cent hergegeben. Ich hatte mich aufs Nehmen verlegt: Von reiner Profitgier beherrscht, war ich immer nur auf meinen Vorteil bedacht. Doch nun verstand ich die Zusammenhänge: Mein Leben rann mir durch die Finger, ich war ernsthaft in Gefahr, es zu verlieren, weil ich nie etwas gegeben hatte, weder Geld noch Zeit, noch mich selbst.

Nach meiner Genesung hatte ich Gelegenheit, mein Verhalten grundlegend zu ändern. Sie ahnen gar nicht, wie viel Lohnenswertes es gibt, für das man sich einsetzen, ja sich hergeben kann! Ob ich durch materielle Beiträge oder durch persönlichen Einsatz anderen helfe, stets bekomme ich etwas zurück. Jede Aktivität, die man aus nichtegoistischen Motiven heraus unternimmt, trägt auf wundervolle Weise zur eigenen inneren Bereicherung bei.«

Eines ist wohl sicher: Dieser Konzernchef, der mir so freimütig seine Glaubenserfahrung schilderte, muss ein Gefühl tiefer Dankbarkeit empfunden haben, als ihm das Leben wiedergeschenkt wurde. Und nicht zuletzt war es diese Dankbarkeit, die in einem hohen Maß zu seinem von Grund auf veränderten Lebenswandel beigetragen hatte.

Die Besinnung auf unsere Lebenskraft

Als Gott den Menschen schuf, blies er ihm seinen Atem ein, die pulsierende Kraft des Lebens, die uns ein Leben

lang begleitet – oder wie es in der *Apostelgeschichte*
(17, 28) heißt: »*Denn in ihm leben, weben und sind wir.*« Wenn wir unsere Vitalität und Schaffenskraft einbüßen, liegt es vielleicht daran, dass wir mit dieser ursprünglichen Lebenskraft nicht richtig umgehen, weil wir sie entweder sinnlos vergeuden oder sie an ihrer Entfaltung hindern. Wie wir uns intensiv auf dieses Urgesetz des Lebens einstimmen können, offenbart uns die Bibel. Die Grundlage zur Einstimmung auf die göttliche Kraft liegt stets in unserem Glauben, denken wir nur an die Worte Jesajas (40, 31): »*Die auf den Herrn vertrauen, bekommen neue Kraft, dass sie sich aufschwingen mit Flügeln wie Adler …*«

Einer meiner Freunde schilderte mir, wie ihm eine tief greifende Erfahrung zur Besinnung auf seinen Glauben und seine gottgegebene Lebenskraft verhalf:

Als er sich eines Tages bei seinem Arzt einfand, um die Ergebnisse der kurz zuvor durchgeführten Untersuchungen zu erfahren, schaute ihn der Arzt sehr besorgt an: »Die Befunde deuten darauf hin, dass Sie nicht mehr lange zu leben haben, da will ich Ihnen nichts vormachen.« Mein Freund erschrak zutiefst. Natürlich konnte der Arzt keine präzisen Angaben darüber machen, wie viel Zeit ihm noch bliebe; er war aber der Ansicht, es würde sich nur noch um wenige Monate handeln.

»Gibt es denn gar keine Hoffnung?«, fragte mein Freund in tiefer Verzweiflung.

»Es gibt immer eine Hoffnung«, entgegnete der Arzt, »vorausgesetzt wir sind imstande zu hoffen. Bedenken Sie Folgendes: Wir Ärzte arbeiten mit Gott zusammen. Zwar behandeln wir den Patienten, aber Gott ist es, der ihn heilt. Wenn Sie Frieden mit Gott schließen, mag einiges anders aussehen. Ich würde mich auf jeden Fall sehr freuen, wenn sich meine jetzige Prognose als unrichtig erwiese.«

Als mein Freund die Praxis verlassen hatte, wurde er sehr, sehr nachdenklich. Er ging langsam die Park Avenue entlang. Es war April, und die ersten Anzeichen des Frühlings machten sich bemerkbar. An Blumen und Sträuchern waren schon zarte Knospen zu sehen und an den Bäumen zeigte sich das frische Grün neuer Triebe. Da durchfuhr ihn ein völlig neuartiger Gedanke: Ist es nicht merkwürdig, wie jeder Baum und Strauch, wie die gesamte Pflanzenwelt ein untrügliches Wissen um die Jahreszeiten in sich birgt? Alles in der Natur erwacht im Frühling immer wieder zu neuem Leben. Er überlegte weiter: Gibt es zu den Mechanismen der Natur nicht auch eine Parallele im menschlichen Dasein? Es wäre doch auch denkbar, dass dieser Wiederbelebungsprozess nach den endlos langen Wintermonaten genauso auf uns zutrifft, oder?

In diese Überlegungen vertieft stand er da, und plötzlich verspürte er das starke Verlangen, seine Empfindungen in Worte zu fassen; und ohne sich um sein ungewöhnliches Verhalten Gedanken zu machen, sprach er auf der Stelle ein Glaubensbekenntnis: »Ich glaube an eine Wiederbelebung durch die göttliche Lebenskraft. Ich glaube, dass die Mechanismen der Naturkräfte ihre Entsprechung ebenso in meinem Körper finden. Ich bekenne mich zu der Kraft, die mir das Leben schenkt und mich gesund werden lässt.« Diese Worte wurden zu seinem Gebet. Er machte sie zum Gegenstand regelmäßiger meditativer Versenkung und ließ sie täglich aufs Neue vor seinem geistigen Auge lebendig werden.

Bei den nachfolgenden Untersuchungen nickte der Arzt immer häufiger zufrieden mit dem Kopf. Eines Tages konnte er meinem Freund mitteilen, dass das Krankheitsbild, wie er es einige Monate zuvor gesehen hatte, nicht mehr vorhanden war: »In meinen Augen befinden Sie sich auf dem Weg der Genesung und können wieder gesund werden.«

Wie diese Geschichte beweist, tragen die Gedanken eines Menschen, sein Glaube und sein Beten ganz erheblich zum Heilungsprozess bei. Daher ist es immens wichtig für unsere Gesundheit, dass wir uns von negativen, trübsinnigen und schädigenden Gedanken befreien, indem wir sie gewissermaßen aus unserem Geist hinausschwemmen. Erinnern wir uns an dieser Stelle an die Worte der Ärztin Sarah Jordan aus Bostons Lahey-Klinik: »Nehmen Sie jeden Tag auch eine geistige Kopfwäsche vor!« Würde jeder das beherzigen, hätten wir bedeutend weniger Patienten in unseren Hospitälern. Doch solange wir nichts gegen das ungesunde Denken unternehmen, so lange wird es an unseren Kräften zehren und unsere Gesundheit beeinträchtigen.

Es war in New York. Meine drei Begleiter und ich fuhren mit einem Taxi durch die Innenstadt. Als wir eingestiegen waren, hatte ich beiläufig zu unserem Fahrer bemerkt: »Ein schöner Tag heute, nicht wahr?«, worauf er nur verdrießlich gebrummt hatte: »Mag sein, aber es wird noch Regen geben, vielleicht sogar Schnee …« Er schien durch und durch ein Pessimist zu sein, denn auf der Fahrt machte er noch mehrere ähnliche Bemerkungen. Während er sich seinen Weg durch das Verkehrsgewühl bahnte und wir uns unterhielten, fiel ab und zu das Wort »Doktor«, wenn einer meiner Begleiter mich anredete, was den Taxifahrer wohl zu der Annahme verleitete, ich sei Mediziner. Schließlich drehte er sich zu mir um und begann, mir sein Leid zu klagen: »Doktor, ich habe in der letzten Zeit dauernd Schmerzen im Rücken. Woran könnte das wohl liegen?«

»Ein Mann in Ihrem Alter sollte eigentlich keine Schmerzen haben«, entgegnete ich.

Doch er zählte noch weitere Symptome auf. Er leide häufig an Magenschmerzen und habe Schwierigkeiten mit der Verdauung, kurz, sein allgemeiner Gesundheitszustand sei miserabel.

Ich ließ ihn in dem Glauben, einen Arzt vor sich zu haben, und versuchte, meine Rolle so gut wie möglich weiterzuspielen. »Nun, ein Taxi ist vielleicht nicht der richtige Ort für eine Sprechstunde, aber ich habe dennoch eine erste Diagnose für Sie. Wenn mein Verdacht zutrifft, leiden Sie an einer Psychosklerose.«

Der Taxifahrer wäre um ein Haar gegen die Bordsteinkante gefahren, so sehr hatte ihn meine Bemerkung in Angst versetzt. »Psychosklerose?«, fragte er. »Was ist denn das?«

Wenn ich ehrlich sein sollte, wusste ich es ebenso wenig wie er, doch ich improvisierte weiter: »Sie haben vielleicht schon einmal etwas von Arteriosklerose gehört? Das ist eine ernste Erkrankung, bei der die Arterien von einer fortschreitenden Verhärtung befallen sind. Bei der Psychosklerose hingegen droht eine zunehmende Verhärtung des Denkens, die ebenso ernste Folgen haben kann.«

Sichtlich beunruhigt fragte er, was er dagegen tun könne. Ich schlug ihm vor, zu mir zur Behandlung zu kommen und reichte ihm meine Karte. »Na so was! Sie sind ja gar kein Mediziner! Sie sind Doktor der Theologie!«

»Vielleicht ist das die Art von Doktor, die Ihnen am ehesten helfen kann …«, sagte ich zum Abschied.

Später suchte er mich tatsächlich auf und wir erarbeiteten gemeinsam einige Grundsätze, die ihm helfen sollten, ein gesundes Denken zu entwickeln. Auf dieser Grundlage – das sei abschließend noch erwähnt – gelang es ihm, sich nach und nach (und ohne einen Mediziner zurate zu ziehen) von seiner »Psychosklerose« zu befreien.

Unzählige Menschen öffnen mit ihrer ungesunden Denkart körperlichen und seelischen Schmerzen Tür und Tor, ohne zu wissen, wie sie sich dagegen zur Wehr setzen können. Dabei ist die Antwort denkbar einfach. Sie liegt in einem Bekenntnis zu der großartigen Lebenskraft, die in uns allen pulsiert. Stress und Ärger sind ebenso vermeidbar wie die zerstörerischen Hassgedanken, sobald wir uns auf die Liebe besinnen. Die heilsamsten Gedanken der Welt sind die von Liebe getragenen Gedanken. Bemühen wir uns daher stets, unsere Mitmenschen zu lieben. Verwenden wir unsere Zeit darauf, Gutes von anderen zu denken. Lassen wir die negativen Emotionen und Gefühle, zu denen auch die Zweifel und das Misstrauen gehören, gar nicht erst zu Wort kommen, damit die positiven Gedanken genügend Raum finden. Gesundes Denken lässt den Menschen gesund werden und an Leib und Seele erstarken.

Natürlich mag eine radikale Umstellung des Denkens anfangs sehr schwerfallen. Doch wenn wir zunächst langsam und behutsam vorgehen und nichts überstürzen, dann wird sich auch der Erfolg schrittweise einstellen. In dem Maße, wie sich unser Wohlbefinden steigert, werden wir auch die Kraft finden, weitere Anstrengungen für ein gesundes, lebensbejahendes Denken auf uns zu nehmen – und das Experiment wird gelingen.

Ein gesundes Herz

Auch Wissenschaft und Forschung legen ihr Hauptaugenmerk verstärkt auf den Menschen und seine Bedürfnisse. Nicht zuletzt seit der besorgniserregenden Zunahme von Herzerkrankungen aller Art, die seit einigen Jahrzehnten in den Industrienationen zu verzeichnen ist, bemüht sich die medizinische Forschung intensiv um neue Erkenntnisse, sowohl was die Ursachen der zahlreich auftretenden Herzleiden als natürlich auch deren erfolgreiche Behandlung betrifft. Mary McSherry berichtete vor Jahren in einem Artikel mit dem Titel: »Warum einige Menschen länger leben als andere«, in der Zeitschrift *Woman's Day* von einer groß angelegten Untersuchung über mögliche Ursachen von Herzerkrankungen:

»Die Medizinische Fakultät der Harvard University erstellte in Zusammenarbeit mit einem Forschungsteam des Trinity College in Dublin eine mehrjährige Studie über die Auswirkungen der Ernährung auf den Gesundheitszustand des Herzens. Unter der Leitung des prominenten Ernährungswissenschaftlers Dr. Frederic J. Stare wurde in diesem Projekt ein Vergleich zwischen einer in Amerika und einer in Irland lebenden Personengruppe durchgeführt. Bei den untersuchten Personen handelte es sich um 575 in Irland geborene Geschwisterpaare, von denen jeweils ein Geschwisterteil im Erwachsenenalter nach Amerika auswanderte, um sich in der Gegend von Boston anzusiedeln. Über einen Zeitraum von insgesamt neun Jahren wurden Ernährungsstil, Lebensweise und Herzfunktion aller Beteiligten beobachtet und für den Abschlussbericht der Studie ausgewertet.

Bei den Geschwisterpaaren handelte es sich weitgehend um Brüder und alle waren in Irland, also unter ähnlichen Lebensbedingungen, aufgewachsen. Für den Vergleich des späteren Gesundheitszustandes war relevant, dass die Brüder sich jeweils gleich ernährt hatten, in der gleichen Umwelt groß geworden waren und die Erziehung ebenfalls gleich gewesen war.

Man ging von der Vermutung aus, dass Faktoren der Ernährung bei krankhaften Veränderungen am Herzen eine Hauptrolle spielen. Schließlich gelten Herzkrankheiten berechtigterweise bis zu einem gewissen Maß auch als Wohlstandskrankheiten. Ein gewisser Lebensstandard bringt es mit sich, dass man größere Mengen gesättigter Fettsäuren zu sich nimmt, was zu einer Erhöhung des Cholesterinspiegels im Blut führt. Gerade das Cholesterin aber ist längst als ursächlicher Faktor bei vielen Herzerkrankungen entlarvt, weil es Ablagerungen an den Arterienwänden bildet und zu einer Verengung der Blutgefäße führt. Als Folge davon droht Herzinfarkt, ja Herzversagen. Daher hat auch das Interesse der Bevölkerung an einer bewussten Ernährung stetig zugenommen, beispielsweise wird zunehmend Wert auf eine fettarme und dafür proteinreiche Ernährung gelegt.«

Nun ergab aber die nähere Untersuchung, dass in Irland überwiegend Lebensmittel wie Fleisch, Kartoffeln, Milch, Sahne und dick mit Butter bestrichenes Brot den Speiseplan ausmachten. Salate und Gemüse nahmen im Vergleich dazu einen viel geringeren Raum ein. Trotzdem stellten sich die Herzen der untersuchten Iren als viel gesünder und leistungsfähiger heraus als die ihrer amerikanischen Brüder. Andere Aspekte der Untersuchung offenbarten, dass sie sehr viel körperlicher aktiv waren und ihre Muskelkraft gebrauchten, während die Brüder in Boston zur Passivität neigten. Sie hatten sich angewöhnt, mit dem Auto zu fahren, mit dem Fahrstuhl, mit der U-Bahn, mit dem Taxi. Hinzu kam ein bedeutend stressigerer Alltag, wohingegen die in Irland Gebliebenen wesentlich entspannter lebten.

Wie sich also herausstellte, war die Hauptursache für die häufigeren Herzerkrankungen der Amerikaner in erster Linie in ihrem veränderten Lebensstil zu sehen.

Hierzu schrieb Mary McSherry weiter: »Dr. Stare vertrat die Meinung, die Amerikaner könnten sehr viel in puncto Gesundheit von den Iren lernen. Es handelt sich allerdings weniger um Dinge, die tabellarisch zu erfassen oder rechnerisch nachzuweisen sind, doch sie sind nichtsdestoweniger ebenso real vorhanden, wie die Ergebnisse deutlich machen. Was die Iren uns Amerikanern voraushaben, ist ihre Einstellung zum Leben überhaupt. Die Untersuchung hat gezeigt, dass die hierzulande weitverbreitete Haltung, sich über alles Sorgen zu machen und aufzuregen, entschieden nachteilige Folgen für den Gesundheitszustand des Herzens hat, während der große Optimismus der irischen Bevölkerung mit dazu beiträgt, Herzerkrankungen vorzubeugen. Nicht nachzuweisen, jedoch anzunehmen ist ferner, dass die Lebensfreude und Zufriedenheit der Iren aus einer tief verwurzelten Religiosität und einem Gottvertrauen herrühren, also aus einer Glaubenshaltung, die sie sich in viel größerem Maße als der Durchschnitt der amerikanischen Bevölkerung bis heute bewahrt haben.«

Das Fazit dieser Studie bestätigt ebenfalls die Erkenntnis, dass weit mehr als alle äußeren Faktoren die innere Einstellung, der Lebensstil und die Gemütsverfassung eines Menschen für seine Gesundheit verantwortlich sind.

Zusammenfassend noch einmal eine Übersicht über die wesentlichen Gedanken des Kapitels:

- Am Anfang jeder gesunden Entwicklung steht die Erkenntnis, dass wir selbst das meiste zu unserer Gesundheit beitragen können.

- Besinnen Sie sich auf die Quelle der Lebenskraft in Ihrem Inneren, die Sie beseelt und gesund erhalten will.
- Wenn Sie selbst richtig »gestimmt« sind, stimmt auch Ihre Gesundheit.
- Vermeiden Sie nach Möglichkeit alle negativen Gedanken und Empfindungen, wie beispielsweise Hass, Ärger oder Sorgen, denn sie können Sie auch organisch krank machen.
- Seele und Körper bilden eine Einheit. Eine gesunde Seele ist daher die beste Grundlage für einen gesunden Körper.
- Besinnen Sie sich auf die Heilkraft des Glaubens, denn die Ärzte behandeln uns Menschen zwar, Gott aber heilt uns.

POSITIV DENKEN –
FÜR BERUFLICHEN UND
FINANZIELLEN ERFOLG

NAPOLEON HILL:
Die Magische Leiter zum Erfolg

Die Magische Leiter zum Erfolg habe ich praktisch in jeder Stadt der Vereinigten Staaten in Vorträgen Hunderttausenden Menschen vorgestellt. Sie hat ein gewisses »Etwas«, das unbeschreiblich ist und das jeden, der von ihr hört, anspricht, anregt und in ihren Bann zieht. Sie hat Tausenden dabei geholfen, den ersten Schritt zu größeren Leistungen zu machen. Die Leiter übt auf alle Menschen Anziehungskraft aus: auf Reiche und Arme, auf Gebildete und Analphabeten. Darüber hinaus bringt sie die Menschen im Geiste eines größeren Verständnisses einander näher.

Das Ziel dieser Leiter ist es, aufzuzeigen, was man unter menschlicher Arbeitskraft versteht und wie sie in denen, die noch keine solche Kraft in sich tragen, erzeugt werden kann. Arbeitskraft entsteht ausschließlich durch Wissen, das in organisierter Form auf intelligente Weise in eine bestimmte Richtung gelenkt wird. Fakten allein stellen keine solche Kraft dar. Auch unorganisiertes Wissen, das nicht intelligent kontrolliert und dirigiert wird, stellt keine Macht dar.

Es gibt eine Menge Wissen, das ordentlich klassifiziert wurde und in sorgfältig verlegten Enzyklopädien abgelegt wurde. Doch solange es nicht in organisierte, intelligent gesteuerte Bemühungen umgesetzt wird, bleibt es ohne jede Wirkung.

Auch Universitätsabschlüsse oder die Ausbildung, für die sie stehen, verfügen über keinerlei Macht, solange man die Inhalte nicht sinnvoll klassifiziert, in organisierte Form bringt und in die Tat umsetzt. Deshalb gilt es, erworbenes Wissen bewusst und gezielt einzusetzen, um einen messbaren Erfolg zu erzielen.

Bei der Schaffenskraft des Menschen handelt es sich um planmäßig und klug gesteuerte Energie, die von Informationen und Intelligenz verkörpert wird.

In einem Sack voller loser Kettenglieder steckt – ihrem Gewicht, ihrer Spannkraft und ihrer Größe nach zu urteilen – eine starke Kette. Doch solange die Glieder nicht sinnvoll angeordnet, miteinander verbunden und zusammengeschweißt werden, bilden sie nichts weiter als eine mögliche Kette. Für die Fähigkeiten des Menschen gilt dasselbe – erst wenn sie in organisierte Form gebracht werden, stellen sie eine Kraft dar.

Es gibt zwei Arten von menschlicher Arbeitskraft. Die eine Art kommt dadurch zum Ausdruck, dass der Einzelne seine individuellen Fähigkeiten organisiert, was ihm zunehmend Kraft verleiht. Bei der anderen Art von Arbeitskraft handelt es sich um die Organisation von einzelnen Personen und Menschengruppen.

Man weiß, dass eine Handvoll gut organisierter Soldaten in der Lage ist, eine zehnmal größere Gruppe unorganisierter, undisziplinierter Männer in die Flucht zu schlagen. Die Geschichte ist voller Lebensgeschichten von Männern, die es dadurch zu Ruhm und Wohlstand gebracht haben, dass sie ihre individuellen Fähigkeiten stets intelligent und zielgerichtet eingesetzt haben.

Zugleich waren in ihrer Umgebung immer auch Millionen andere, die zwar die gleichen Voraussetzungen hatten wie sie, aber entweder Mittelmaß geblieben sind oder zu absoluten Versagern wurden.

In einer ganz gewöhnlichen, kleinen Trockenbatterie steckt eine beträchtliche Menge Energie, jedoch nicht so viel, dass sie körperlichen Schaden verursachen würde, wenn man mit dem Finger einen Kurzschluss verursachen und die Energie in seinen Körper aufnehmen würde. Tausend solche Trockenbatterien sind genauso harmlos – es sei denn, man nimmt ein Kabel und schließt sie alle zusammen. Wenn man so die Energie von tausend Batterien in ein einziges Kabel gespeist hat, wird dadurch genug Strom erzeugt, um eine Maschine von beachtlicher Größe in Bewegung zu setzen. Man kann die Trockenbatterien mit Menschen vergleichen, die, wenn sie ihre Anstrengungen in organisierter Form und in einer großen Gruppe unternehmen, eine viel größere Kraft freisetzen, als wenn ein Mensch alleine handeln würde.

Das Ziel dieser Leiter besteht hauptsächlich darin, auf das Verfahren aufmerksam zu machen, mit dem man seine eigene Kraft entwickeln und sie auf die wirtschaftlichen Probleme des Lebens anwenden kann.

1. Stufe: Ein konkretes Ziel im Leben
2. Stufe: Selbstvertrauen
3. Stufe: Eigeninitiative
4. Stufe: Vorstellungskraft
5. Stufe: Handlungsbereitschaft
6. Stufe: Begeisterung
7. Stufe: Selbstkontrolle

8. Stufe: Die Gewohnheit, mehr und bessere
Arbeit zu verrichten als die, die
bezahlt wird
9. Stufe: Eine anziehende Persönlichkeit
10. Stufe: Präzises Denken
11. Stufe: Konzentration
12. Stufe: Ausdauer
13. Stufe: Fehlschläge
14. Stufe: Toleranz und Mitgefühl
15. Stufe: Arbeit
16. Stufe: Die Goldene Regel

Wenn Sie ihre eigenen Fähigkeiten nach dem Muster dieser Leiter organisieren und wenn Sie die Eigenschaften, die die 16 Stufen verkörpern, richtig entwickeln, dann werden Sie feststellen, dass Sie stark an Kraft gewinnen werden. Sie werden in den Besitz von Macht gelangen, von der Sie nie geglaubt hätten, sie zu besitzen. Wenn Sie diese Macht dann intelligent steuern, können Sie jede Position im Leben erreichen, die Sie anstreben.

Die 16 Stufen der Leiter stellen die kostbarsten und anschaulichsten Erfahrungen dar, die ich in meinem 21-jährigen Geschäftsleben gemacht habe:

Ich werde Sie nun an Erfahrungen aus meinem Leben teilhaben lassen, damit auch Sie die großen Lehren nachvollziehen können, die sich hinter dieser Leiter verbergen. Ich hoffe, dass das den Weg, auf dem Sie zu ihrem angestrebten Ziel im Leben gelangen, etwas verkürzen und die Hindernisse, die Ihnen dabei im Weg stehen werden, etwas verkleinern wird.

Erfolg sollte keine reine Glückssache mehr sein, wie es noch in der Mehrzahl der Fälle zutrifft. Denn inzwischen ist Ihnen der Weg, der zum Erfolg führt, bekannt – jeder Zentimeter der Wegstrecke wurde sorgfältig und exakt aufgezeichnet.

Wenn Sie die Inhalte der Magischen Leiter zum Erfolg beherrschen und Ihre Fähigkeiten nach diesem Vorbild systematisch einsetzen, dann wird diese Leiter Sie überall hinführen. Diese Aussage treffe ich nicht nur, nachdem ich meine eigenen Fähigkeiten systematisiert und erfolgreich auf ein bestimmtes Ziel ausgerichtet habe, sondern auch nachdem ich anderen geholfen habe, das zu tun – in vielen Tausend Fällen.

Die Magische Leiter zum Erfolg verkörpert Beobachtungen und Erfahrungen aus 22 Jahren, von denen ich mindestens zwölf damit verbracht habe, Charakter und Verhaltensweisen des Menschen intensiv zu untersuchen und zu studieren.

In dieser Zeit habe ich die Lebenssituation von mehr als 12 000 Männern und Frauen analysiert. Dies förderte erstaunliche Tatsachen zutage. Eine davon ist, dass 95 Prozent der Erwachsenen zu der Gruppe gehören, die man mit Fug und Recht als unorganisiert bezeichnen kann, oder als Menschen, die stets nur anderen nachfolgen. (Das gilt sowohl für ihre individuellen Fähigkeiten als auch für Anstrengungen, die sie gemeinsam oder in einer Gruppe unternehmen.) Die übrigen 5 Prozent kann man als Führungspersönlichkeiten bezeichnen. Beim Ordnen und Klassifizieren der menschlichen Neigungen und Gewohnheiten, die durch meine Analysen ans Licht gekommen sind, hat sich noch etwas Erstaunliches gezeigt: Die überwältigende Mehrheit der Menschen, die zur Klasse derer gehören, die stets anderen nachfolgen, taten dies hauptsächlich deshalb, weil sie kein bestimmtes Ziel im Leben hatten und keinen genauen Plan, nach dem sie es verfolgen konnten.

Bis hierher hat die Analyse der Magischen Leiter zum Erfolg Ihnen gezeigt, dass es voll und ganz darauf ankommt, durch die Organisation, Koordination und Klassifizierung menschlicher Fähigkeiten Zugriff auf die eigene Arbeitskraft zu erhalten.

Bedenken Sie dabei aber bitte, dass diese Leiter kein Wundermittel gegen jedes Übel ist, das der Menschheit bei ihrer Entwicklung im Weg steht, und sie ist auch nicht als »neue Erfolgsformel« gedacht. Sie hat lediglich den Zweck, Ihnen dabei zu helfen, all das, was Sie längst in sich tragen, in eine systematische Ordnung zu bringen und Ihre Bemühungen in Zukunft kraftvoller und exakter auf ein bestimmtes Ziel auszurichten als bisher. Mit anderen Worten geht es darum, Ihnen dabei zu helfen, sich selbst auszubilden – wobei mit dem Wort »ausbilden« gemeint ist, Ihre natürlichen Fähigkeiten *heraus*zubilden, indem Sie Ihren Geist entwickeln, ihm eine systematische Ordnung verleihen und ihn auf intelligente Weise steuern.

Macht entsteht durch echte Bildung! Ein Mensch, der es nicht gelernt hat, seine geistigen Fähigkeiten in organisierte Form zu bringen, sie zu klassifizieren und intelligent auf ein bestimmtes Ziel auszurichten, ist kein gebildeter Mensch. Ein Mensch, der es nicht gelernt hat, Tatsachen von bloßen Informationen zu unterscheiden, und Tatsachen nicht zu einem organisierten Handlungsplan zusammenstellen kann, der ist kein gebildeter Mensch.

Bloße Schulbildung ist kein Beweis für Bildung. Auch Universitätsabschlüsse an sich belegen nicht, dass ihre Inhaber gebildete Menschen sind.

Das Wort »Ausbildung« sollte man im Sinne von *heraus*bilden verstehen, nämlich so, dass sich im Inneren des Menschen eine Fähigkeit dadurch herausbildet, dass sie angewendet wird. Dann tritt sie nach außen und wird perfektioniert. Anders als uns viele Wörterbücher vermitteln, geht es bei der Ausbildung nicht darum, das Gehirn mit Wissen vollzustopfen.

Ich halte mich so lange bei den Begriffen »ausbilden« und »organisieren« auf, weil diese beiden Wörter das A und O der Magischen Leiter zum Erfolg darstellen.

Bildung ist etwas, das Sie erwerben müssen. Niemand kann sie Ihnen geben, Sie müssen sie sich selbst aneignen. Sie müssen arbeiten, um sie zu erwerben und um sie stets auf dem neuesten Stand zu halten. Bildung entsteht nicht durch Wissen, sondern durch Taten. Das Nachschlagewerk *Encyclopedia Britannica* steckt voller Fakten, doch die einzelnen Bände besitzen keine eigene Kraft. Da sie die klassifizierten Fakten, die auf ihren Seiten abgelegt wurden, nicht in Taten umsetzen können, sind Bücher nicht gebildet. Dasselbe gilt für einen Menschen, der wie ein Roboter nur Wissen ansammelt, ohne es systematisch zur Anwendung zu bringen.

In einer Tonne Kohle steckt beachtlich viel Energie, doch bevor man sie nutzen kann, muss man die Kohle zunächst ausgraben und durch Verbrennung zum Glühen bringen. Ebenso enthält all das, was im Gehirn eines Menschen latent vorhanden ist, auch nicht mehr Energie als die Kohle unter Tage, wenn es nicht organisiert und zu einem bestimmten Zweck genutzt wird.

Der Grund, aus dem man sich mithilfe von Lehrern in der Schule leichter Bildung erarbeiten kann als ohne sie, liegt darin, dass die Schule dabei hilft, Wissen in organisierte Form zu bringen.

Wenn Sie den Eindruck haben, dass ich die Frage der Organisation hier zu ausführlich betone, lassen Sie mich auf Folgendes hinweisen: Das fehlende Vermögen, die geistigen Fähigkeiten zu organisieren, zu klassifizieren und intelligent zu steuern, stellt die Felsen und Riffe dar, an denen die Mehrheit der »Versager« zerschellt und untergeht.

Durch die Wiederholungen und dadurch, dass ich die Frage immer wieder aus einem anderen Blickwinkel betrachte, möchte ich Ihnen deutlich machen, wie wichtig es ist, Ihre eigenen Fähigkeiten richtig in organisierte Form zu bringen und auf ein bestimmtes Ziel auszurichten. Wenn es mir gelingt, Ihnen das klarzumachen, dann werde ich mehr für Sie getan haben, als jede Schule der Welt jemals für ihre Schüler leisten kann.

Nach dieser Einleitung sind wir nun bereit, die erste Stufe der Magischen Leiter zum Erfolg zu nehmen.

Die erste Stufe: Ein konkretes Ziel im Leben

Niemand würde auf die Idee kommen, große Mengen von Sand, Holz, Steinen und Baumaterial zusammenzutragen, um ein Haus zu bauen, ohne vorher dafür einen bestimmten Bauplan erstellt zu haben. Und doch hat meine Analyse der Lebenssituation von mehr als 12 000 Personen stichhaltig nachgewiesen, dass 95 Prozent der Menschen keinen solchen Plan für ihre berufliche Laufbahn haben – dabei ist sie tausendmal wichtiger als der Bau eines Hauses.

Gehen Sie nicht über die Bedeutung des Wortes »konkret« hinweg, denn es ist das wichtigste Wort in der Überschrift »Ein konkretes Ziel im Leben«. Ohne dieses Wort würde der Satz aussagen, dass wir nur das vage Ziel haben, erfolgreich zu sein. Wie, wann oder wo, das wissen wir nicht, beziehungsweise diejenigen unter uns, die zu der Gruppe der 95 Prozent zählen, wissen es nicht.

Wir ähneln einem Schiff ohne Steuerruder, das auf dem Meer treibt, immer im Kreis fährt und dabei die gesamte Energie verbraucht, die es eigentlich bräuchte, um ans Ufer zu kommen. Dorthin gelangen wir aber nicht, weil wir nicht ausdauernd ein konkretes Ziel verfolgen.

Sie haben zwar gerade begonnen, sich Ihre eigene Schaffenskraft anzueignen, indem Sie Ihr Wissen in organisierte Form bringen, es klassifizieren und intelligent einsetzten, doch vorab müssen Sie sich erst ein bestimmtes Ziel setzen. Denn wenn Sie kein lohnenswertes Ziel haben, auf das Sie Ihre Kräfte konzentrieren können, werden Sie auch keine große Kraft mobilisieren.

Neben dem konkreten Ziel im Leben brauchen Sie einen ebensolchen Plan, nach dem Sie vorgehen wollen, um es zu erreichen. Schreiben Sie sich deshalb Ihr Ziel in Form einer Erklärung auf und notieren Sie sich auch so detailliert wie möglich Ihren Plan, mit dessen Hilfe Sie Ihr Ziel erreichen wollen.

Ich bestehe aus einem psychologischen Grund darauf, dass Sie Ihr bestimmtes Ziel und den Plan, mit dem Sie es erreichen wollen, schriftlich festhalten sollen. Wenn Sie erst einmal das Thema der Autosuggestion beherrschen, werden Sie den Grund voll und ganz verstehen. Er wird auch noch einmal in einem Artikel zum Thema Selbstvertrauen erläutert, der zu einem späteren Zeitpunkt in dieser Zeitschrift erscheinen wird.

Merken Sie sich, dass sich sowohl Ihr konkretes Ziel als auch der Plan, mit dem Sie es erreichen wollen, von Zeit zu Zeit ändern können. Denn wenn Sie genug visionäre Kraft und Fantasie hätten, um schon jetzt ein Ziel vor Augen zu haben, das weitreichend genug ist, um Ihren Ehrgeiz auch später noch zu befriedigen, dann wären Sie ein ungewöhnlicher Mensch. Jetzt kommt es erst einmal darauf an, dass Sie lernen, wie wichtig es ist, immer mit einem konkreten Ziel vor Augen und nach einem konkreten Plan zu handeln. Das müssen Sie sich beim Organisieren Ihrer Fähigkeiten zum Prinzip machen und Sie müssen es auf alles anwenden, was Sie tun. Systematisches, organisiertes Bemühen muss Ihnen zur Gewohnheit werden.

Ein Jahr, nachdem Sie Ihre erste Erklärung zu Ihrem konkreten Ziel im Leben ausgearbeitet haben, werden Sie sich höchstwahrscheinlich über den begrenzten Umfang Ihres Zieles wundern. Denn dann werden Sie bereits weitergehende Visionen und stärkeres Selbstvertrauen entwickelt haben.

Sie werden mehr schaffen, weil Sie es sich zutrauen und den Mut haben, sich eine größere Aufgabe zuzumuten als die, die Sie sich ursprünglich als Ziel gesetzt haben.

Dieser Prozess der Ausbildung – der Entwicklung aus dem Inneren heraus – wird Sie dazu befähigen, in größeren Maßstäben zu denken, ohne Angst zu bekommen. Dadurch werden Sie auch lernen, Ihr konkretes Ziel im Leben analytisch und schlussfolgernd zu betrachten – nicht nur als Ganzes, sondern auch in seinen einzelnen Bestandteilen, die Ihnen, jedes für sich, klein und unbedeutend erscheinen werden.

Ingenieure versetzen Berge ohne die geringste Schwierigkeit von einem Ort an den anderen – nicht den ganzen Berg auf einmal, sondern Schaufel für Schaufel, immer nach einem bestimmten Plan.

Die Zeit und das Geld, die benötigt wurden, um den Panamakanal zu bauen, wurden Jahre im Voraus korrekt berechnet, und zwar lange, bevor auch nur eine Schaufel bewegt wurde. Denn die Ingenieure, die den Kanal bauten, hatten gelernt, wie man nach einem bestimmten Plan vorgeht.

Der Kanal wurde ein Erfolg!

Er war ein Erfolg, weil die Männer, die ihn planten und bauten, exakt nach dem Prinzip vorgingen, das ich hier als Leitlinie für Sie festgehalten habe, als die erste Stufe unserer Leiter. Daran können Sie erkennen, dass das Prinzip keineswegs neu ist. Seine Richtigkeit braucht nicht mehr durch einen Versuch nachgewiesen zu werden, da die erfolgreichen Männer der Vergangenheit sie längst unter Beweis gestellt haben.

Entscheiden Sie nun, was Sie in Ihrem Leben gern tun möchten, formulieren Sie Ihr Vorhaben und beginnen Sie, es umzusetzen. Wenn es Ihnen schwerfällt festzulegen, wie Ihr Lebenswerk aussehen soll, dann können Sie die Dienste von Fachleuten in Anspruch nehmen (es gibt nicht viele, doch zumindest ein paar), die Analysen erstellen und Ihnen bei der Suche nach einer Lebensaufgabe helfen. Es muss eine Aufgabe sein, die mit Ihren natürlichen Neigungen, Ihrem Charakter, Ihren körperlichen Voraussetzungen, Ihrer Ausbildung und mit Ihren angeborenen Fähigkeiten harmoniert.

Das führt uns auf die zweite Stufe der Leiter.

Die zweite Stufe: Selbstvertrauen

Es würde sich kaum lohnen, sich ein bestimmtes Ziel im Leben zu setzen oder einen Plan aufzustellen, mit dem man es erreichen will, wenn man nicht auch das Selbstvertrauen besäße, das Vorhaben in die Tat umzusetzen, um tatsächlich zum Ziel zu kommen.

Fast jeder Mensch besitzt eine gewisse Menge dessen, was gemeinhin als Selbstvertrauen bezeichnet wird, doch nur relativ wenige Menschen haben die bestimmte

Art von Selbstvertrauen, um die es bei der zweiten Stufe der Magischen Leiter zum Erfolg geht.

Selbstvertrauen ist eine Geisteshaltung, die jeder binnen kurzer Zeit entwickeln kann. Das Verfahren, mit dem man das erreicht, werden wir detailliert in einer Lektion über das Selbstvertrauen darstellen, die zu einem späteren Zeitpunkt in dieser Zeitschrift erscheinen wird. Hier wollen wir einstweilen deutlich machen, dass diese Geisteshaltung dringend nötig ist.

Vor gut 20 Jahren war ich Arbeiter im Kohlebergwerk. Ich hatte kein bestimmtes Ziel vor Augen und es fehlte mir an dem nötigen Selbstvertrauen, um mir eins zu setzen. Doch eines Abends geschah etwas, was den wichtigsten Wendepunkt in meinem Leben markierte. Ich saß am Kaminfeuer und diskutierte mit dem Mann, bei dem ich wohnte, über das Problem, das mittlerweile die ganze Welt beschäftigt: Das Missverhältnis zwischen Beschäftigten und Arbeitgebern. Ich machte eine Äußerung, die den Mann beeindruckte, und er tat etwas, was mich erstmals lehrte, Selbstvertrauen zu entwickeln. Er beugte sich zu mir herüber, nahm mich bei der Schulter, schaute mir direkt in die Augen und sagte: »Alles, was recht ist, du bist ein gescheiter Junge und wenn du dich aufmachen und zur Schule gehen würdest, dann würdest du dir in der Welt schon einen Namen machen!«

Es war nicht so sehr das, was er sagte, sondern die Art, wie er es sagte – das Leuchten in seinen Augen, der feste Griff, mit dem er meine Schulter hielt, als er sprach – all das beeindruckte mich. Zum ersten Mal in meinem Leben hatte mir jemand gesagt, dass ich »gescheit« war oder dass ich mir vielleicht in der Welt »einen Namen« machen könnte. Das war für mich der erste Hoffnungsschimmer und verlieh mir einen ersten flüchtigen Eindruck von Selbstvertrauen.

Der Samen des Selbstvertrauens war nunmehr in mir gesät worden und ist in all den Jahren immer weiter gewachsen. Dieses keimende Selbstvertrauen brachte mich als Erstes dazu, die Arbeit bei den Bergarbeitern aufzugeben und eine einträglichere Beschäftigung aufzunehmen. Es brachte mir ferner einen so starken Wissensdurst, dass ich in jedem Jahr, um das ich älter werde, noch eifriger studiere als zuvor. Bis heute hat das dazu geführt, dass ich Fakten in kaum mehr als einem Zehntel der Zeit zusammentragen, klassifizieren und systematisieren kann als noch vor ein paar Jahren.

Die dritte Stufe: Eigeninitiative

Eigeninitiative ist eine sehr seltene Charaktereigenschaft, die einen Menschen dazu bringt, das zu erledigen, was er zu tun hat, ohne dass man ihn dazu auffordern muss. Alle großen Führungspersönlichkeiten müssen Eigeninitiative besitzen. Ein Mann, der nicht aus Eigeninitiative handelt, könnte niemals ein großer General werden, denn es erfordert intensive Aktivität, die Kunst der Strategie erfolgreich anzuwenden. Das gilt sowohl für den Krieg als auch für die Wirtschaft.

An jeder Ecke lauern goldene Möglichkeiten und warten nur darauf, dass ein Mensch vorbeikommt und von ihnen Gebrauch macht. Jemand, der nur die Aufgaben erfüllt, die ihm zugeteilt werden, und dann seine Arbeit einstellt, erweckt keine sonderliche Aufmerksamkeit. Wenn er aber selbst die Initiative ergreift und sich auf die Suche nach zusätzlichen Aufgaben macht, wenn er seine regulären Pflichten erfüllt hat, dann wird er gewiss das wohlwollende Interesse seiner Vorgesetzten auf sich zie-

hen. Die werden ihm dann bereitwillig größere Verantwortung übertragen und entsprechenden Lohn zahlen.

Bevor jemand in einem jeden Betätigungsfeld in hohe
Positionen aufsteigen kann, muss er erst über Visionen
verfügen, fähig sein, in großen Begriffen zu denken,
konkrete Pläne zu schmieden und sie in die Tat umzusetzen. Das alles setzt voraus, dass er Eigeninitiative entwickelt hat.

Eine der wichtigsten Eigenschaften der Magischen
Leiter ist das Maß, in dem die Stufen zueinanderpassen
und miteinander harmonieren. Nur dadurch bildet die
Leiter ein machtvolles System aus verwertbarem Material. Achten Sie bitte darauf, wie die dritte und vierte
Stufe einander ergänzen, und auch, welche Kraft entsteht, wenn man diese beiden Stufen in der Lebenspraxis
richtig miteinander verbindet.

Die vierte Stufe: Vorstellungskraft

Vorstellungskraft ist die Werkstatt des menschlichen
Geistes, in der alte Vorstellungen in neue Ideen und Vorhaben umgewandelt werden. Als Edison die Glühbirne
erfand, brachte er zunächst in seiner Vorstellung und
dann in seinem Labor zwei Prinzipien zusammen, die
eigentlich altbekannt sind. Neu ist sozusagen nur die Art
und Weise, auf die er sie miteinander verknüpfte. Wie
fast jedem Amateurelektriker war auch ihm klar, dass
Reibung in elektrisch leitfähigem Material Hitze erzeugt
und dass man zum Beispiel einen Draht so lange erhit-
zen kann, bis durch die Reibung ein weißes Glühen entsteht, wodurch Licht produziert wird. Das Problem war
nur, dass der Draht dabei durchbrannte und zerriss.

Nachdem er auf der ganzen Welt nach einer bestimmten Faser oder einem Draht gesucht hatte, der nicht reißt, wenn man ihn so lange erhitzt, bis er weiß glüht, dachte Edison an das alte Prinzip der Holzkohle zurück: Man stapelt Holz auf den Boden und zündet es an. Wenn es eine Weile gebrannt hat, wirft man Erde auf das Feuer und entzieht ihm so die Luft. Das Holz schwelt dann zwar weiter, doch es verbrennt nicht, weil dem Feuer ein Großteil des Sauerstoffes entzogen wurde und daher keine vollständige Verbrennung möglich ist. Als Edison sich dieses Prinzip vergegenwärtigt hatte, ging er in sein Labor, platzierte einen Glühfaden in das Innere einer Glaskugel, entzog ihm die Luft und siehe da, er hatte die lang ersehnte Glühbirne erfunden.

Als Christoph Kolumbus seine Augen auf der Suche nach der »Neuen Welt« nach Westen richtete, setzte er seine Eigeninitiative und Vorstellungskraft wohl auf die gewinnbringendste Weise ein, die es jemals in der Geschichte gegeben hat. Aus der Verbindung dieser beiden Eigenschaften wurde Amerika geboren – unser Amerika, auf das wir stolz sind und um das uns die ganze Welt beneidet.

Als Gutenberg seine Aufmerksamkeit darauf ausrichtete, die moderne Druckerpresse zu erfinden, setzte er ebenfalls seine Eigeninitiative und Vorstellungskraft gewinnbringend ein, weil er dadurch den Gedanken Flügel verlieh. Das führte dazu, dass uns heute die Neuigkeiten aus aller Welt zum Preis von zwei bis drei Cent vor die Haustür geliefert werden und dass alle Teile der Welt in engeren Kontakt miteinander getreten sind.

Als die Brüder Wright sich auf das Flugzeug konzentrierten, verwendeten sie Eigeninitiative und Vorstellungskraft, wodurch es binnen weniger Jahre gelang, den

Luftraum zu beherrschen und die Entfernung zwischen zwei Orten ganz enorm zu verkürzen.

Alle großen Erfindungen verdanken wir der Verbindung dieser beiden Kräfte – Eigeninitiative und Vorstellungskraft. Niemand kann die Grenzen bestimmen, zu denen ein normal begabter Mensch durch den Einsatz von Eigeninitiative und Vorstellungskraft vorstoßen kann.

Das Fehlen dieser beiden Eigenschaften ist der Hauptgrund, aus dem 95 Prozent der erwachsenen Weltbevölkerung kein bestimmtes Ziel im Leben hat. Das hat wiederum zur Folge, dass diese Gruppe Menschen in ihrem Leben nur immer anderen nachfolgt.

Führungspersönlichkeiten sind immer Männer und Frauen mit Eigeninitiative und Vorstellungskraft.

Die fünfte Stufe: Handlungsbereitschaft

Alle Welt bezahlt nur für eine Sache: Entweder für eine Leistung oder für eine Handlung, die vollbracht wird! Sorgfältig irgendwo aufbewahrtes Wissen ist wertlos. Es nützt niemandem, solange es nicht in Form von Handlungen zum Ausdruck kommt. Niemand bezahlt für Waren, die hoch oben in den Regalen liegen – sie müssen heruntergeholt und angeboten werden, damit die Kunden sie kaufen.

Sie mögen Absolvent der Universitäten Yale, Harvard oder Princeton sein und die Fakten aller Enzyklopädien der Welt in Ihrem Kopf gespeichert haben – wenn Sie dieses Wissen nicht systematisieren und durch Handlungen zum Ausdruck bringen, dann nützt es weder Ihnen noch der Außenwelt.

Vor einigen Jahren bin ich in Chicago in die öffentlichen Parkanlagen gegangen und habe sieben dieser sogenannten »Tagediebe« getroffen. Das sind die Männer, die mit der Zeitung über dem Gesicht herumliegen und schlafen, während es reichlich Arbeit zu hohen Löhnen gibt. Ich wollte mir einen Eindruck von ihrer jeweiligen Ausrede verschaffen. Mir war klar, dass es einen »Grund« dafür geben musste, dass sie nicht arbeiteten.

Mit ein wenig Kleingeld und einer Handvoll Zigarren in der Hosentasche kam ich ihnen recht nah und was glauben Sie, was mir alle erzählt haben?

Jeder von ihnen sagte mir im Wesentlichen: »Ich bin hier, weil mir niemand auf der Welt eine Chance gegeben hat!«

Überlegen Sie mal – »weil mir niemand auf der Welt eine Chance gegeben hat!«

Hat die Welt jemals einem Menschen eine Chance gegeben, die anders aussah als die, die er sich selbst geschaffen hat? Die darin bestand, dass er sich aufgemacht hat und mithilfe von Vorstellungskraft, Selbstvertrauen, Eigeninitiative und der anderen Qualitäten, auf denen unsere Leiter beruht, gehandelt hat?

Es ist unumstritten, dass dort, wo niemand handelt, alle Bildung und alles Wissen der besten Universitäten der Welt sowie alle guten Absichten und Eigenschaften, auf denen die Magische Leiter beruht, nicht den geringsten Wert haben.

Jemand, der nicht über die großartige Eigenschaft der Handlungsbereitschaft verfügt, ähnelt einer großen Lokomotive. Einer Lokomotive, die mit Kohle im Kasten, Wasser im Tank, Feuer im Feuerkasten und mit Dampf im Dampfdom auf dem Abstellgleis oder im Lokomotivschuppen steht, ohne dass ein Maschinist da wäre, der die Drosselklappe öffnen könnte.

Solange das niemand tut und die Lokomotive in Bewegung setzt, ist sie unbeschreiblich nutzlos.

Auch in Ihrem Kopf steckt eine großartige Maschine; eine, die es mit allen Lokomotiven und anderen von Menschenhand geschaffenen Maschinen, die jemals gebaut wurden, aufnehmen kann. Doch solange Sie sie nicht in Bewegung setzen, ist sie so nutzlos wie die Lokomotive, die ohne den Maschinisten auf dem Abstellgleis steht.

Wie viele Millionen Menschen gibt es auf der Welt, die alle wesentlichen Voraussetzungen haben, um sehr erfolgreich zu sein, und die alles haben, was man braucht, um der Welt große Dienste zu erweisen. Doch eines fehlt ihnen: die Handlungsbereitschaft!

Sie brauchen nur ein wenig Fantasie, um festzustellen, wie eng die Handlungsbereitschaft mit allen anderen Eigenschaften zusammenhängt, die die ersten vier Stufen unserer Leiter ausmachen. Sie können leicht sehen, wie fehlende Handlungsbereitschaft alle anderen Eigenschaften aufheben kann. Wenn jemand zur Tat schreitet, dann geraten negative Eigenschaften wie Zaudern, Angst, Sorge und Zweifel grundsätzlich in die Defensive. Fast jeder weiß, dass man aus der Offensive heraus einen besseren Kampf führen kann als aus der Defensive.

Handlungsbereitschaft ist eine der wichtigsten Eigenschaften, über die Führungspersönlichkeiten verfügen müssen, und sie unterscheidet sie zugleich maßgeblich von denen, die ihnen nur folgen.

Es lohnt sich, darüber nachzudenken, und es könnte uns dabei helfen, aus der breiten Masse der Mitläufer in die ausgesuchte und begrenzte Klasse der Anführer aufzusteigen.

Die sechste Stufe: Begeisterung

Die nächste Stufe der Leiter ist passenderweise die Begeisterung, denn sie animiert den Menschen in der Regel zum Handeln. Von daher stehen Begeisterung und Handlungsbereitschaft auf unserer Leiter in enger Verbindung.

Würden wir die Stufen ihrer Wichtigkeit nach ordnen, dann müsste die Begeisterung eigentlich sogar noch vor der Handlungsbereitschaft stehen, denn wenn ein Mensch keine Begeisterung verspürt, wird er auch keinen großen Tatendrang entwickeln.

Normalerweise kommt Begeisterung automatisch auf, wenn jemand die Arbeit findet, die für sie oder für ihn am besten geeignet ist und die sie oder er am liebsten mag. Für eine Arbeit, die Sie nicht mögen, werden Sie sich wahrscheinlich auch nicht wirklich begeistern. Also müssen Sie fleißig weitersuchen, bis Sie schließlich die Arbeit gefunden haben, die Sie mit Leib und Seele tun möchten. Es muss eine Arbeit sein, in der Sie sich ernsthaft und dauerhaft selbst »verlieren« können.

Die siebte Stufe: Selbstkontrolle

Ganze 18 lange und gefährliche Jahre stand ein Erzfeind zwischen mir und der Möglichkeit, mein Hauptziel im Leben zu erreichen. Dieser Feind ist das Fehlen von Selbstkontrolle.

Ständig suchte ich Auseinandersetzungen und Streit, und meist fand ich sie auch. Den Großteil meiner Zeit verbrachte ich damit, jemand anderem klarzumachen, dass er im Unrecht war, obgleich ich diese kostbare Zeit besser darauf hätte verwenden sollen, mir selbst klarzumachen, dass ich Unrecht hatte.

An Menschen herumzukritteln ist zweifellos die unergiebigste Beschäftigung, der man nachgehen kann. Man verdirbt dadurch Freundschaften und schafft sich Feinde. Solche Nörgelei trägt keinesfalls dazu bei, einem Menschen zu helfen oder ihn zu verändern.

Fehlende Selbstkontrolle führt zu Krittelei.

Noch niemals ist jemand für andere zum Anführer geworden, solange er es nicht gelernt hat, seine eigene Person mithilfe von Selbstkontrolle zu führen. Selbstbeherrschung ist der erste Schritt zum Erreichen wirklicher Leistungen. Doch dies sind alles leere Worte, solange ich noch nicht den wahren Grund genannt habe, aus dem jeder, der wirklichen Erfolg erzielen will, dringend Selbstkontrolle ausüben muss.

Wenn ein Mensch die »Nerven verliert«, dann spielt sich in seinem Gehirn etwas ab, für das man ein allgemeineres Verständnis entwickeln sollte. Eine Person, die in Wut gerät, »verliert« nämlich nicht wirklich die Nerven, sondern sie strapaziert sie. Diese starken Gefühle zerren an den Nerven und führen dazu, dass chemische Botenstoffe in das Gehirn gelangen, die in Verbindung mit Wut ein tödliches Gift erzeugen.

Ein Mensch, der wütend ist, stößt mit jedem Atemzug ausreichend Giftstoffe aus, um damit ein Meerschweinchen zu töten!

Es gibt nur drei Wege, auf denen man die Giftstoffe, die das Gehirn in der Wut produziert hat, wieder loswerden kann. Ein Weg führt über die Poren der Haut, der zweite über die Lunge, durch die das Gift in Form von Gasen ausgeatmet wird, und der dritte Weg über die Leber, die Schadstoffe aus dem Blut herausfiltert.

Wenn diese drei Wege überlastet sind, verteilt sich das überschüssige Gift, das der Mensch durch seine Wut erzeugt hat, im ganzen Körper und vergiftet ihn. Das geschieht auf dieselbe Art wie bei jeder anderen tödlichen Droge, die mithilfe einer Spritze in die Blutbahn injiziert wird.

Wut, Hass, Zynismus, Pessimismus und andere negative Geisteszustände sind tendenziell Gift für den Körper und sollten daher gemieden werden. Sie sind Teil des tödlichen Übels, das man das Fehlen von Selbstkontrolle nennt.

Die achte Stufe: Die Gewohnheit, mehr und bessere Arbeit zu verrichten als die, die bezahlt wird

Ich glaube nicht, dass jemand, der es sich nicht angewöhnt, mehr und bessere Leistungen zu erbringen als die, die in Dollar und Cent bezahlt werden, über das Niveau von Durchschnittlichkeit hinaus gelangen kann.

Derjenige, der sich diese Arbeitsweise zur Gewohnheit gemacht hat, gilt normalerweise als Führungspersönlichkeit. Soweit ich weiß, sind Menschen, die so arbeiten, in ihren Berufen oder Branchen – ungeachtet der Hindernisse, die ihnen naturgemäß zuvor im Weg standen – ausnahmslos an die Spitze gelangt.

Jemand, der auf diese Art Leistungen erbringt, kann sicher sein, die Aufmerksamkeit von Menschen zu erregen, die dann miteinander in einen regen Wettbewerb treten, um in den Genuss seiner Leistungen zu kommen. Man hat noch nie gehört, dass um Dienstleistungen eines Menschen, der versucht, mit so wenig Arbeit wie möglich über die Runden zu kommen und diese achtlos und unwillig verrichtet, ein Wettbewerb entbrannt wäre.

Alle Begabung, alle Schulbildung und alles Wissen, das seit jeher in Büchern festgehalten wurde, werden nicht fähig sein, einen lohnenswerten Markt für jemanden zu schaffen, der nur das absolute Mindestmaß an Arbeit in einer Qualität leistet, die gerade so durchgeht.

Dagegen wird sich die Einstellung, bereitwillig mehr und bessere Arbeit zu leisten als die, die bezahlt wird, ganz sicher auszahlen. Darüber hinaus kann diese Einstellung auch viele negative Eigenschaften und das Fehlen anderer positiver Eigenschaften aufwiegen.

Die neunte Stufe: Eine anziehende Persönlichkeit

Wenn Sie nicht durch eine angenehme Persönlichkeit Anziehungskraft auf andere Menschen ausüben, könnte es schlimmstenfalls passieren, dass Sie an Ihrem Lebenswerk scheitern – auch dann, wenn Sie über alle anderen Eigenschaften verfügen, die bis hierher aufgeführt wurden.

Persönlichkeit kann nicht mit einem Wort beschrieben werden, denn sie besteht aus der gesamten Summe aller Eigenschaften, die Sie von jedem anderen Menschen auf der Welt unterscheidet. Ihre Kleidung bildet einen Teil, ja sogar einen sehr wichtigen Teil Ihrer Persönlichkeit. Auch Ihr Gesichtsausdruck, der durch das Vorhandensein oder Nichtvorhandensein von Falten dokumentiert wird, gehört dazu. Ihre Sprache ist ein ganz wichtiger Bestandteil Ihrer Persönlichkeit, denn sobald Sie etwas gesagt haben, wird man Sie sofort als vornehm oder als das Gegenteil ansehen. Zu Ihrer Persönlichkeit gehört auch Ihre Stimme, ein Organ, das, um gut anzukommen, gepflegt, geschult und entwickelt werden muss, damit die Stimme harmonisch, voll und in einem angemessenen Sprechrhythmus erklingt. Auch Ihr Händedruck ist Bestandteil Ihrer Persönlichkeit. Gewöhnen Sie sich daher einen kräftigen, festen Händedruck an. Wenn Sie Ihrem Gegenüber zum Gruß nur eine schlaffe, kalte, leblose Hand entgegenstreckcn, dann stellen Sie sich ihm damit als ein Mensch mit einer negativen Persönlichkeit vor.

Eine anziehende Persönlichkeit kann man als eine beschreiben, die andere Menschen dazu veranlasst, sich dem betreffenden Menschen zuzuwenden und sich bei ihm in harmonischer, freundschaftlicher Gesellschaft zu fühlen. Eine negative Persönlichkeit ist eine, die andere dazu veranlasst, sich so weit wie möglich von dem entsprechenden Menschen fernzuhalten.

Sie können sich sicherlich problemlos selbst analysieren und feststellen, ob sich andere Menschen zu Ihnen hingezogen fühlen oder nicht. Wenn nicht, dann werden Sie den Grund dafür gewiss auch bald finden. Es mag ebenfalls eine interessante Information für Sie sein, dass die Sorte Mensch, die Sie anziehen, deutlich auf Ihren eigenen Charakter und auf Ihre Persönlichkeit schließen lässt. Denn Sie werden nur solche Menschen anziehen, die mit Ihnen harmonieren und deren Charakter und Wesensart mit Ihrer übereinstimmt.

Über eine anziehende Persönlichkeit verfügt für gewöhnlich ein Mensch, der sanft und freundlich spricht und Worte wählt, an denen man nicht Anstoß nehmen kann; der einen angemessenen Kleidungsstil und Farben wählt, die gut zusammenpassen. Es ist ein Mensch, der uneigennützig ist und bereitwillig anderen hilft, ungeachtet unterschiedlicher politischer Einstellungen, Religionszugehörigkeit oder ökonomischer Standpunkte. Es ist jemand, der, ob mit oder ohne Grund, nicht schlecht über andere spricht. Dieser Mensch schafft es, sich zu unterhalten, ohne in Streit verwickelt zu werden oder zu versuchen, Auseinandersetzungen über strittige Themen wie Religion und Politik anzuzetteln. Der Mensch mit der anziehenden Persönlichkeit ist jemand, der in seinem Gegenüber das Gute sieht und über das Schlechte hinwegsieht, der andere weder verändern noch maßregeln will und der häufig und von Herzen lächelt. Dieser Mensch liebt kleine Kinder, Blumen, Vögel, Wiesen, Wälder und Flüsse. Er empfindet Mitgefühl für alle, die in Schwierigkeiten stecken, vergibt anderen unfreundliche Handlungen und räumt allen das Recht ein, so zu handeln, wie sie wollen, solange sie dadurch nicht die Rechte anderer verletzen. Dieser Mensch bemüht sich ernsthaft darum, bei seinen Gedanken und Taten konstruktiv zu bleiben, er macht anderen Mut und spornt sie dazu an, sich stärker bei einer Arbeit zum Wohl der Menschheit zu engagieren. Das gelingt ihm, weil er andere dazu bringt, sich für ihre eigene Person zu interessieren und sie anregt, Selbstvertrauen zu entwickeln. Er ist ein geduldiger und interessierter Zuhörer und macht es sich zur Gewohnheit, sein Gegenüber an der Unterhaltung teilhaben zu lassen, ohne ihn zu unterbrechen und ständig nur selbst zu reden.

Eine anziehende Persönlichkeit ist durch den Einsatz von angewandter Psychologie leicht zu entwickeln – genau wie alle anderen Eigenschaften, aus denen die Leiter besteht.

Die zehnte Stufe: Präzises Denken

Wenn Sie einmal gelernt haben, richtig zu denken, dann werden Sie es sich angewöhnen, mühelos und automatisch jede Information, die Sie erhalten, vorab zu untersuchen. Das heißt, Sie prüfen, ob es sich bloß um eine »Vermutung« oder um eine *Tatsache* handelt. Sie werden lernen, alle Sinneseindrücke zu meiden, die nicht aufgrund von Tatsachen aufkommen, sondern die Vorurteilen, Hass, Wut, Voreingenommenheit und anderen falschen Quellen entspringen.

Außerdem werden Sie dazu fähig, Tatsachen in zwei Gruppen einzuteilen, nämlich in relevante und irrelevante. Ihnen wird klar werden, wie Sie die »wichtigen« Tatsachen herausgreifen, sie in organisierte Form bringen und zu einem vernünftigen Urteil oder einem Handlungsplan verarbeiten können.

Sie werden lernen, das, was Sie in Zeitungen und Zeitschriften lesen, zu analysieren und die nötigen Schlüsse daraus zu ziehen. Dabei ziehen Sie aus den bekannten Tatsachen Schlussfolgerungen in Bezug auf Dinge, die Sie noch nicht kennen. So gelangen Sie zu einem ausgewogenen Urteil, zu einem, das weder von Vorurteilen eingefärbt ist noch auf bloßen »Informationen« beruht, die Sie nicht weiter hinterfragt haben.

Wenn Sie verstanden haben, wie man richtig denkt, werden Sie das, was andere sagen, mit dem gleichen Verfahren beurteilen können. Das wird Sie der Wahrheit ein ganzes Stück näherbringen. Wenn Ihre Intelligenz nicht zustimmt, werden Sie nicht länger alles für eine Tatsache halten. Wie jeder vernünftige Denker werden auch Sie jede Information, die versucht, sich ihren Weg in Ihren Geist zu bahnen, verschiedenen Prüfungen unterziehen.

Darüber hinaus werden Sie lernen, sich von dem, was ein Mensch über einen anderen sagt, nicht beeinflussen zu lassen, solange Sie die Aussage nicht abgewogen und geprüft haben. Dann erst bestimmten Sie nach den Prinzipien des richtigen Denkens, ob diese Aussage wahr oder falsch ist.

Wenn wissenschaftliches Denken in der Lage ist, all dies für Sie zu leisten, dann handelt es sich dabei doch um eine wünschenswerte Eigenschaft, nicht wahr?

Wenn Sie die vergleichsweise einfachen Prinzipien verstehen, die richtiges Denken ermöglichen, dann wird es all das – und noch viel mehr – für Sie leisten.

Die elfte Stufe: Konzentration

Konzentration in dem Sinne, wie wir sie als eine unserer Leiterstufen verstehen, bezieht sich auf die Praxis, Ihren Geist dazu zu bewegen, sich Ihr Hauptziel oder jedes andere Vorhaben in allen Einzelheiten bildlich vorzustellen.

Denken Sie auf diese Weise so lange an alles, was mit ihrem Ziel zusammenhängt und zu ihm hinführt, bis das Bild klare Formen angenommen hat und praktische Mittel und Wege offenbart, um das Ziel Wirklichkeit werden zu lassen.

Konzentration ist der Prozess, durch den Sie Ihre Vorstellungskraft dazu bringen, alle Winkel Ihres Unterbewusstseins zu durchsuchen. Dort liegen vollkommene Bilder von allem verborgen, was Ihr Geist jemals über Ihre fünf Sinne aufgenommen hat. Folglich werden Sie darin auch alles finden, was Sie benötigen, um sich ganz genau auf Ihr Ziel zu konzentrieren.

Konzentration beschreibt auch den Prozess, Kräfte zu bündeln, ähnlich der Verbindung elektrischer Batterien durch Kabel. Genau so vereinen Sie die Kraft aller Eigenschaften, die die Magische Leiter ausmachen und die dazu dienen, ein Ziel zu erreichen, auf das Sie sich gerade konzentrieren.

Durch diese Vorgehensweise konzentriert man seine gedanklichen Kräfte so lange auf ein bestimmtes Thema, bis man es im Geiste analysiert, in seine Bestandteile zerlegt und es wieder neu zu einem bestimmten Vorhaben zusammengefügt hat.

Es geht darum, Auswirkungen anhand ihrer Ursachen und Ursachen anhand ihrer Auswirkungen zu untersuchen.

Die zwölfte Stufe: Ausdauer

Ausdauer und Konzentration sind so eng miteinander verbunden, dass die Linie, die beide voneinander trennt, nur schwer auszumachen ist.

Ausdauer ist gleichbedeutend mit Willenskraft oder Entschlossenheit. Es ist die Eigenschaft, mit deren Hilfe Sie die Aufmerksamkeit Ihrer Geisteskräfte durch das Prinzip der Konzentration so lange auf ein bestimmtes Ziel richten, bis Sie es erreicht haben.

Ausdauer ist eine Eigenschaft, die Sie dazu bringt, wieder aufzustehen, wenn ein vorübergehender Fehlschlag Sie einmal aus der Bahn geworfen hat, und dazu, Ihr Streben nach einem bestimmten Anliegen oder Ziel fortzusetzen. Diese Eigenschaft verleiht Ihnen den Mut und das Vertrauen, es ungeachtet aller Hindernisse, die Ihnen noch begegnen können, weiter zu versuchen.

Wenn eine Bulldogge ihren Gegner tödlich an der Gurgel gepackt hat, führt ihre Ausdauer dazu, dass sie sich festbeißt und liegen bleibt, trotz aller Anstrengungen, sie abzuschütteln.

Sie sollen Ihre Ausdauer aber nicht entwickeln, um sie dann zu demselben Zweck einzusetzen wie die Bulldogge. Sie entwickeln Ausdauer, damit sie Ihnen über die unvermeidlichen Felsen und Riffe hilft, die jeder Mensch überwinden muss, der einen lohnenswerten Platz in der Welt anstrebt. Ihre Ausdauer soll Sie unerschütterlich in eine Richtung führen, von der Sie wissen, dass es für Sie die richtige ist. Wenn Sie Ihre Ausdauer aber unüberlegt einsetzen, könnte Sie das leicht in Schwierigkeiten bringen.

Die dreizehnte Stufe: Fehlschläge

Wir sind bei der »Glück bringenden« 13. Stufe angekommen: bei den Fehlschlägen!

Passen Sie auf, dass Sie auf dieser Stufe nicht stolpern. Es ist die interessanteste Stufe, weil es hier um Tatsachen geht, mit denen Sie sich im Leben auseinandersetzen müssen, ob Sie wollen oder nicht. Diese Stufe zeigt Ihnen auf sonnenklare Weise, wie Sie jeden Fehlschlag in einen Vorteil für sich verwandeln können. Sie werden lernen, aus jedem Scheitern einen Grundstein zu formen, auf dem das Haus Ihres Erfolges für immer fest gegründet stehen wird.

Die Fehlschläge sind das einzige Thema auf der ganzen Leiter, das man als »negativ« bezeichnen könnte. Doch ich werde Ihnen zeigen, wie und warum es hier um eine der wichtigsten Erfahrungen Ihres Lebens geht.

Die Natur hat für den Menschen gezielt Fehlschläge eingeplant: Als eine Art Hürdenlauf, den er absolvieren muss, und um ihn angemessen auf eine lohnenswerte Arbeit im Leben vorzubereiten. Jedes Scheitern ist eine große Feuerprobe, auf die uns die Natur stellt, und ein Härtungsprozess, in dem sie die Schlacken von allen menschlichen Qualitäten entfernt und diese wie Metall veredelt, das dann ein Leben lang einer intensiven Nutzung standhält. Das Scheitern folgt dem mächtigen Gesetz des Widerstandes, das einen Menschen in dem Maße stärkt, in dem es ihm gelingt, den jeweiligen Widerstand zu überwinden.

In jedem Fehlschlag steckt eine wichtige und dauerhafte Lehre, wenn man nur bereit ist herauszufinden, um welche Lehre es sich handelt, über sie nachzudenken und Nutzen aus ihr zu ziehen. Fehlschläge fördern die Toleranz, das Mitgefühl und die Herzensgüte eines Menschen.

Auf dem Pfad des Lebens werden Sie es nicht weit bringen, solange Sie nicht bemerken, dass es sich bei jeder Widrigkeit und jedem Fehlschlag in Wirklichkeit um einen Segen handelt, der nur in Verkleidung auftritt. Es handelt sich um einen Segen, weil er Ihren Körper und Ihren Geist in Bewegung versetzt und beide – dem Gesetz der Beanspruchung entsprechend – zum Wachsen bringt.

Wenn wir zurückblicken, finden wir in der Geschichte lauter Fälle, die deutlich zeigen, welch reinigende und stärkende Wirkung Fehlschläge haben.

Sobald Sie begreifen, dass Fehlschläge ein unumgänglicher Bestandteil der Bildung eines Menschen sind, werden sie vor Fehlschlägen keine Angst mehr haben. Und siehe da, schon wird es kein Scheitern mehr geben! Noch niemand hat sich nach einem K.-o.-Schlag wieder aus der Niederlage erhoben, ohne in der einen oder anderen Hinsicht stärker oder klüger geworden zu sein.

Wenn Sie nun auf Ihre eigenen Fehlschläge zurückblicken, könnten Sie das Glück haben, darunter auch einen zu finden, der schwerwiegende Folgen hatte. Wenn Sie solche Fehlschläge erlebt haben, dann werden Sie zweifellos merken, dass sie stets gewisse Wendepunkte in Ihrem Leben oder bei Ihren Vorhaben markiert haben, die letztlich für Sie von Vorteil waren.

Die vierzehnte Stufe: Toleranz und Mitgefühl

Eines der Übel der heutigen Welt ist die Intoleranz und das Fehlen von Mitgefühl.

Wäre die Welt tolerant gewesen, hätte der Weltkrieg das Gesicht der Erde nicht derart verwüsten können.

Gerade hier in Amerika ist es besonders wichtig, dass wir die Lektion von Toleranz und Mitgefühl lernen. Denn das Land ist ein großer Schmelztiegel, in dem wir mit den Angehörigen aller Abstammungen, Religionen und Glaubensrichtungen Seite an Seite leben. Nur wenn wir andere Kulturen, Lebensweisen und Religionen respektieren, können wir friedlich miteinander leben.

Wenn wir keine Toleranz und kein Mitgefühl zeigen, dann werden wir nicht dem Anspruch gerecht, mit dem sich unser Land anfangs von der Alten Welt unterschied, die jenseits des Atlantiks unter dem Joch von Zaren, Königen und Kaisern stand.

Im Krieg haben wir viele wichtige Lektionen gelernt, von denen die wichtigste folgende ist: Es ist möglich, dass Angehörige aller Religionen, Nationalitäten und

oder ethnischen Gruppen für ein gemeinsames Anliegen
Seite an Seite kämpfen.

Wenn wir schon im Krieg für ein gemeinsames Anliegen kämpfen konnten, ohne anderen Religionen, Glaubensrichtungen oder Abstammungen gegenüber intole-
rant zu sein, und wenn uns das nötig und sinnvoll
erschien, warum können wir das dann nicht auch in
Friedenszeiten?

Macht entsteht durch Zusammenarbeit!

Zu allen Zeiten haben die aufgebrachten, kämpfenden
Massen immer stärker unter ihrer eigenen Gleichgültig-
keit und Intoleranz untereinander gelitten als unter der
Unterdrückung durch die herrschende Klasse.

Würde es den Massen tatsächlich einmal gelingen, ihre
Intoleranz abzulegen und für eine gemeinsame Sache
vereint und als geschlossene Front zu kämpfen, dann
könnte keine Macht der Welt sie mehr besiegen.

Im Krieg sind Niederlagen meist die Folge von feh-
lender Organisation. Das ist auch im normalen Leben
der Fall. Wenn Intoleranz vorherrscht und die Menschen
sich nicht in Harmonie um ein gemeinsames Ziel bemühen, dann öffnet das einigen wenigen, die begriffen
haben, wie machtvoll gemeinsame Anstrengungen sind,
Tür und Tor. Diese wenigen Menschen ergreifen die
Gelegenheit und übernehmen die Führung der unorga-
nisierten, intoleranten Massen.

Gerade jetzt im Moment stiftet Intoleranz in zwei
Bereichen auf der Welt großes Chaos: In der Religion
und in Handel und Industrie. Hinter dem Streit zwischen dem sogenannten »Kapital« und der »Arbeit«
steckt nichts weiter als Intoleranz und Habgier. Das
wird auf beiden Seiten deutlich. Wenn beide Parteien
einmal einsehen würden, dass die eine der Arm ist und
die andere das Elixier, das den Arm am Leben erhält,

dann würden beide bald erkennen, dass Intoleranz nicht nur dem einen, sondern beiden gleichermaßen schadet.

Lassen Sie uns die Intoleranz aufgeben und Prinzipien über den Dollar stellen und das Wohl der Menschheit über den selbstsüchtigen Einzelnen. Lassen Sie uns zumindest so viel wirkliche Intelligenz aufbringen wie die kleine Honigbiene, die zum Wohle ihres Bienenstocks arbeitet, damit er nicht zugrunde geht.

Die fünfzehnte Stufe: Arbeit

Dies ist die kürzeste aller Überschriften für die Stufen unserer Leiter, doch sie beschreibt eine der wichtigsten Eigenschaften.

Alle Naturgesetze schreiben vor, dass nichts leben soll, was nicht auch benutzt wird. Wenn man einen Arm an seine Körperseite binden und länger nicht aktiv benutzen würde, dann würde er verkümmern und absterben. Das gilt auch für jedes andere Körperteil. Wenn man es nicht benutzt, führt das zu Verfall und Tod.

So ähnlich ist es auch um den Geist des Menschen bestellt, der mit all seinem Potenzial verkümmert und abstirbt, wenn er nicht genutzt wird. Das stimmt nicht ganz – nicht der Geist wird eingehen, sondern das Gehirn. Das Gehirn ist das körperliche Organ, durch das der Geist arbeitet, und wenn man es nicht nutzt, dann verkümmert es.

Jedes Bild, das über die fünf Sinne in das Gehirn eines Menschen gelangt, lagert sich in einer der winzigen Gehirnzellen ein. Wenn es dort nicht weiter genutzt wird, verkümmert es und stirbt ab. Wird es dagegen fleißig benutzt, bleibt es lebendig und gesund.

Heute räumen die modernsten Pädagogen ein, dass die eigentliche »Bildung«, die ein Kind erwirbt, nicht aus dem Wissen besteht, das es aus Schulbüchern schöpft. Sie besteht vielmehr daraus, dass sich das Gehirn entwickelt, nämlich bei dem Prozess, sich das Wissen aus den Büchern anzueignen. Bei dieser Tätigkeit ist das Gehirn stets im Einsatz und darin liegt der wahre Wert der Schulbildung.

Sie können die Eigenschaften, aus denen die Magische Leiter besteht, alle Ihr Eigen nennen – allerdings zu einem einzigen Preis, zum Preis der Arbeit. Damit ist ausdauerndes, unaufhörliches Arbeiten gemeint. Solange Sie diese Eigenschaften trainieren und immer wieder anwenden, bleiben Sie stark und gesund. Lassen Sie die Eigenschaften aber in Ihrem Inneren schlummern, anstatt ihnen Ausdruck zu verleihen, dann verkümmern sie und sterben schließlich ab.

Die sechzehnte Stufe: Die Goldene Regel

Nun haben wir die letzte Stufe der Leiter erreicht. Wenn wir es nur einen Augenblick bedenken, kommen wir zu der Überzeugung, dass sie eigentlich die erste Stufe sein müsste. Denn sie allein entscheidet, ob ein Mensch bei der Anwendung aller anderen Eigenschaften, die zu der Leiter zählen, letztendlich Erfolg hat oder scheitert.

Die Philosophie der Goldenen Regel bildet wie die strahlende Sonne den Hintergrund für alle anderen Eigenschaften, aus denen die Leiter besteht. Wenn die Goldene Regel nicht den Weg beleuchtet, den Sie entlanggehen, dann kann es leicht passieren, dass Sie kopfüber in einen Abgrund stürzen, aus dem Sie sich nie wieder befreien können.

Die Philosophie der Goldenen Regel macht absolute Herrscher wie Könige oder Kaiser unmöglich und hilft, Menschen wie Abraham Lincoln und George Washington hervorzubringen. Sie ist es, die einzelne Menschen oder ganze Nationen zu Wachstum oder in den Untergang führt, je nachdem, ob die Regel befolgt wird oder nicht.

Die Goldene Regel weist den einzig sicheren Weg zum Glück, denn sie bringt den Einzelnen unmittelbar dazu, der Menschheit sinnvolle Dienste zu erweisen und selbstlos für die Gemeinschaft da zu sein. Sie hilft dem Menschen, den Geist des »Bienenstocks« zu entwickeln und bringt ihn dazu, seine selbstsüchtigen Eigeninteressen dem Wohl der anderen unterzuordnen.

Die Goldene Regel wirkt wie eine Barriere gegen Machtmissbrauch. Wenn er sich an die Regel hält, wird ein Mensch, der erfolgreich die Eigenschaften entwickelt hat, die die Stufen der Leiter repräsentieren, die Macht, die er dadurch erlangt, nicht für schädliche Zwecke missbrauchen. Die Goldene Regel wirkt auch wie ein Gegengift gegen Schaden, den jemand anrichten könnte, der weder Macht noch Wissen hat. Sie bringt den Menschen dazu, die Eigenschaften, die auf den Stufen der Leiter beschrieben sind, zu entwickeln und sie auf intelligente, konstruktive Art zum Ausdruck zu bringen.

Die Goldene Regel ist das Licht der Fackel, die den Menschen zu den Zielen in seinem Leben führt, aufgrund derer er der Nachwelt etwas Wertvolles hinterlässt. Diese Fackel wirft auch ein Licht auf die Last, die seine Mitmenschen tragen, und leuchtet auch ihnen den Weg zu nützlichen, konstruktiven Bemühungen.

Die Bedeutung der Goldenen Regel liegt ganz einfach darin, dass wir andere genauso behandeln müssen, wie wir selbst behandelt werden wollen. Denn: »Was du nicht willst, das man dir tu, das füg auch keinem andern zu.« Es geht darum, dass wir anderen in Form von Gedanken, Handlungen und Taten nur das entgegenbringen, was wir selbst auch gern von ihnen empfangen würden.

Sie haben nun das Konzept dieser Leiter vor sich liegen, eine vollkommene Blaupause oder einen Plan, mit dem Sie jede opportune Unternehmung im Leben vollbringen können. Es muss sich nur um ein Ziel handeln, das zu Ihrem Lebensalter, zu Ihren Neigungen, Ihrer Schulbildung und Ihrer Umgebung passt. Die Magische Leiter wird Sie führen, wenn Sie das Ende des Regenbogens des Erfolges suchen, das wir alle früher oder später im Leben einmal zu finden hoffen.

Das Ende Ihres Regenbogens ist schon in Sicht, glauben Sie mir. Und wenn Sie alle Eigenschaften beherrschen, aus denen diese Leiter besteht, dann werden Sie den Beutel voller Gold an sich nehmen können, der nur darauf wartet, dass sein rechtmäßiger Besitzer erscheint und Anspruch auf ihn erhebt.

Hans Christian Altmann: Die Gesetze des positiven Denkens

Gedanken sind unglaubliche Kräfte. Einen Beweis für die Macht der Gedanken lieferte der englische Wissenschaftler Sir Francis Galton (1822–1911). Galton war einer der klügsten Köpfe seiner Zeit. Er begründete nicht nur die moderne Erblehre, sondern auch die moderne Kriminalistik. Er entdeckte, dass jeder Mensch auf seinen Fingerkuppen unverwechselbare Linien aufweist.

Seitdem wird in allen Staaten die Fingerabdruck-Methode zur Verbrecheridentifikation eingesetzt.

Galton beschäftigte sich auch mit psychologischen Experimenten. Und so unternahm er eines Tages den ersten Versuch in der Geschichte, die Macht der Gedanken bewusst zu testen:

Bevor er seinen täglichen Morgenspaziergang durch London antrat, stellte er sich ganz fest vor: »Ich bin der meistgehasste Mann Englands!« – Nachdem er sich einige Minuten lang auf diese Vorstellung konzentriert hatte, was praktisch einer Selbsthypnose gleichkam, trat er seinen Spaziergang an. Scheinbar wie immer. In Wirklichkeit ereigneten sich jedoch eine Reihe höchst ungewöhnlicher Vorfälle. Denn kaum war er ein paar Schritte gegangen, riefen ihm Passanten Schimpfworte zu oder wandten sich mit Gesten der Abscheu von ihm ab. Ein Seemann aus dem Hafen rempelte ihn im Vorbeigehen sogar so stark an, dass er das Gleichgewicht verlor und der Länge nach hinfiel. Doch nicht genug damit. Sogar auf die Tiere schien sich seine Feindseligkeit übertragen zu haben. Denn als er an einem Droschkengaul vorüberging, schlug dieser aus und traf den Gelehrten so unglücklich an der Hüfte, dass er erneut zu Boden stürzte. Passanten, die den Vorfall beobachtet hatten, eilten herbei und ergriffen mit heftigen Worten Partei – für das Pferd.

Zu diesem Zeitpunkt schien es Galton endgültig geraten, das Experiment abzubrechen. So schnell es ging, erhob er sich, klopfte sich den Staub von den Kleidern und machte sich auf den Heimweg.

Gesetz Nr. 1:
Der Mensch ist, was er denkt!

Was bedeutet dieser Gedanken-Versuch? Er bestätigt die Regel:

Positive Gedanken erzeugen positive Reaktionen!
Negative Gedanken erzeugen negative Reaktionen!

Und er bedeutet: Jeder Mensch ist das Ergebnis seiner Gedanken. Oder wie es der Philosoph Schopenhauer formulierte: »Die Gedanken sind unser Schicksal!« Damit meinte er, dass es nicht die Ereignisse sind, die unser Schicksal beeinflussen, sondern die Gedanken, die wir uns über diese Ereignisse machen.

Ein Verkäufer, der jede Ablehnung oder Zurückweisung als persönliche Niederlage oder Kränkung sieht, muss auf die Dauer an seinem Job verzweifeln. Denn jeder Verkäufer muss zwangsläufig mehr Niederlagen hinnehmen, als er Erfolge feiern kann.

Im Gegensatz dazu der positive Verkäufer:

Er sieht jeden *Misserfolg* entsprechend der statistischen Wahrscheinlichkeit als weiteren Schritt zum Erfolg. Ist er clever, kennt er seine Abschlussquote und kann sich auf diese Weise sogar ausrechnen, was er an jeder Absage verdient.

Genauso weiß er: Je erfolgreicher er werden möchte, umso mehr Misserfolge wird er hinnehmen müssen. Denn je mehr Kontakte er machen wird, umso mehr Absagen wird er erleben. Selbst Joe Girard, der einzige Autoverkäufer, der im Guiness-Rekordbuch steht, gestand, dass er pro Tag mindestens zehn gut vorqualifizierte Interessenten brauchte, um wenigstens fünf abzuschließen. Das sind pro Tag fünf Misserfolge.

Entscheidend sind also nicht die Misserfolge, sondern Ihre Gedanken über diese Misserfolge: Sehen Sie sie als Chance oder als Katastrophe? Ein erfolgreicher Verkäufer werden zu wollen, ohne ein gerütteltes Maß an Misserfolgen zu akzeptieren, ist genauso realistisch, wie Matrose werden zu wollen, ohne Wind und Wellen zu lieben!

Es kommt auf Ihre Gedanken an! Wenn Sie die Schwierigkeiten im Verkauf als Lernschritte ansehen, dann ist das ein *Fortschritt* für Sie. Wenn Sie sie als persönliche Behinderungen ansehen, dann ist das ein *Rückschritt* für Sie.

So gehen Optimisten mit Misserfolgen um!

Die Überwindung von Misserfolgen gehört zu den wichtigsten, ja zu den entscheidendsten Voraussetzungen für überdurchschnittliche Verkaufserfolge. Deshalb gehört dieses Thema hierher. Denn nichts beschäftigt das Denken eines Verkäufers so stark wie eine Serie von Misserfolgen und nichts zerstört seine (positive) Ausstrahlung so schnell wie ein unerwarteter Misserfolg.

Optimistische Verkäufer sind vor allem deshalb so erfolgreich, weil sie es trotz aller Misserfolge immer wieder schaffen, sich in eine positive Stimmung zu versetzen und so einen neuen Versuch zu starten.

Im Gegensatz dazu die pessimistischen Verkäufer: Von dem Bannstrahl des Misserfolges getroffen, sehen sie sich als hilfloses Opfer und fühlen sich wie gelähmt. Schließlich resignieren sie und geben auf. Der Tag ist für sie gelaufen. Deshalb lautet das wichtigste Gebot für den erfolgreichen Umgang mit Misserfolgen: Tun Sie alles, um dieses Gefühl der Hilflosigkeit und Lähmung zu vermeiden!

Optimistische Spitzenverkäufer raten zu folgenden Methoden:

1. **Berücksichtigen Sie Ihre statistischen Quoten.** Haken Sie alle Misserfolge, die innerhalb Ihrer Abschluss- und Kontaktquote liegen, als Normalfall ab. Wenn Sie zehn Anrufe für einen Termin brauchen, dann interpretieren Sie jeden »Misserfolg« als weiteren Schritt zum Erfolg.

2. **Machen Sie einen neuen Versuch.** Vermeiden Sie jedes Grübeln, jedes selbstquälerische Nachdenken oder jedes Sich-immer-wieder-daran-Erinnern nach einem Misserfolg. Sagen Sie zu jedem dieser negativen Gedanken laut und deutlich: »STOPP«, und konzentrieren Sie sich auf einen positiven Gedanken. Zum Beispiel darauf, was Sie aus dem Misserfolg lernen können. Hören Sie aber auf keinen Fall mit Ihrem Besuchsprogramm auf. Besuchen Sie Ihre Kunden genauso konsequent weiter wie bisher.

3. Beginnen Sie sofort ein positives Selbstgespräch. Stellen Sie sich nach allen Misserfolgen folgende Fragen:
   - Bin ich wirklich allein an dem Misserfolg schuld oder sind nicht auch die Umstände daran schuld? (Frage der persönlichen Schuld)
   - Sind die Folgen des Misserfolges wirklich langfristig oder sind sie nur zeitlich begrenzt? (Frage der Dauer)
   - Sind die Auswirkungen wirklich weitreichend oder beziehen sie sich nur auf diesen Einzelfall? (Frage des Geltungsbereichs) Es gilt die Regel:
   - Pessimisten betrachten jeden Misserfolg als »persönlich verursachtes, langfristiges und weitreichendes Unglück.« Dadurch geraten sie geradezu auto-

matisch in den Zustand der Hilflosigkeit und Handlungslähmung.
• Optimisten sehen im Gegensatz dazu die Misserfolge eher als von anderen verursachte, kurzfristige und einmalige Ereignisse an. Dadurch können sie sich auch schneller davon lösen.

Fazit: Lassen Sie Misserfolge nie gedankenlos auf sich wirken!

Klopfen Sie sie nach ihren wirklichen Folgen ab! Dann werden Sie wie Mark Twain feststellen:
»99 Prozent aller Sorgen, die ich mir gemacht habe, sind nie eingetroffen!«

4. **Verfolgen Sie Ihr Konzept weiter.** Bleiben Sie auch nach Misserfolgen bei Ihrem Verkaufskonzept. Versuchen Sie nicht, davon abzugehen und den Kunden plötzlich anzubetteln, zu bitten oder zu bedrängen.
5. **Machen Sie nur kurze Mittagspausen.** Das gilt vor allem nach Misserfolgen. Versuchen Sie nach Misserfolgen möglichst schnell wieder zum Kunden und damit in den Tritt zu kommen.
6. **Betrachten Sie Misserfolge als Herausforderung.** Sehen Sie »bestimmte« Misserfolge als persönliche Herausforderungen an, bei denen Sie es wissen wollen: »Das wäre doch gelacht, wenn ich den Kunden nicht herumkriege!« Und dann freuen Sie sich auf diese Herausforderung und mobilisieren neue Energie.
7. **Reagieren Sie mit einer Trotzreaktion.** Wenn es der Kunde zu »bunt« treibt oder die Misserfolge sogar Ihre Abschlussquote gefährden, dann werden Sie zornig. Schöpferisch zornig. Dann geraten Sie in heilige Wut und sagen zu sich: »Jetzt erst recht!«

8. **Fragen Sie sich nach dem Warum.** Wenn Selbst-
   zweifel Sie lähmen wollen, dann fragen Sie sich, warum Sie diese Arbeit tun oder tun müssen. Rufen Sie
   sich möglichst viele Gründe wieder ins Bewusstsein.
   Von der Miete bis zur Rennliste. Von dem neuen
   Segelboot bis zur Frühpensionierung mit 50!

9. **Denken Sie an Ihre Wertvorstellungen.** Erinnern Sie
   sich an das, wofür Sie sich einsetzen, was der Sinn Ihrer
   Arbeit ist. Der eine möchte seinen Kindern ein Vorbild sein. Der andere möchte gegenüber der Firma ein
   hohes Verantwortungsbewusstsein zeigen. Der Dritte
   verlangt von sich, immer das Beste zu geben …

10. **Erinnern Sie sich an frühere Erfolge.** Erleben Sie in
    Ihrer Vorstellung die Methoden Ihres schönsten
    Erfolges wieder. Spüren Sie auch die damaligen
    Gefühle wieder. Sagen Sie zu sich: »Das habe ich
    damals gekonnt. Das kann ich auch heute noch!«

Gesetz Nr. 2:
Was der Mensch denkt, strahlt er aus!

Das, was der Verkäufer wirklich über seinen Beruf, seine
Produkte, seine Firma, seine Kunden, seine Verkäufertä-
tigkeit und über sich selbst denkt, strahlt er aus:

Er strahlt es durch eine Vielzahl mimischer, gestischer,
  körpersprachlicher oder sprachlicher Signale aus.
Er strahlt es durch seine Kleidung und durch sein Auftreten aus.
Er strahlt es durch seine Sprache und seine Wortwahl aus.
Er strahlt es aus, wie er zur Türe hereinkommt und mit
  welcher Betonung er den ersten Satz sagt.
Er strahlt es aus, wie lange er um gute Preise kämpft und
  wie schnell er bei Verhandlungen aufgibt.

Er strahlt es durch seinen Erfolg und seinen Misserfolg aus!

Machen wir zum Beweis einen kleinen Abstecher in die Rhetorik:
Nehmen wir an, Sie wollen Ihren Zuhörern sagen: »Ich möchte Sie auf drei Punkte aufmerksam machen: 1) ... 2) ... 3) ..., und Sie wollen bei der Aufzählung Ihre Finger entsprechend einsetzen, dann werden Sie bemerkt haben, dass die Finger schon oben sind, noch bevor Sie die Zahl gesprochen haben.

Wenn es also schon fast ein automatischer Reflex ist, dass wir das, was wir sagen wollen, *vorher* durch unsere Körpersprache anzeigen, dann können Sie sich vorstellen, was ein Verkäufer schon vor den ersten Worten seinem Kunden alles sagt. Schon an seiner Miene, seiner Haltung, seinen Gesten, seinen Schritten, seinen Blicken ... sieht der Kunde, was er von sich, seinem Angebot und von ihm hält.

Seine Erwartungshaltung ist ihm ins Gesicht geschrieben! Er strahlt sie aus. Genauso steht ihm auch sein letzter Erfolg oder Misserfolg ins Gesicht geschrieben. Er strahlt beides aus! Wollen Sie einen wissenschaftlichen Beweis dafür?

Selbst Pflanzen reagieren auf Gedanken

Anfang der Sechzigerjahre führte John Baxter, amerikanischer Experte für Lügendetektoren, einen sensationellen Versuch mit Pflanzen durch. Ihn interessierte die Frage: Gibt es einen wissenschaftlichen Beweis für den Ausstrahlungseffekt?
Baxter nahm eine Zimmerpflanze, den Drachenbaum, und schloss ihn an einen Polygrafen an, um festzustel-

len, wie er zum Beispiel auf das Anzünden durch ein Streichholz reagieren würde. Doch kaum hatte Baxter diesen Entschluss gefasst, da schlug der Polygraf bereits aus. Der Drachenbaum hatte allein schon auf den Gedanken reagiert.

Doch nicht genug damit. Hunderte (!) von späteren Versuchen ergaben, dass Pflanzen nicht nur auf Handlungen reagieren, die gegen sie gerichtet sind, sondern sie sich auch in ihrem Gedächtnis merken. Darüber hinaus scheinen sie – was man für unmöglich halten möchte – mit ihren Bezugspersonen sogar noch über Tausende Kilometer Entfernung in Verbindung zu bleiben.

Selbst wenn nur ein Bruchteil dieser Ergebnisse stimmt, um wie viel stärker müsste dieser Ausstrahlungseffekt bei den hochsensiblen Menschen sein, die neben ihrem Bewusstsein noch über das viel aufnahmefähigere Unterbewusstsein verfügen?

Den Beweis dafür erbrachte ein Experiment in den USA:

Selbstbewusste Redner wirken größer!

In einer Universitätsklasse forderte man die Studenten, die gern öffentlich redeten, auf, sich in die rechte Ecke zu stellen, und diejenigen, die nicht gern öffentlich redeten, sich in die linke Ecke zu stellen. Also stellten sich in der rechten alle diejenigen auf, die gerne einmal Rechtsanwälte, Staatsanwälte, Lehrer, Professoren … werden wollten, und in der linken stellten sich diejenigen auf, die einmal Techniker, Ingenieure, Wirtschaftsprüfer … werden wollten. Dann forderte man eine andere Klasse auf, die diese weder vorher kannte noch wusste, warum sie in zwei Gruppen aufgestellt war, die Körpergrößen der

Teilnehmer in der rechten Ecke und die Körpergrößen der Teilnehmer in der linken Ecke zu schätzen.

Das Ergebnis war erstaunlich: Die Mitglieder der »Rednergruppe« wurden im Durchschnitt um 3 Zentimeter größer eingeschätzt. Die Ursache: Während die Mitglieder der Rednergruppe aufrecht und selbstbewusst dastanden, versuchten sich die Mitglieder der anderen Gruppe instinktiv zu verstecken, sich also kleiner zu machen.

Dasselbe gilt für den Verkäufer: Wann immer er mit einem Kunden spricht, vor dem er Angst hat, bei dem er sich unwohl fühlt, macht er sich instinktiv kleiner!

Ein weiteres Beispiel für den Ausstrahlungseffekt:

Schwache Verkäufer verlieren im Preisgespräch

Woher kommt es, dass die einen Verkäufer mit guten Preisen und die anderen mit hohen Nachlässen nach Hause kommen? Der Chef einer Heizungsbau-Firma versuchte, dem Rätsel auf die Spur zu kommen, und begleitete jeden seiner Verkäufer bei seinen Verkaufsgesprächen. Dabei machte er eine erstaunliche Entdeckung: In dem Augenblick, in dem der Gesprächspartner des Verkäufers – der Bauherr, der Architekt oder der Heizungsingenieur – den Verkäufer etwas fragte und dabei eine fachliche Schwäche feststellte (zum Beispiel fehlende Kompetenz oder mangelnde Problemlösungsfähigkeit), hörte er sofort mit dem Fachgespräch auf und begann, auf den Preis loszugehen – ihn zu drücken. Da der Verkäufer für ihn das Image eines Fachmannes verloren hatte, verlor auch er sofort alle Hemmschwellen, von ihm den niedrigsten Preis zu fordern.

Noch schneller kann die Ausstrahlung eines Pharmareferenten über Erfolg oder Misserfolg entscheiden:

Was das geschulte Auge eines Chefarztes alles sieht

Chefärzte haben in der Regel wenig Zeit und für Pharmareferenten noch weniger Zeit. Der Chefarzt einer großen Klinik fasste deshalb den Umgang mit Pharmareferenten in einem Satz zusammen: »An der Art und Weise, wie er zur Türe hereinkommt, sehe ich, ob er heute etwas Neues hat.« Das heißt im Klartext: Bevor der Pharmareferent auch nur ein Wort gesagt hat, hat ihn der Chefarzt schon beobachtet und qualifiziert. So entscheidet die Ausstrahlung des Pharmareferenten innerhalb von 3 Sekunden nicht nur über seine Gesprächschancen, sondern auch über seine Erfolgschancen!

Ganz entscheidend ist bei diesem Gesetz der Ausstrahlung: Sie brauchen als Verkäufer Ihrem Kunden kein einziges Wort darüber zu sagen, was Sie über sich selbst, Ihr Angebot, Ihren Beruf, Ihre Firma und – vor allem – über ihn denken – er sieht und fühlt es sofort. Das beweist auch das folgende Beispiel:

Die Ausstrahlung wirkt auf den ersten Blick

Die Parfümerie-Abteilung des Kaufhauses Hertie in München ist eine der größten in Deutschland. Alle Weltmarken wie Helena Rubinstein, Estée Lauder, Lancôme, Chanel, Juvena, Armani … sind dort vertreten. Und die Damen, die dort bedienen, verkaufen den Frauen die ewig gleichen Träume: Schönheit, Jugend, Attraktivität. Geht man an den einzelnen Firmenständen vorbei, dann machen alle Verkäuferinnen einen sehr gepflegten, oft bildhübschen Eindruck. Überblickt man jedoch vom ersten Stock aus die ganze Abteilung, dann macht man eine aufregende Entdeckung.

»Ohne Ansehen der Person« und unbeeindruckt von der schönen Aufmachung verändert sich die Ausstrahlung der einzelnen Damen gewaltig und mit einem Blick erkennt man, welche von ihnen nicht nur an sich, sondern auch an den Kundinnen interessiert ist. Das entscheidende Merkmal, das die unterschiedliche Ausstrahlung anzeigt, ist ihre »Distanz« zu den vorübergehenden Kunden. Vor allem dann, wenn sie gerade keinen Kunden bedienen.

Dann gehen die Ich-Orientierten einen großen Schritt zurück, lehnen sich an die Rückwand und sprechen mit ihren Kolleginnen. Ganz anders die Verkäuferinnen mit einer positiven Kundenorientierung. Sie wollen den Kundinnen (unbewusst) signalisieren: »Ich bin immer für sie da!«, und bleiben deshalb auch nach einem Kundengespräch vorn am Verkaufstisch stehen – jederzeit ansprechbar. Selbst kleinere Arbeiten führen sie vorne aus. Kurzum: Sie suchen (instinktiv) die Nähe zu ihren Kundinnen, sie sind jederzeit »auf Empfang« eingestellt.

Die anderen Verkäuferinnen werden sich denken: »Das haben wir nicht nötig. Wir führen ein Spitzenprodukt. Wer unsere Marke schätzt, der kommt auch zu uns.« Und mit leichter, aber »unübersehbarer« Arroganz lehnen sie sich zurück.

Jeder Verkäufer träumt einmal davon, dass die Kunden nach seinem Produkt Schlange stehen. Aber Vorsicht – dieser Traum kann, wenn er in Erfüllung geht, auch schlagartig Ihre positive Ausstrahlung zerstören, wie das folgende Beispiel zeigt:

Ein Autoverkäufer verwirklicht seinen Traum

Vor Kurzem brachte ein deutscher Hersteller von Mittelklassewagen ein neues Modell heraus. Schon nach kurzer Zeit versprach es, ein »Renner« zu werden. Entsprechend groß war die Nachfrage des Publikums – und die Gefahr für die Verkäufer!

Die Szene war sogar von der Straße aus gut zu beobachten, denn sie spiegelte sich hinter den großen Scheiben eines Autohauses auf dem Berliner Kudamm ab. Ein Ehepaar mit zwei Kindern stand ehrfürchtig und angeregt diskutierend neben dem »Renner«. Man deutete auf dieses und jenes, probierte hier und dort und stellte dem Verkäufer gelegentlich einige Fragen. Doch der Clou des Ganzen war die Position des Verkäufers. Er stand nicht etwa bei den Kunden, um zu demonstrieren oder zu erklären. Nein! In lässiger Haltung saß er, die Füße zwar noch auf dem Boden, aber ansonsten völlig ungeniert auf der Motorhaube. Die Arme hatte er dabei verschränkt und sein Blick führte ebenso starr an den Kunden vorbei wie der einer ägyptischen Sphinx an aufgeregten Touristen.

Diese Haltung sprach Bände. Sein Traum war wahr geworden: Endlich hatte er ein Auto, das er nicht mehr verkaufen, sondern nur noch zuteilen musste. Ein Modell, bei dem sich jede Erklärung erübrigte, denn es sprach für sich.

Was nicht für ihn sprach, war seine Haltung. Ein positiver Verkäufer hätte anders reagiert. Er wäre auf die Kunden zugegangen, hätte sie für das neue Modell begeistert und hätte mit dieser Begeisterung auch die schwer verkäuflichen Modelle verkauft. Von denen soll es ja im besten Autohaus welche geben. Kurzum: Er hätte den Aufwind für zusätzliche Verkaufserfolge und nicht für eine zunehmende Arroganz genutzt!

Das letzte Beispiel der Ausstrahlung hat mit Geld zu tun – wie so vieles im Leben:

Hier irren die Provisionsjäger

Viele Menschen glauben, dass das, was sie für wichtig halten, auch von den anderen Menschen für wichtig gehalten wird. Das kann sein, aber muss nicht sein. Wenn also einem Verkäufer das Geld (sprich die Provision) sehr wichtig ist, dann glaubt er in der Regel, dass auch dem Kunden das Geld (sprich: der Preis) sehr wichtig ist.

Und genauso verhält er sich dann auch. Ganz schnell verkauft er ihm dann statt eines Produktes vor allem einen Preis. Er erzieht damit den Kunden geradezu, nur noch an das Geld (den Preis) zu denken. Vielleicht glaubt er auf diese Weise auch schneller zu seinem Geld (seiner Provision) zu kommen. Folgerichtig unterlässt er es auch, eine persönliche Beziehung und ein echtes Wertbewusstsein aufzubauen. Das würde zu viel Zeit und zu viel Mühe »kosten«. Dafür sagt er mittendrin, oft völlig unmotiviert, zu dem Kunden: »Und über den Preis werden wir uns schon noch einig!«

»Fein«, denkt sich der Kunde und hört die großen Nachlässe läuten. Kommt es dann zum Preisgespräch, dann steht und fällt der Verkäufer mit seinem jeweiligen Preisangebot, denn andere Kompensationsmöglichkeiten hat er ja außer Acht gelassen.

So kommt es schließlich für den Verkäufer zu der sich selbst erfüllenden Prophezeiung: Der Kunde fordert und kriegt einen niedrigen Preis. Der Verkäufer gewährt ihn und weiß: Es geht wirklich nur um den Preis! – Das hat er gedacht, das hat er ausgestrahlt, das hat er auch angezogen! Damit sind wir bereits beim:

Gesetz Nr. 3
Was der Mensch ausstrahlt, zieht er an!

Es bedeutet:

**Gedanken wirken wie Magneten!
Denn Gleiches zieht Gleiches an!**

Mit unserer Einstellung sprechen wir genau die entsprechende Einstellung des anderen an!

Jeder Verkäufer bekommt die Kunden, die er verdient!

Wissen Sie, was ein »Seehund« bedeutet? Es ist Samstag, 8 Uhr morgens. Ein Herr, korrekt gekleidet und rasiert, betritt den Ausstellungsraum einer deutschen Nobelmarke. Zwei Herren, die sich gerade mit ihren Zeitungen beschäftigen, stecken die Köpfe hoch. Ratlosigkeit und Schrecken malt sich in ihren Gesichtern ob der plötzlichen Ruhestörung ab. Als sich der Herr nicht sofort zur Flucht entschließt, meinen sie entgeistert: »Was wollen Sie denn hier?« »Sie werden es nicht erraten«, will daraufhin der nette Herr sagen und hinzufügen: »Ich möchte mir ein neues Auto kaufen.« Doch er sagt es nicht. Leicht schockiert von diesem unhöflichen Empfang beißt er sich im letzten Moment auf die Lippen und sagt nur: »Ich möchte mich ein wenig umsehen« – »Ah ja«, meinen die Herren und vertiefen sich erleichtert wieder in das Studium ihrer Zeitungen. Sie wussten natürlich von vornherein, dass es sich nur um einen »Seehund« (einen Kunden, der sich nur umsehen will) handelte. Und wir wissen, dass es sich bei diesen beiden Herren nicht um Verkäufer, sondern um Mitglieder der »Kunden-Abwehrabteilung« handelte.
So haben ein paar Sekunden darüber entschieden, ob aus dem Kontakt eine Enttäuschung oder ein Geschäft wird.

Der positiv eingestellte Verkäufer hätte den Kunden sofort begrüßt, ohne sich vorher fünfmal zu fragen, ob dieser Kunde nun wirklich kauft und ob sich eine Beratung überhaupt lohne.

Nur der negativ eingestellte Verkäufer weiß dank seiner »speziellen Menschenkenntnis« sofort, dass dieser Kunde nicht kauft, dass er nur Prospekte möchte und dass er ihn nur Löcher in den Bauch fragen wird.

So fühlt sich der Kunde bei dem einen Verkäufer auf- und bei dem anderen abgewertet. So wird der Kunde bei dem einen positiv und bei dem anderen negativ reagieren. So kommt der positiv eingestellte Verkäufer zu zusätzlichen Chancen und der negativ eingestellte Verkäufer wirklich zu seinen »hohlen Nüssen«.

Der negativ eingestellte Verkäufer aber wird zu seinen Kollegen zurückkehren und ihnen triumphierend erklären: »Habe ich es nicht gleich gesagt, dass der nicht kauft?« Seine sich selbst erfüllende Prophezeiung ist wieder einmal in Erfüllung gegangen. Seine in vielen Verkäuferjahren gewonnene Menschenkenntnis wurde bestätigt. Und genauso wurde auch das Gesetz der Anziehung und Ausstrahlung bestätigt. Er hat genau das angezogen, was er ausgestrahlt hat.

Einen ganz anderen Empfang erlebten die Herren Peters und Watermann, die beiden Autoren des Bestsellers *Auf der Suche nach Spitzenleistungen*. Er muss sie so beeindruckt haben, dass sie ihn auf der ersten Seite ihres Buches vorstellten. Hier ist ihr Bericht:

Der freundliche Empfang im »Four Seasons«

»Nach dem Abendessen hatten wir beschlossen, noch eine zweite Nacht in Washington zu bleiben. Den letzten Rückflug hatten wir wegen eines Geschäftstermins verpasst. Wir hatten keine Hotelreservierung, waren aber in der Nähe des neuen ›Four Seasons‹, in dem wir schon einmal abgestiegen waren und das uns gefallen hatte. Während wir durch die Empfangshalle gingen und überlegten, wie wir unseren Zimmerwunsch wohl am besten vorbringen sollten, stellten wir uns innerlich schon auf die übliche kühle Behandlung für späte Gäste ein. Da blickte zu unserer Verblüffung die Dame an der Rezeption auf, lächelte und fragte, wie es uns ginge. Sie wusste unsere Namen noch! In dem Moment begriffen wir, weshalb das ›Four Seasons‹ innerhalb eines kurzen Jahres zu *dem* Hotel Washingtons geworden war und sich gleich im ersten Jahr mit den begehrten vier Sternen schmücken durfte.«

Haben Sie bemerkt, wie sich selbst diese hochkarätigen Unternehmensberater vorher unwohl fühlten und sich schon gegen einen frostigen Empfang immunisierten? Wie erst ergeht es den normalen Sterblichen? Bei dem freundlichen Empfang mit namentlicher Begrüßung wurde ihnen direkt warm ums Herz und das Ganze für sie so eindrucksvoll, dass sie es als erstes Beispiel in ihrem Welt-Bestseller verwendeten. – So kann sich eine positive Einstellung des »Verkäufers«, der Dame an der Rezeption und ein positives Wohlbefinden der Kunden auszahlen.

Sie alle kennen selbst ähnliche Beispiele, die einem nur deshalb so lange im Gedächtnis bleiben, weil sie so außergewöhnlich sind. Mir ging es genauso:

Der First-Class-Service einer Blumenverkäuferin

Wir waren umgezogen und ich wollte meine Frau für die viele Mühe mit einem Strauß Blumen aufheitern. Ich ging also in ein Blumengeschäft, besprach mit der Verkäuferin meinen Wunsch und sie fing auch schon an, einen schönen Strauß zusammenzustellen, als ich vorsichtshalber nach meinem Geldbeutel griff und darin nur noch einen 20 Mark-Schein fand. Natürlich bot die Verkäuferin mir sofort eine spätere Bezahlung an. Doch als ich das ablehnte, empfahl sie mir, ohne die geringste Spur einer Enttäuschung zu zeigen, einen Blumenstock für 15 Mark, gab mir einige Tipps für die Pflege und versprach mir eine lange Haltbarkeit. Dann wickelte sie das Ganze so schön und sorgfältig ein, als handelte es sich um 25 Baccara-Rosen, zwickte die Klarsichthülle mit einem Schleifchen und ihrer Visitenkarte (gute Idee!) zusammen, begleitete mich mitsamt dem Blumenstock zur Türe, bedankte sich für den Kauf und verabschiedete mich mit netten Worten.

Die Moral von der Geschichte: Eine Woche später lud ich einige Seminarteilnehmer zu mir nach Hause zum Kaffee ein. Als sie mich vertrauensvoll nach einem Blumengeschäft fragten, da empfahl ich Ihnen ... (was wohl?). Kurzum. Sie kamen mit einem Blumenstrauß, der so üppig ausfiel, dass er gerade noch in ihr Auto passte.

Die Chinesen haben die Bedeutung einer positiven Ausstrahlung in dem einen Satz zusammengefasst:

»Wer nicht zu lächeln versteht, braucht gar nicht erst ein Geschäft aufzumachen!«

Sie wissen um die wichtigste Voraussetzung für gute Geschäfte – dass sich der Kunde wohlfühlt. Wohlfühlt beim Betrachten (der schönen Auslagen). Wohlfühlt beim Betreten (durch den freundlichen Empfang). Wohlfühlt während des Kaufens (durch die zuvorkommende

Bedienung) und wohlfühlt beim Verlassen des Geschäfts (durch die Zufriedenheit mit dem Kauf).

Entscheidend für eine gute und Erfolg versprechende Kundenbeziehung ist: Der Kunde muss sich bei dem, was er tut, und mit dem, was er gekauft hat, wohlfühlen!

Je wohler sich ein Kunde fühlt, umso aufgeschlossener ist er! Wie anders ist es sonst zu erklären, dass es bestimmten Verkäufern immer wieder gelingt, ihre Kunden zu weit überdurchschnittlichen Einkäufen »zu verführen«?

Was strahlen diese Verkäufer aus? Was sprechen sie im Kunden so erfolgreich an, dass diesem Herz und Geldbeutel gleichermaßen aufgehen?

Was verführt Kunden zu hohen Ausgaben?

Das Lächeln der Chinesen und die freundliche Begrüßung positiver Verkäufer haben eines gemeinsam: Dadurch fühlt sich der Kunde sofort akzeptiert, anerkannt und aufgewertet. Er braucht nicht wie bei den abwehrenden Autoverkäufern um seine Anerkennung und um seine Selbstbehauptung kämpfen.

So kann er sich mit sich selbst beschäftigen. Das ist der entscheidende Punkt! Wenn dann noch der Verkäufer versteht, eine Atmosphäre des Vertrauens und des Verständnisses aufzubauen, ist der Augenblick gekommen, in dem der Kunde langsam anfängt, sich auch zu seinen geheimen, bisher oft verdrängten Wünschen zu bekennen. Jetzt erst, wo ihn die anderen als wertvolle Persönlichkeit behandeln, hält er sich auch selbst für eine wertvolle Person.

Dann ist der Augenblick gekommen, wo der Kunde die Chance sieht, sein Idealbild zu verwirklichen und die bewunderte Person zu werden, die er bisher nur in anderen Personen bewundert hat.

Und diese Chance, sein Idealbild zu verwirklichen, lässt er sich auch etwas kosten!

Zusammenfassung:

Der positive Verkäufer erreicht deshalb überdurchschnittliche Erfolge, weil er kontinuierlich die folgenden fünf Regeln des positiven Denkens anwendet:

- Er begrüßt jeden Kunden positiv, denn er möchte, dass sich der Kunde sofort wohlfühlt und seine Energie für seine Wünsche und nicht für seine »Selbstverteidigung« verwendet.
- Er behandelt den Kunden bereits im Verkaufsgespräch so, als ob er schon sein Idealbild als anerkannte und bewunderte Persönlichkeit verwirklicht hätte.
- Er beweist durch seine eigene positive Ausstrahlung, dass er in der Lage ist, dem Kunden zu einem besseren Image, also zu seinem Idealbild zu verhelfen.
- Er strahlt die Sicherheit und die Überzeugungskraft aus, die dem Kunden hilft, sich zu seinen (geheimen) Wünschen zu bekennen und sie zu verwirklichen.
- Er tut alles, damit der Kunde sich (auch nach dem Kauf) mit dem, was er gekauft hat, wohlfühlt – und wiederkommt.

Zehn Spitzen-Methoden zur Verbesserung Ihrer positiven Ausstrahlung

1. Verbessern Sie Ihre Kompetenz – und Sie strahlen aus, dass Sie ein »Fachmann« sind.

Sie strahlen dann Kompetenz aus, wenn Sie das Gefühl haben, für Ihre Kunden Probleme lösen zu können. Versuchen Sie deshalb als Erstes, alles über Ihr Angebot zu erfahren: alle Vorteile, alle Anwendungsmöglichkeiten, alle Wettbewerbsunterschiede. Arbeiten Sie überzeugende Antworten auf die wichtigsten Kundenfragen zu Ihrem Angebot aus. Geben Sie sich nicht mit reinem Produktwissen zufrieden, sondern arbeiten Sie vollständige Problemlösungen aus. Denken Sie einmal – wie es ein Topverkäufer formulierte – »bis zur Erschöpfung über Ihr Produkt nach«, um wirkliche Kompetenz ausstrahlen zu können.

Erst dann sind Sie der Fachmann, der von jedem Kunden ernst genommen und (immer) gern gesehen wird.

2. Arbeiten Sie ein »individuelles Angebot« aus – und Sie strahlen das Bewusstsein der Einzigartigkeit aus

Machen Sie aus einem Dutzend-Produkt durch einen besonderen Zusatznutzen – eine besondere persönliche Beratung oder einen exklusiven Service – Ihr unverwechselbares Markenzeichen. Es soll einzigartig sein! Es soll etwas sein, das nur Sie in dieser Form dem Kunden anbieten können. Es soll sich vom Wettbewerb unterscheiden und dem Kunden gleichzeitig eine außergewöhnliche Einsatzbereitschaft signalisieren.

3. Sehen Sie alle Schwierigkeiten als Herausforderungen an – und Sie strahlen Optimismus aus.

Ärger zerstört jede Ausstrahlung, Pessimismus jede Hoffnung. Erleben Sie deshalb schwierige Verkaufsgespräche und Kunden als persönliche Herausforderungen, bei denen Sie Ihr Können unter Beweis stellen können. Freuen Sie sich schon vorher darauf! Das ist die Freude der Topverkäufer. Nur die Durchschnittsverkäufer freuen sich – wenn überhaupt! – erst immer danach.

Wecken Sie diese Freude an Herausforderungen, indem Sie

- Ihre Kompetenz verstärken (so freuen Sie sich, weil Sie dem Kunden Problemlösungen anbieten können),
- ein individuelles Angebot ausarbeiten (so freuen Sie sich, weil Sie dem Kunden etwas Einzigartiges anbieten können) und
- ein Verkaufskonzept ausarbeiten (so freuen Sie sich, weil Sie in jeder Situation wissen, wie Sie reagieren müssen).

4. Bereiten Sie sich gut vor – und Sie strahlen Selbstsicherheit aus!

Eine gute Vorbereitung ist das beste Fundament für ein hohes Selbstvertrauen. Bereiten Sie sich zweifach vor: Argumentativ, indem Sie genau wissen, was Sie sagen und wie Sie auf die Fragen des Kunden reagieren wollen. Und psychisch, indem Sie schon vorher überlegen, wie Sie in bestimmten Situationen (zum Beispiel bei neuen Einwänden) reagieren werden. Stärken Sie Ihr Selbstvertrauen, indem Sie sich immer wieder an Ihre besten Verkaufserfolge oder Problemlösungen erinnern. Seien Sie stolz auf das, was Sie bisher geleistet haben!

5. Denken Sie an Ihren größten Wunsch – und Sie strahlen Entschlossenheit aus!

Ein starker Wunsch ist die beste und vielleicht wichtigste Antriebskraft für große Verkaufserfolge. Denken Sie an diesen Wunsch. Stellen Sie sich vor, wie er durch Ihre Verkaufserfolge Wirklichkeit wird. Und stellen Sie sich vor, wie Sie sich fühlen würden, wenn Sie ihn dann realisieren. Verwenden Sie ein Symbol, das Sie immer wieder an diesen Wunsch erinnert (zum Beispiel ein Foto). Mobilisieren Sie mit diesen Gefühlen auch Ihre Entschlossenheit! Verstärken Sie diese Entschlossenheit, indem Sie schon vorher drei Abschlussversuche vorbereiten. Und nehmen Sie sich vor, das nächste Verkaufsgespräch nicht eher aufzuhören, bevor Sie nicht dreimal einen Abschluss versucht haben.

6. Bringen Sie für Ihre Produktaussagen Beweise – und Sie strahlen Glaubwürdigkeit aus!

Nichts stört die Glaubwürdigkeit mehr als unbewiesene Aussagen, übertriebene Vorteile und nicht eingehaltene Zusagen. Glaubwürdigkeit erreichen Sie, wenn Sie für Ihre Produktvorteile Beweise vorlegen. Am besten »schwarz auf weiß« in Form von Kosten-Nutzen-Rechnungen, Referenzen, Vorher-nachher-Bildern …

Zuverlässigkeit strahlen Sie aus, wenn Sie alle Ihre Zusagen auch einhalten: zum Beispiel Terminzusagen, Lieferzusagen, Service-Zusagen …

Eine besondere Zuverlässigkeit erreichen Sie, wenn Sie sich darum kümmern, dass sich der Kunde (auch

nach dem Abschluss) mit dem, was er gekauft hat, wohlfühlt.

7. Dokumentieren Sie den Erfolg – und Sie strahlen Überzeugungskraft aus!

Nichts macht so erfolgreich wie der Erfolg und nichts
zieht den Erfolg so an wie der Erfolg!

Ob Kleidung oder Unterlagen, Statussymbole oder
Auto, Visitenkarte oder Titel, Kompetenzen oder Voll-
machten – mit all dem können Sie Ihren Erfolg unterstreichen. Natürlich muss ein Anlageberater anders auftreten als ein Motorsägenverkäufer.

Aber von einem erfolgreichen Verkäufer will jeder
kaufen, denn er verspricht ja durch seinen jetzigen Erfolg
schon den künftigen!

Genauso gut können Sie Erfolg ausstrahlen, wenn Sie
sich vorstellen: Wie würde ich jetzt auftreten, wenn ich
genau wüsste, dass der nächste Besuch ein voller Erfolg
wird?

8. Bringen Sie dem Kunden etwas mit – und Sie strahlen Freundlichkeit aus!

Gastgeschenke sind schon immer die besten Türöffner
gewesen. Sie erscheinen dem Kunden freundlich und
sympathisch, wenn Sie ihm signalisieren, dass Sie schon
vorher an ihn gedacht haben. Zum Beispiel in Form eines
interessanten Artikels oder einer Eintrittskarte für eine
Sportveranstaltung …

Genauso wichtig ist ein freundliches Lächeln. Es zeigt,
dass Sie sich auf die Begegnung (und Herausforderung)
freuen. Eine dritte Möglichkeit besteht darin, alle Ähn-
lichkeiten mit dem Kunden zu unterstreichen – ob das

die gemeinsame Vorliebe für eine Sportart oder die Bestätigung gemeinsamer Ansichten ist (zum Beispiel über die Branche und die Konjunktur).

Eine vierte Möglichkeit besteht darin, jedes Gespräch, jedes Telefonat oder jeden Brief immer positiv anzufangen!

9. Treten Sie schwungvoll und zielstrebig auf – und Sie strahlen Energie aus!

Nur der Verkäufer, der selbst in Schwung ist, kann auch den Kunden in Schwung bringen! Energie ist der wichtigste Brennstoff, um sich und den Kunden in Schwung zu bringen – und zu halten!

Warten Sie deshalb nie auf den Kunden, indem Sie zum Beispiel gelangweilt irgendeine Zeitschrift durchblättern. Kümmern Sie sich (in einem Geschäft) lieber um Ihre Platzierungen. Sprechen Sie in Firmen lieber Informanten (wie zum Beispiel Sekretärinnen) an. Oder arbeiten Sie (in Wartezimmern) lieber an Ihren Hausaufgaben!

Zeigen Sie bei Kundenbesuchen nie Langeweile oder Müdigkeit. Treten Sie immer so auf, als wenn es sich um einen Großauftrag handeln würde. Beherzigen Sie den Rat eines Spitzenverkäufers: »Ausruhen kann ich mich im Auto, aber nie beim Kunden!«

Gehen Sie nach einem Verkaufskonzept vor! Legen Sie schon vorher Ihre Gesprächsziele fest und gehen Sie dann ohne Umschweife darauf los. Auch für den Kunden ist Zeit Geld und zu langer Small Talk zahlt sich nicht aus!

Achten Sie auch auf ausreichenden Schlaf, frische Luft und etwas Sport! Gesichtsblässe wirkt genauso wenig motivierend wie Nervosität.

10. Kümmern Sie sich um den Kunden – und Sie strahlen echtes Bemühen aus!

Das echte Bemühen entscheidet sich bei den besonderen Wünschen des Kunden – seinen speziellen Fragen, Einwänden, Zweifeln oder Schwierigkeiten. Also immer dann, wenn die vorgeschlagene Problemlösung noch nicht seinen individuellen Ansprüchen entspricht.

Echtes Bemühen strahlen Sie aus, wenn Sie alles tun, um dem Kunden die endgültige Entscheidung so leicht wie möglich zu machen. Zum Beispiel in Form von Probemustern, Probeverfahren, Kontakten mit Referenzkunden, Testmöglichkeiten oder einer Schritt-für-Schritt-Verfahrensweise etc. Bereiten Sie sich deshalb auf verschiedene Alternativen vor, um zum Abschluss zu kommen – und Ihr Bemühen zu beweisen.

Louise L. Hay: Wohlstand

»Ich verdiene das Beste und akzeptiere ab jetzt das Beste.«

Wenn Sie möchten, dass sich die obige Affirmation für Sie bewahrheitet, dürfen Sie keine der folgenden Feststellungen glauben:

Geld wächst nicht auf Bäumen.
Geld stinkt und ist böse.
Ich bin arm, aber rein und gut.
Reiche Leute sind Schwindler.

Ich will kein Geld haben und dann hochnäsig sein.
Ich werde nie eine gute Arbeitsstelle haben.
Ich werde nie viel Geld verdienen.
Geld ist schneller ausgegeben als verdient.
Ich habe immer Schulden.
Arme Leute schaffen niemals den Aufstieg.
Meine Eltern waren arm, also werde auch ich arm sein.
Künstler müssen kämpfen.
Nur Leute, die betrügen, haben Geld.
Alle anderen kommen zuerst.
Oh, ich könnte nicht so viel verlangen.
Ich verdiene es nicht.
Ich bin nicht gut genug, Geld zu verdienen.
Sagen Sie niemandem, was ich auf dem Konto habe.
Verleihen Sie niemals Geld.
Kleinvieh macht auch Mist.
Sparen Sie für schlechte Zeiten.
Eine Krise kann jeden Moment auftreten.
Ich verüble anderen ihr Geld.
Geld bekommt man nur durch harte Arbeit.

Wie viele dieser Aussagen entsprechen Ihrem Standpunkt? Meinen Sie wirklich, dass Sie zu Wohlstand kommen, wenn Sie auch nur einen davon glauben?

Es ist veraltetes, einengendes Denken. Vielleicht dachte Ihre Familie so über Geld, denn familiäre Überzeugungen haften uns an, bis wir uns bewusst von ihnen lösen. Woher auch immer diese Überzeugungen kommen mögen, sie müssen aus Ihrem Bewusstsein verschwinden, wenn Sie zu Wohlstand gelangen möchten. In meinen Augen beginnt Wohlstand damit, dass Sie positiv über sich selbst denken. Es gehört auch die Freiheit dazu, zu tun, was Sie möchten und wann Sie möchten. Es ist niemals nur ein Geldbetrag, sondern eine

Geisteshaltung. Wohlstand oder nicht ist ein äußerer Ausdruck der Gedanken, die Sie im Kopf haben.

Etwas verdienen

Wenn wir nicht den Gedanken akzeptieren, dass jeder von uns Wohlstand »verdient«, werden wir ihn sogar ablehnen, wenn uns Reichtum in den Schoß fallen sollte. Beispiel:

Ein Teilnehmer an einem meiner Kurse arbeitete daran, seinen Wohlstand zu vergrößern. Eines Abends kam er sehr fröhlich in den Kurs – gerade hatte er 500 Dollar gewonnen. Er sagte fortgesetzt: »Ich kann es nicht fassen! Sonst gewinne ich nie etwas.« Wir wussten, dass es eine Widerspiegelung seines sich verändernden Bewusstseins war. Er empfand immer noch, dass er es nicht wirklich verdiente. In der nächsten Woche konnte er nicht zum Kurs kommen, weil er sieh ein Bein gebrochen hatte. Die Arztrechnung betrug 500 Dollar.

Er hatte Angst davor, sich in eine neue, wohlhabende Richtung zu bewegen, und weil er empfand, es nicht wert zu sein, bestrafte er sich selbst auf diese Art.

Gleichgültig, worauf wir uns konzentrieren, es gedeiht; daher sollten wir uns nicht auf Rechnungen konzentrieren. Wenn Sie sich auf Mangel und Schulden konzentrieren, dann werden Sie größeren Mangel und Schulden schaffen.

Im Universum gibt es einen unerschöpflichen Vorrat. Fangen Sie an, sich dessen bewusst zu werden. Nehmen Sie sich die Zeit, in einer klaren Nacht die Sterne zu zählen, die Körner einer Handvoll Sand, die Blätter am Ast eines Baumes, die Regentropfen auf einer Fensterscheibe, die Samen in einer Tomate. Jeder Samen kann eine ganze Tomatenstaude mit unbegrenzt vielen Tomaten daran hervorbringen. Seien Sie dankbar für das, was Sie haben, und Sie werden feststellen, dass es mehr wird. Ich möchte alles mit Liebe segnen, was jetzt in meinem Leben vorhanden ist: mein Zuhause, die Heizung, Wasser, Licht, Telefon, Möbel, Installation, Geräte, Kleidung, Verkehrsmittel, berufliche Aufgaben – mein Geld, Freunde, meine Fähigkeit zu sehen, zu fühlen, zu schmecken, zu berühren, zu gehen und mich an diesem unglaublichen Planeten zu freuen.

Unser persönlicher Glaube an Mangel und Einengung ist unsere einzige Beschränkung. Und welche Überzeugung engt Sie ganz persönlich ein? Wollen Sie nur Geld haben, um anderen damit zu helfen? Damit sagen Sie, Sie selbst seien es nicht wert.

Seien Sie sich sicher, den Wohlstand jetzt nicht abzuweisen. Nehmen Sie die Einladung eines Freundes zum Mittag- oder Abendessen mit Freude und Vergnügen an. Sie sollten den Umgang mit Menschen nicht als »Geschäft« empfinden. Wenn Sie ein Geschenk erhalten, nehmen Sie es wohlwollend an. Wenn Sie das Geschenk nicht gebrauchen können, geben Sie es an einen anderen weiter. Lassen Sie die Dinge ständig durch sich hindurchströmen. Lächeln Sie nur, und sagen Sie: »Danke.« Auf diese Art geben Sie dem Universum zu verstehen, dass Sie bereit sind, Ihr Gutes zu empfangen.

Machen Sie dem Neuen Platz

Machen Sie dem Neuen Platz. Räumen Sie Ihren Kühlschrank auf, trennen Sie sich von all den Kleinigkeiten, die Sie in Frischhaltefolie eingepackt haben. Räumen Sie Ihre Schränke auf, trennen Sie sich von all den Sachen, die Sie im letzten halben Jahr oder länger nicht benutzt haben. Wenn Sie sie ein Jahr lang nicht benutzt haben, sollten Sie sie endgültig loswerden. Verkaufen Sie sie, tauschen Sie sie ein, geben Sie sie weg oder verbrennen Sie sie.

Unordentliche Schränke bedeuten ein ungeordnetes Bewusstsein. Während Sie den Schrank aufräumen, sagen Sie zu sich selbst: »Ich bin dabei, die Schränke meines Bewusstseins aufzuräumen.« Das Universum liebt symbolische Handlungen.

Als ich das erste Mal von der Vorstellung hörte: »Die Fülle des Universums ist für jeden vorhanden«, dachte ich, das sei zum Lachen.

»Sieh dir all die armen Leute an«, sagte ich zu mir. »Sieh dir deine eigene, offensichtliche Armut an.« Es ärgerte mich nur, wenn ich hörte: »Deine Armut ist nur eine Überzeugung in deinem Bewusstsein.« Ich brauchte viele Jahre, wahrzunehmen und zu akzeptieren, dass ich allein für meinen fehlenden Wohlstand verantwortlich bin. Nach meiner Überzeugung war ich »ohne Wert« und »verdiente nichts«. Ich war überzeugt, dass »es schwierig ist, an Geld heranzukommen« und »ich keine Begabung oder Fähigkeiten besitze«. Das alles bewirkte, dass ich in ein System des »Nichts-Habens« verbohrt war.

Es ist die einfachste Sache der Welt, Geld zu zeigen! Wie reagieren Sie auf diese Behauptung? Glauben Sie sie? Ärgern Sie sich? Sind Sie unentschieden? Sind Sie drauf und dran, dieses Buch durchs Zimmer zu werfen? Wenn Sie auf diese Weise reagieren, gut! Ich habe etwas tief in Ihnen berührt, genau den Widerstandspunkt gegen die Wahrheit. Hieran muss gearbeitet werden. Es ist an der Zeit, sich der Möglichkeit zu öffnen, den Strom des Geldes und aller Güter selbst zu erhalten.

Lieben Sie Ihre Rechnungen

Es ist wesentlich, dass wir aufhören, uns über Geld Gedanken zu machen und uns über Rechnungen zu ärgern. Viele Menschen betrachten Rechnungen als Strafen, die man, wenn möglich, vermeiden sollte. Eine Rechnung ist die Anerkennung unserer Fähigkeit, zahlen zu können. Der Gläubiger nimmt an, dass Sie wohlhabend sind und stellt Ihnen seinen Service oder zuerst sein Produkt zur Verfügung. Ich segne jede einzelne Rechnung, die in mein Haus kommt, mit Liebe. Ich segne jeden einzelnen Scheck, den ich ausstelle, mit Liebe und drücke ihm einen leichten Kuss auf.

Wenn Sie mit Widerwillen bezahlen, wird es das Geld schwer haben, zu Ihnen zurückzukehren. Wenn Sie mit Liebe und Freude bezahlen, öffnen Sie den frei strömenden Fluss des Wohlergehens. Behandeln Sie Ihr Geld wie einen Freund, nicht wie etwas, das Sie in Ihre Tasche stopfen.

Ihre Sicherheit ist weder Ihr Beruf noch Ihr Bankkonto noch Ihre Geldanlagen noch Ihr Ehepartner oder Ihre Eltern. Ihre Sicherheit ist Ihre Fähigkeit, sich mit der Kosmischen Macht zusammenzutun, die alles erschafft.

Ich meine, meine innere Kraft, die in meinem Körper pulsiert, ist dieselbe Kraft, die mich mit allem versorgt, was ich brauche. So einfach ist das. Das Universum ist verschwenderisch und überreich, und es ist unser Naturrecht, mit allem, was wir benötigen, versorgt zu werden, außer wir haben uns entschlossen, das Gegenteil zu glauben.

Jedes Mal, wenn ich mein Telefon benutze, segne ich es mit Liebe und erkläre oft, dass es mir nur Wohlstand und Sympathiebezeugungen übermittelt. Dasselbe mache ich mit meinem Briefkasten. Er ist jeden Tag randvoll mit Geld und Liebesbriefen jeglicher Art: Es schreiben Freunde, Klienten und Leser meines Buches, die weit entfernt leben. Über die Rechnungen freue ich mich und danke den Firmen, dass sie meiner Zahlungsfähigkeit vertrauen. Ich segne meine Türklingel und die Haustüre, weil ich weiß, dass in mein Haus nur Gutes kommt. Ich erwarte von meinem Leben, dass es gut und erfreulich ist, und so ist es dann auch.

Diese Gedanken sind für jeden

Ein Hochseefischer, der seine Geschäfte verbessern wollte, kam zu einem Gespräch über Wohlstand zu mir. Er meinte, er sei gut in seinem Beruf und wollte im Jahr 100 000 Dollar verdienen. Ich vermittelte ihm dieselben Gedanken, die ich Ihnen vermittelt habe. Bald konnte er Geld für chinesisches Porzellan ausgeben. Er verbrachte sehr viel Zeit zu Hause, wo er die Schönheit seines Mobiliars genießen wollte.

Freuen Sie sich am Glück anderer

Verzögern Sie Ihren eigenen Wohlstand nicht dadurch, dass Sie sich ärgern oder eifersüchtig werden, weil ein anderer mehr hat als Sie. Kritisieren Sie nicht die Art anderer, ihr Geld auszugeben. Es geht Sie nichts an.

Jeder Mensch gehorcht dem Gesetz seines Bewusstseins. Achten Sie nur auf Ihre eigenen Gedanken. Segnen Sie das Glück anderer und seien Sie sich gewiss, dass für alle reichlich vorhanden ist.

Sind Sie ein Geizkragen? Lassen Sie Toilettenpersonal durch selbstgerechte Feststellungen brüskiert zurück? Lassen Sie die Türsteher Ihres Büro- oder Apartmenthauses in der Weihnachtszeit links liegen? Sind Sie ein Pfennigfuchser, obwohl Sie es nicht nötig haben, Gemüse oder Brot vom Vortag zu kaufen? Kaufen Sie immer in einem Billigladen oder bestellen Sie immer das billigste Essen auf der Speisekarte?

Es gibt ein Gesetz zu »Angebot und Nachfrage«. Die Nachfrage kommt zuerst. Das Geld findet seinen Weg dorthin, wo es gebraucht wird. Auch die ärmste Familie bekommt fast immer das Geld für eine Beerdigung zusammen.

Visualisierung – Ein Ozean der Überfülle

Ihr Bewusstsein für Wohlstand ist nicht vom Geld abhängig, sondern der Fluss des Geldes ist von Ihrem Bewusstsein für Wohlstand abhängig. Wenn Sie sich mehr vorstellen können, wird mehr in Ihr Leben kommen.

Ich liebe die Vorstellung, am Strand zu stehen, über das weite Meer zu schauen und zu wissen, dass mir dieser Ozean der Überfülle zur Verfügung steht. Schauen Sie Ihre Hände an und stellen Sie fest, was für ein Behältnis Sie halten. Ist es ein Teelöffel, ein Fingerhut mit Loch, ein Pappbecher, ein Glas, ein Becher, eine Kanne, eine kleine Wanne, oder haben Sie vielleicht eine mit diesem

übervollen Ozean verbundene Pipeline? Schauen Sie
sich um, und Sie werden feststellen, dass, ungeachtet der
Vielzahl der Menschen und der Behältnisse, die sie
haben, reichlich für jeden vorhanden ist. Sie können niemanden berauben und können auch nicht von anderen
beraubt werden. Und es besteht keine Möglichkeit, den
Ozean auszutrocknen. Ihr Behältnis ist Ihr Bewusstsein,
und dies kann immer gegen ein größeres Behältnis ausgetauscht werden. Machen Sie diese Übung oft, damit
Sie das Gefühl der Erweiterung und des unbegrenzten
Nachschubs erhalten.

Öffnen Sie Ihre Arme

Ich sitze mindestens einmal täglich mit ausgebreiteten
Armen und sage:»Ich bin offen und empfänglich für alle
Güter und die Überfülle des Universums.« Das vermit-
telt mir ein Gefühl der Erweiterung.

Das Universum kann mir nur das zuteilen, was ich in
meinem Bewusstsein habe; aber in meinem Bewusstsein
kann ich mir immer mehr schaffen. Es ist wie eine kos-
mische Bank. Ich tätige geistige Einzahlungen, indem
ich mein Bewusstsein meiner Fähigkeiten erweitere.
Meditation, Behandlungen und Erklärungen sind geistige Einzahlungen.

Es ist nicht genug, einfach nur mehr Geld zu haben.
Wir wollen Freude am Geld haben. Erlauben Sie sich,
Spaß mit Geld zu haben? Wenn nicht, warum nicht? Ein
Teil Ihrer Einnahmen kann fürs reine Vergnügen sein.
Haben Sie sich in der letzten Woche etwas Vergnügen
von dem Geld geleistet? Warum nicht? Welche frühere
Überzeugung hielt Sie zurück? Lassen Sie davon ab.

Geld muss kein ernstes Anliegen in Ihrem Leben sein. Betrachten Sie es mit Abstand. Geld ist ein Tauschmittel – mehr ist es nicht. Was würden Sie tun und was würden Sie haben, wenn Sie kein Geld brauchten?

Jerry Gilles, der das Buch *Money Love* geschrieben hat – eines der besten Bücher über Geld, das ich kenne –, schlägt vor, dass wir uns selbst eine »Armutsstrafe« auferlegen. Jedes Mal, wenn wir etwas Negatives über unsere finanzielle Situation denken oder sagen, belegen wir uns mit einer bestimmten Geldstrafe und stecken das Geld in einen Topf. Am Ende der Woche müssen wir dieses Geld für ein Vergnügen ausgeben.

Ich habe festgestellt, dass es einfacher ist, ein Seminar über Sexualität abzuhalten als eines über Geld. Die Menschen werden sehr ärgerlich, wenn ihre Ansichten über Geld infrage gestellt werden. Sogar Menschen, die in mein Seminar kommen und verzweifelt den Wunsch äußern, ein Leben mit mehr Geld schaffen zu wollen, werden ungehalten, wenn ich versuche, ihre einengenden Überzeugungen zu verändern.

»Ich bin willens, mich zu verändern.« – »Ich bin willens, mich von früheren negativen Überzeugungen zu lösen.« Manchmal müssen wir sehr viel mit diesen beiden Affirmationen arbeiten, um den Raum zu schaffen, der für den Erwerb von Wohlstand notwendig ist.

Wir wollen uns von der Geisteshaltung des »gesicherten Einkommens« lösen. Engen Sie das Universum nicht dadurch ein, dass Sie darauf bestehen, »nur« ein bestimmtes Gehalt oder Einkommen zu haben. Dieses Gehalt oder Einkommen ist ein Kanal – keine Quelle. Ihre Versorgung kommt nur von einer Quelle, dem Universum selbst.

Es gibt unendlich viele Kanäle. Ihnen müssen wir uns öffnen. Wir müssen in unserem Bewusstsein akzeptieren, dass die Versorgung von überallher kommen kann. Wenn wir dann ein 10-Pfennig-Stück bei einem Spaziergang auf der Straße finden, sagen wir: »Danke!«, zur Quelle. Es mag wenig sein, aber neue Kanäle fangen an, sich zu öffnen.

»Ich bin offen und empfänglich gegenüber neuen Wegen des Einkommens.«

»Ich erhalte jetzt meine Güter von erwarteten und unerwarteten Quellen.«

»Ich bin ein unbegrenztes Wesen, das von unbegrenzter Quelle unbegrenzt annimmt.«

Freuen Sie sich an den kleinen Neuanfängen

Wenn wir uns für steigenden Wohlstand einsetzen, gewinnen wir immer in Übereinstimmung mit unserer Überzeugung, was wir verdienen. Eine Schriftstellerin arbeitete daran, ihr Einkommen zu erhöhen. Eine ihrer Affirmationen lautete: »Ich verdiene als Schriftstellerin gutes Geld.«

Drei Tage später ging sie in eine Kaffeebar, in der sie oft frühstückte. Sie ließ sich in einer Nische nieder und breitete einige Seiten aus, an denen sie arbeitete. Der Geschäftsführer kam zu ihr und fragte: »Sie sind Schriftstellerin, stimmt's? Könnten Sie ein bisschen für mich schreiben?« Er brachte ihr dann mehrere kleine unbeschriebene Pappschildchen und fragte, ob sie »Türkisches Spezial-Mittagessen, $ 3,95« daraufschreiben könnte. Er bot ihr als Gegenleistung ein Frühstück an.

Dieser kleine Vorfall zeigte den Anfang ihres sich verändernden Bewusstseins, und der Verkauf ihrer Arbeiten ging weiter.

Erkennen Sie Wohlstand

Fangen Sie an, überall Wohlstand zu erkennen, und freuen Sie sich daran. Pastor Ike, der bekannte Wanderprediger aus New York City, erinnert sich daran, wie er als armer Prediger an guten Restaurants, Häusern, Autos und Bekleidungsgeschäften vorbeiging und laut sagte: »Das ist für mich, das ist für mich.« Erfreuen Sie sich an extravaganten Häusern, Banken, eleganten Geschäften, Schaufenstern jeder Art – und auch Jachten. Erkennen Sie, dass dies alles Teil Ihrer Überfülle ist; so erweitern Sie Ihr Bewusstsein, an diesen Dingen teilzuhaben, wenn Sie es möchten. Wenn Sie gut gekleidete Menschen sehen, denken Sie: »Ist es nicht wunderbar, so überreichlich zu haben?« – »Es gibt für uns alle sehr viel.«

Wir wollen nicht Besitz anderer. Wir wollen unseren eigenen.

Und trotzdem besitzen wir nichts. Wir benutzen nur für eine gewisse Zeit Besitztümer, bis sie an jemand anderen weitergehen. Manchmal bleibt Besitz einige Generationen lang in einer Familie, aber letztendlich wird er weitergehen. Es gibt einen natürlichen Rhythmus und Fluss des Lebens. Dinge kommen und gehen. Ich glaube, wenn etwas geht, macht es nur Platz für etwas Neues und Besseres.

Akzeptieren Sie Komplimente

So viele Menschen wollen reich sein und trotzdem akzeptieren sie kein Kompliment. Ich kenne viele angehende Schauspieler und Schauspielerinnen, die ein »Star«

sein wollen, und trotzdem winden sie sich unter jedem Kompliment. Komplimente sind Geschenke des Wohlstands. Lernen Sie, sie wohlwollend zu akzeptieren. Meine Mutter brachte mir früh bei, zu lächeln und »Danke« zu sagen, wenn ich ein Kompliment oder ein Geschenk bekam. Das war mir immer ein Vorteil.

Es ist sogar noch besser, das Kompliment zu akzeptieren und es zurückzugeben, sodass der Gebende sich so fühlt, als habe er oder sie ein Geschenk erhalten. Es ist eine Art, den Fluss des Guten aufrechtzuerhalten.

Erfreuen Sie sich der Überfülle und bleiben Sie fähig, jeden Morgen aufzuwachen und einen neuen Tag zu erleben. Freuen Sie sich, am Leben und gesund zu sein, Freunde zu haben, schöpferisch und ein lebendiges Beispiel an Lebensfreude zu sein. Leben Sie so bewusst wie möglich. Erfreuen Sie sich an Ihrer fortwährenden Weiterentwicklung.

In der Unendlichkeit des Lebens, dort wo ich bin, ist alles vollkommen, ganz und vollständig.

Ich bin eins mit der Macht, die mich erschaffen hat.

Ich stehe dem überreichen Strom von Wohlstand, den das Universum bietet, offen und empfänglich gegenüber. Noch ehe ich darum bitte, wird meinen Bedürfnissen und Wünschen entsprochen.

Ich werde göttlich geleitet und beschützt, und ich treffe Entscheidungen, die für mich nützlich sind.

Ich erfreue mich am Erfolg anderer, wissend, dass für uns alle reichlich vorhanden ist.

Beständig erweitere ich mein Bewusstsein für die Reichlichkeit, was sich in einem beständig höher werdenden Einkommen widerspiegelt.

Meine Güter kommen von überall und von jedem.

Alles ist gut angelegt in meiner Welt.

Positiv denken – für gute zwischenmenschliche Beziehungen

Kurt Tepperwein: Die sieben Schlüssel für eine erfüllende Partnerschaft

- Der erste Schlüssel: Glauben Sie daran, dass die Liebe auf Sie wartet, und sorgen Sie dafür, dass sie Sie erreicht. Sie können jederzeit beginnen, indem Sie anfangen zu lieben, denn indem Sie anfangen zu lieben, hat es gerade begonnen. Sie brauchen auf nichts warten. Es lag immer schon in Ihrer Hand.
- Der zweite Schlüssel: Hören Sie auf, den anderen ändern zu wollen. Lieben Sie ihn einfach. Lieben Sie ihn so, wie er ist. Entscheiden Sie sich ganz für ihn, lassen Sie sich ganz auf ihn ein.
- Der dritte Schlüssel: Machen Sie sich kein Bild vom anderen, sondern fangen Sie an, ihn wahrzunehmen, ihn so zu sehen, wie er wirklich ist. Vielleicht begegnen Sie zum ersten Mal seinem wahren Sein.
- Der vierte Schlüssel: Lieben lernen ist ein lebenslanger Prozess, der nie beendet ist. Überschütten Sie den anderen mit Liebe.
- Der fünfte Schlüssel: Machen Sie Ihre Liebe nicht vom Verhalten des anderen abhängig; denn die Liebe selbst ist der Lohn der Liebe. Geben Sie dem anderen das Gefühl, etwas ganz Besonderes zu sein, bewundern Sie Ihren Partner – auch und besonders im Streit. Bleiben Sie fair, bleiben Sie in der Liebe.

- Der sechste Schlüssel: Lassen Sie jedes Warum. Ganz gleich, was die Schwierigkeit in Ihrer Beziehung ist: Die Antwort auf jede Frage und die Lösung für jede Unannehmlichkeit ist Liebe.
- Der siebte Schlüssel: Lieben Sie alles und alle: das Leben, die Liebe, sich selbst, das Sein.

Kennen Sie das Buch des japanischen Forschers Dr. Masaru Emoto, der Untersuchungen der Kristallstrukturen des Wassers gemacht hat? Er hat unter dem Elektronenmikroskop beobachtet, wie Worte die Kristallstruktur des Wassers dramatisch verändern können. Die Strukturen wandeln sich, je nachdem, ob ein ärgerlicher Gedanke geäußert wird oder ein wohlwollender oder ein liebevoller oder wenn ein Segen ausgesprochen wird. Im gleichen Augenblick, wenn das Wort ausgesprochen wird, nimmt das Wasser eine bestimmte kristalline Molekularstruktur an: Es sieht bei einem positiven Wort wie »Liebe« aus wie ein Edelstein. Wird aber ein negatives Wort gesprochen oder ein Fluch, dann zerfällt die Struktur des Wassers sofort und nimmt eine hässliche amorphe Form an.

Das bedeutet aber auch, dass jedes Ihrer Worte sofort die Umwelt verändert. Stellen sie sich einmal vor, was mit Ihrem Körper passiert, der zu 70 Prozent aus Wasser besteht, wenn Sie ein negatives Wort sagen oder ein positives! Sie sagen ein einziges liebevolles Wort und 70 Prozent Ihres Körpers ändern sofort ihre Molekularstruktur: Sie nehmen eine wunderschöne Kristallform an.

Sie erkennen, welche enorme Wirkung Worte haben: Sie ist in der Molekularstruktur der Materie nachweisbar, reproduzierbar, fotografierbar!

Und jetzt können Sie sich vorstellen, was geschieht, wenn Sie mit Ihrem Partner streiten, wenn Sie recht haben wollen, wenn Sie urteilen, wenn Sie Vorwürfe machen: Wenn Sie auf dieser Ebene miteinander sprechen, ist das körperlich eine Katastrophe. Die Molekularstruktur Ihres Partners und auch Ihre eigene ändern sich innerhalb von einer Sekunde.

Es gibt fünf magische Worte, die Ihnen in diesen kritischen Augenblicken helfen werden. Fragen Sie sich: »Was würde Liebe jetzt tun?« Wenn Sie jedes Mal, wenn es »kritisch« wird, ganz einfach 5 Sekunden lang innehalten und sich diese Frage stellen, kommt die Situation in Ordnung.

Sie können durch diese stille Frage wieder zu Bewusstsein kommen. Werden Sie sich darüber bewusst, wie dankbar Sie sind, dass es den anderen gibt, dass er sein Leben mit Ihnen teilt, dass Sie beide einen gemeinsamen Weg gehen.

Was wir in der Liebe suchen, können wir nur in uns selbst finden. In Wirklichkeit suchen wir die Einheit mit der einen Kraft, mit dem einen Selbst. Früher oder später stoßen wir auf die vielleicht erschütternde Wahrheit, dass es letztlich nur eine Liebesbeziehung geben kann – die Verbindung zwischen dem äußeren Menschen und dem inneren Sein. So wird der Weg der wahren Liebe zu einem Weg der wachsenden Vertrautheit und Identifikation mit der Quelle in uns.

Das, was wir in Wirklichkeit suchen, ist die Einheit mit uns selbst. Auf diese Weise wird die Liebe letztlich zu einem Tor, zu einem Weg der Einweihung und der Erfahrung der kosmischen Einheit und wir erkennen irgendwann, dass die Einheit mit dem Ganzen nicht unbedingt Beziehungen zu anderen Menschen braucht. Andererseits kann gerade dadurch jede Beziehung zu einer großartigen Bereicherung werden. Dann begegnen Sie dem Sein in jedem Menschen, in allem, was ist. Das Ziel einer Partnerschaft sind zwei Menschen, die aneinander und miteinander heil geworden sind. Es liegt von nun an in Ihrer Hand. Machen Sie sich bewusst, dass eine echte Liebesgeschichte nie ein Ende hat, sondern immer nur einen Anfang.

Vielleicht beginnt in diesem Augenblick für Sie die ideale Beziehung dadurch, dass Sie selbst ein idealer Partner werden. Wir sind nicht auf der Welt, um geliebt zu werden, sondern um zu lieben, um Liebende zu werden. Und Ihr nächster Schritt könnte sein, ein Segen für jeden zu sein, der das Glück hat, Ihnen zu begegnen.

Kraftvolle Gedanken für harmonische Beziehungen

Die richtigen Gedanken über andere sind positiv und liebevoll. Jeder negative Gedanke über den anderen ist ein Angriff auf uns selbst. Woran liegt das? Was immer in meinem Kopf an Gedanken und Überzeugungen vorhanden ist, wird die Welt, meine Umgebung mir spiegeln. Wenn Sie liebende und positive Gedanken über Ihre Mitmenschen, Ihren Partner nähren, werden Sie diese gespiegelt bekommen. Das Ergebnis sind von Liebe getragene, nährende Beziehungen. Nutzen Sie möglichst oft die folgenden Affirmationen.

Ich öffne mich der Liebe des Universums.
Ich fühle mich frei, sicher und stimmig.

Ich vertraue.
Sex und Liebe machen Spaß.
Ich öffne mein Herz meinem Partner.
Ich nehme mich voll und ganz an.
Ich liebe meine erotischen Fantasien.
Ich nehme mir Zeit und genieße mein Leben.
Ich begegne meinem Partner in Liebe.
Ich bin dankbar für meine harmonische Partnerschaft.
Ich achte die Wünsche meines Partners.
Ich genieße das Leben in harmonischer Partnerschaft.
Ich erlaube mir, Sex und Intimität zu genießen.
Intimität macht Freude.
Auch Zärtlichkeit macht Freude.
Ich bin ein idealer Partner.
Ich lebe in einer idealen Partnerschaft.
Ich erlebe mein Leben mit allen meinen Sinnen.
Ich bestärke meinen Partner.
Ich bin dankbar für das Geschenk der Partnerschaft.
Ich fühle mich sicher und geborgen.
Ich bin kraftvoll, vital und lebensfroh.
Ich liebe mich selbst und ich liebe meinen Partner.
Ich liebe das Leben und das Leben liebt mich.

LOUISE L. HAY: Beziehungen

»Meine Beziehungen sind harmonisch«

Es scheint, als sei alles im Leben Beziehung. Wir haben mit allem Beziehungen. Sie haben jetzt sogar eine Beziehung zu diesem Buch, das Sie lesen, zu mir und meinen Vorstellungen.

Die Beziehung, die Sie zu Gegenständen, Nahrungsmitteln, dem Wetter, dem Reisen und zu Menschen haben, spiegeln die Beziehung wider, die Sie zu sich selbst haben. Die Beziehung, die Sie zu sich haben, wird in hohem Maße von den Beziehungen beeinflusst, die Sie zu den Erwachsenen hatten, die Sie in Ihrer Kindheit umgaben. Die damalige Verhaltensweise der Erwachsenen uns gegenüber ist oft so, wie wir heute zu uns sind, sowohl im Positiven als auch im Negativen. Vergegenwärtigen Sie sich einen Augenblick die Wörter, die Sie benutzen, wenn Sie sich selbst beschimpfen. Sind es nicht dieselben Wörter, die Ihre Eltern benutzten, als sie Sie beschimpften? Welche Wörter benutzten sie, als Sie gelobt wurden? Ich bin sicher, dass Sie dieselben Wörter benutzen, wenn Sie sich selbst loben.

Vielleicht wurden Sie nie gelobt, deshalb haben Sie jetzt keine Vorstellung davon, wie man sich selbst lobt. Vielleicht denken Sie, dass es an Ihnen nichts Lobenswertes gibt. Ich beschuldige unsere Eltern nicht, weil wir alle Opfer von Opfern sind. Sie konnten Ihnen unmöglich etwas beibringen, was sie selbst nicht wussten.

Sondra Ray, die große Vertreterin der Wiedergeburtslehre, die sehr viel auf dem Gebiet »Beziehungen« gearbeitet hat, behauptet, dass jede wichtige Beziehung, die wir haben, ein Abbild der Beziehung ist, die wir zu einem Elternteil hatten. Sie behauptet auch, dass wir uns niemals eine wunschgemäße Beziehung aufbauen können, ehe wir nicht diese ersten geklärt haben.

Beziehungen sind Spiegel unserer selbst. Unsere Attraktivität einem Menschen gegenüber spiegelt immer entweder Eigenschaften, die wir haben, wider oder unsere Auffassung, die wir von Beziehungen haben. Das gilt, ob es nun ein Chef ist, ein Mitarbeiter, ein Freund, ein Liebhaber, ein Ehepartner oder ein Kind. Was Ihnen an diesen Menschen missfällt, ist entweder das, was Sie selbst tun, gerne tun würden oder was Sie glauben. Sie könnten auf diese Menschen nicht anziehend wirken oder sie um sich haben, wenn nicht deren Art irgendwie Ihr Leben ergänzen würde.

Übung: Wir und die anderen

Betrachten Sie einen Augenblick jemanden in Ihrem Leben, der Sie aufregt. Beschreiben Sie drei Dinge, die Ihnen an diesem Menschen nicht gefallen, etwas, das er Ihrer Meinung nach verändern sollte. Jetzt schauen Sie tief in sich hinein und stellen sich selbst die Frage: »Wo bin ich genauso und wann tue ich dieselben Dinge?«

Schließen Sie die Augen und nehmen Sie sich Zeit dafür.

Dann stellen Sie sich die Frage: »Bin ich gewillt, mich zu verändern?«

Wenn Sie die entsprechenden Muster, Gewohnheiten und Überzeugungen aus Ihrem Denken und Ihrem Verhalten entfernen, werden sich jene Menschen verändern oder aus Ihrer Umgebung verschwinden.

Wenn Sie einen Chef haben, der kritisch ist und den man unmöglich zufriedenstellen kann, schauen Sie in sich hinein. Entweder Sie sind genauso auf gewisser Ebene, oder Sie meinen: »Chefs sind immer kritisch, man kann sie unmöglich zufriedenstellen.«

Wenn Sie einen Angestellten haben, der nicht gehorcht oder etwas nicht durchzieht, schauen Sie, wo Sie das ebenfalls tun, und bereinigen Sie es. Es ist zu einfach, jemanden zu entlassen; es korrigiert nämlich nicht Ihr Verhaltensmuster. Wenn es einen Mitarbeiter gibt, der nicht zusammenarbeiten und nicht Teil des Teams sein möchte, schauen Sie, wie Sie dieses Verhalten bewirkt haben könnten. Wo sind Sie selbst nicht bereit zur Zusammenarbeit?

Wenn Sie einen unzuverlässigen Freund haben, der Sie im Stich lässt, gehen Sie in sich. In welchem Bereich Ihres Lebens sind Sie selbst unzuverlässig und wann lassen Sie andere im Stich? Entspricht das Ihrer Überzeugung?

Wenn Sie einen Liebhaber haben, der gefühllos zu sein scheint, dann schauen Sie, ob es in Ihnen eine Überzeugung gibt, die daher kommt, dass Sie als Kind Ihre Eltern beobachtet haben und Ihnen vermittelt wurde: »Liebe ist gefühllos und wird nicht nach außen gezeigt.«

Wenn Sie einen Ehepartner haben, der dauernd nörgelt und Sie nicht unterstützt, betrachten Sie wieder Ihre Überzeugungen, die in Ihrer Kindheit begründet sind. Hat ein Elternteil dauernd genörgelt oder war wenig kooperativ? Sind Sie auch so?

Wenn Sie ein Kind mit Gewohnheiten haben, die Sie stören, garantiere ich, dass dies Ihre Gewohnheiten sind. Kinder lernen nur durch Nachahmen der Erwachsenen, die um sie sind. Bringen Sie das in Ihrem Leben in Ordnung, und dann werden Sie feststellen, dass das Kind sich von alleine ändert.

Das ist die einzige Art, andere zu ändern – man muss zuerst sich selbst ändern. Ändern Sie Ihr Verhaltensmuster und Sie werden feststellen, dass die anderen auch anders sind.

Es ist nutzlos, jemandem die Schuld zu geben. Ihre Kraft wird vergeudet, wenn Sie jemanden beschuldigen. Behalten Sie Ihre Kraft. Ohne Kraft können wir keine

Veränderungen erzielen. Ein hilfloses Opfer kann keinen Ausweg finden.

Wie kann ich Liebe finden?

Liebe entsteht, wenn wir sie am allerwenigsten erwarten, wenn wir sie nicht suchen. Die Jagd nach Liebe bringt nie den richtigen Partner. Die Suche nach Liebe verursacht nur Sehnsucht und Unglücklichsein. Liebe ist nie äußerlich erkennbar, Liebe ist in uns.

Bestehen Sie nicht darauf, dass Liebe sofort zu entstehen hat. Vielleicht sind Sie noch nicht bereit oder Sie haben sich noch nicht weit genug entwickelt, um die Liebe zu erreichen, die Sie sich vorstellen.

Binden Sie sich nicht an irgendjemanden, nur um einen Menschen zu haben. Setzen Sie Ihre Maßstäbe. Welche Art von Liebe möchten Sie erreichen? Listen Sie die Merkmale auf, die Sie wirklich in einer Beziehung finden möchten. Entwickeln Sie diese Maßstäbe in sich selbst, dann werden Sie auch den Menschen für sich gewinnen, der sie hat.

Sie könnten prüfen, warum Liebe von Ihnen fernbleibt. Könnte es Kritik sein? Mangelndes Selbstwertgefühl? Unsinnige Maßstäbe? Filmstar-Vorstellungen? Die Angst vor Intimität? Die Überzeugung, Sie seien nicht liebenswert?

Seien Sie bereit zur Liebe, wenn Sie wirklich erscheint. Bereiten Sie den Boden vor und seien Sie bereit, Liebe zu hegen. Seien Sie erfüllt von Liebe, und Sie werden liebenswert sein. Seien Sie der Liebe gegenüber offen und empfänglich.

In der Unendlichkeit des Lebens, dort wo ich bin, ist alles vollkommen, ganz und vollständig.

Ich lebe mit jedem, den ich kenne, in Harmonie und Ausgeglichenheit.

Tief im Zentrum meines Wesens gibt es eine unendliche Quelle der Liebe.

Jetzt lasse ich diese Liebe an die Oberfläche strömen.

Sie erfüllt mein Herz, meinen Körper, meinen Geist, mein Bewusstsein, mein ganzes Wesen und strahlt von mir in alle Richtungen und kehrt vielfach zu mir zurück.

Je mehr Liebe ich verbreite und gebe, desto mehr habe ich zu geben.

Der Vorrat an Liebe ist endlos.

Das Verbreiten von Liebe verursacht mir Wohlbehagen, es ist ein Ausdruck meiner inneren Freude. Ich liebe mich; deshalb kümmere ich mich liebevoll um meinen Körper. Ich gebe ihm liebevoll nahrhaftes Essen und Getränke, ich pflege und ziehe ihn liebevoll an, und mein Körper antwortet mir liebevoll mit pulsierender Gesundheit und Energie.

Ich liebe mich; deshalb statte ich mich mit einer bequemen Wohnung aus, die alle meine Bedürfnisse befriedigt und in der ich mich voller Freude aufhalte.

Ich fülle die Räume mit dem Pulsschlag der Liebe, damit alle Besucher, ich ebenfalls, diese Liebe fühlen und durch sie gestärkt werden.

Ich liebe mich; deshalb habe ich eine Arbeitsstelle, die mir wirklich Spaß macht, eine, die meine kreativen Begabungen und Fähigkeiten fordert. Ich arbeite für und mit Menschen, die ich liebe und die mich lieben, und ich verdiene ein gutes Gehalt.

Ich liebe mich; deshalb verhalte ich mich allen Menschen gegenüber liebevoll und denke über alle Menschen liebevoll, denn ich weiß, dass das, was ich gebe, vielfach zu mir zurückkehrt. Ich wirke in meiner Welt nur auf liebevolle Menschen, denn sie sind ein Spiegel dessen, was ich bin.

Ich liebe mich; deshalb vergebe ich und löse mich vollständig von der Vergangenheit und von allen vergangenen Erlebnissen; ich bin frei.

Alles ist gut angelegt in meiner Welt.

Positiv denken – Praxis macht den Meister

Erhard F. Freitag, Carna Zacharias:
Bring Ordnung in dein Leben!

»Ihr müsst mehr Methode in euer Leben bringen. Gott selbst erschuf die Ordnung. Die Sonne scheint bis zum Abend und die Sterne funkeln bis zum Morgen.« (Yogananda).

Das Wort »Kosmos« bedeutet Ordnung und sagt uns, dass im Universum wohl jemand ist, der Ordnung geschaffen hat. Was auf den Makrokosmos zutrifft, gilt gleichermaßen auch für den Mikrokosmos. Wie oben, so unten; wie innen, so außen. Grundsätzlich herrscht vollkommene Harmonie, es sei denn, du selbst hast disharmonische Kräfte auf dich einwirken lassen und ihnen die Macht verliehen, Einfluss auf dich auszuüben. Du hast, weil du es nicht besser wusstest, aus destruktiven Gedanken und Gefühlen Verhaltensweisen entstehen lassen, die sich zu der heute als Realität empfundenen Situation entwickelt haben. Das alles kann genauso weitergehen, sich aber auch in jede andere von dir gewünschte Richtung verändern. *Wenn du ein »kosmisches Bewusstsein« haben willst, solltest du dich in die kosmischen Gesetze einordnen.* Die Tatsache, dass du dies hier liest, drückt klar deinen Wunsch nach einer Weiterentwicklung im Sinne der Evolution aus …

Alles, was dazu notwendig ist, besitzt du bereits, es muss überhaupt nichts Neues hinzukommen. Alles, was du brauchst, hast du seit deiner Geburt, nämlich die Fähigkeit, schöpferisch tätig zu sein, die Befähigung zum Imaginieren. Denn das, was jetzt in diesem Augenblick in deinem Leben ist, ist ja genauso das Ergebnis der von dir benutzten Möglichkeit, etwas zu erschaffen. Alles, was bis jetzt in deinem Leben geschehen ist, hast du angezogen. Die Realität um dich herum wurde aus deiner Einstellung zu den Dingen, zum Leben, zu allem, was ist, geschaffen. Deine Grundeinstellung wurde dir mit der Erziehung vermittelt, aus dieser Konditionierung entwickelten sich gleichermaßen Vorlieben und Abneigungen. Beide nehmen Raum in deinem geistigen Gebäude ein und werden fortan jede für sich versuchen, das ihrem Inhalt Entsprechende anzuziehen. Du weißt bereits, dass die Evolution sozusagen eine Einbahnstraße ist und dass die Schöpfung keinesfalls abgeschlossen ist, sondern wie eh und je im Prozess des ständigen Werdens, des ständigen Kommens und Gehens begriffen ist. Es ist deshalb nicht möglich, etwas *nicht* Wünschenswertes durch Gedanken aufzulösen. Die Richtung der Gedanken in uns wird bestimmt durch unsere Einstellung zu uns, zum anderen, zum Leben.

Wer also Vorlieben und Abneigungen hat – und wer hat die nicht? –, kann sich jetzt in diesem Augenblick bewusst werden, dass er die in seinem Gedankengebäude vorhandenen Inhalte ins Leben ruft. Je wichtiger ein Gedanke für dich ist, desto bevorzugter wird er in der Werkstatt deines Geistes zur Verwirklichung gebracht. Es ist vollkommen gleichgültig, ob du ihn mit einem Plus- oder mit einem Minuszeichen versehen hast, ob er konstruktiv oder destruktiv ist, das, was du denkst und fühlst, das bist du oder wirst du alsbald sein.

Sehr viele Menschen beschäftigen sich intensiv mit allem möglichen, von dem sie *nicht* wollen, dass es ist.

Schalte den Fernseher ein, er spiegelt sehr gut die Meinung eines Volkes wider, dort wird der überwiegende Teil der Aufmerksamkeit auf nicht Wünschenswertes gerichtet. Ähnlich verhält es sich auch mit dir. Deshalb, nur deshalb fordern wir dich immer wieder *bewusst wiederholt* dazu auf, dich ausschließlich mit dem zu beschäftigen, von dem du willst, dass es ist!

Fast regelmäßig entsteht hier ein Missverständnis. Positives Denken heißt konstruktives Denken und will keinesfalls Negatives aus Angst verdrängen. Nur der oberflächliche Denker vermutet beim positiven Denken Vogel-Strauß-Politik. Negatives verdrängen zu wollen führt unweigerlich dazu, dass es aus dieser Verdrängung, aus der Verbannung, also aus dem Unbewussten heraus Herrschaft über uns gewinnt. Das ist niemals Ziel und Zweck einer Lebenshilfe, die versucht, ursächlich vorzugehen.

Dieses Kapitel will dir helfen, ein Zeitprogramm aufzustellen, mit dem du in der Lage bist, in die Hierarchie innerhalb deines Gedankengebäudes ordnend einzugreifen. Um die vorhandenen Machtverhältnisse in deinem Unterbewusstsein zu ändern, bedarf es eines einfachen Konzeptes, einiger Beharrlichkeit und des Wissens, das Recht und die Möglichkeit zu haben, ein deinen Vorstellungen entsprechendes Leben zu führen.

Noch ein paar Anmerkungen zum Faktor »Zeit«:

Du erreichst in keinem Lebensbereich viel, wenn du nicht einen Sinn für Rhythmus, Zyklus, für die Wiederholung von Tätigkeiten entwickelst. Lernst du etwa Klavierspielen, wenn du mal drei Monate, mal ein Jahr, mal fünf Jahre mit dem Üben Pause machst? Oder schau einmal einer wirklich guten Hausfrau zu. Sie hat den Ablauf ihrer Tätigkeiten in eine bestimmte Ordnung gebracht, um effektiv zu sein.

Ordnung muss sich aus einem inneren Gefühl für das Wesen der Dinge ergeben, dann schwingst du mit, dann bist du »synchron«. Vor 300 Jahren fiel einem holländischen Wissenschaftler auf, dass zwei Pendeluhren, die man nebeneinander an die Wand hängt, in genau demselben Rhythmus schlagen. Sie behalten ihren gleichen Pendelschlag bei, weit über das Maß hinaus, mit dem sich zwei Uhren mechanisch einander angleichen lassen. Es ist tatsächlich so, als »wollten« sie im gleichen Rhythmus schlagen. Weitere Untersuchungen ergaben, dass dieser Wille zum gleichen Rhythmus universell ist. Natürlich ist er auch bei Lebewesen zu finden. Die Natur hat das Bestreben nach Harmonie, weil sie nach dem besten Energiezustand sucht, und der Gleichklang des Schwingens verbraucht weniger Energie als die Disharmonie. Harmonie ist also der perfekte Zustand allen Seins. Wir sind mit jedem Atom in diese göttliche Harmonie eingebunden. Je mehr wir uns von dieser Harmonie mittragen lassen, je weniger Widerstand wir ihr entgegensetzen, desto glücklicher sind wir. Man kann auch umgekehrt sagen: *Jedes, tatsächlich jedes Problem, das du hast, sei es Krankheit, Geldmangel, Erfolglosigkeit, Einsamkeit oder was auch immer, ist das Ergebnis eines Mangels an Harmonie.*

Ordnung ist eine Heilkraft. Seelisch kranke Menschen sind meist nicht in der Lage, ihr Leben in Ordnung zu halten. Sie ertrinken im Chaos, ihre Wohnung ist chaotisch, ihre Beziehungen sind chaotisch, sie sind ohne innere und äußere Ausrichtung. Du hast dir dieses Buch gekauft, weil du dein Leben harmonischer gestalten willst. Wir wollen dir dabei mit unseren Erfahrungen und Übungen und Suggestionen helfen. Es ist einleuchtend, dass es wenig nützt, wenn du eine Übung zwei-, dreimal machst und dann nie wieder, wenn du alle drei oder vier Wochen einige Suggestionen herunterratterst. *Jede Schwingung neigt dazu, sich durch Wiederholung zu verstärken.* So entstehen bestimmte Muster. Wenn du ein Trinker, Raucher, ein Stressgeplagter oder ein Dicker bist, haben sich Verhaltensmuster bei dir eingeschliffen. Es ist zunächst schwierig, diese Muster aufzulösen, weil sie ja durch ständige Wiederholung bestimmter Schwingungen erst so stark geworden sind. Aber es ist möglich. Die Gegenschwingung ist zunächst schwach gegenüber dem gewohnten Muster, doch je öfter diese Schwingung wiederholt wird, desto stärker wird sie. Und mit der Zeit kommt der Umschlag: Das neue Muster ist stärker als das alte. Aus dem Tropfen auf den heißen Stein wird der Tropfen, der den Stein aushöhlt, wenn man ihn nur genügend oft fallen lässt!

Noch ein paar Hinweise für den Gebrauch der Bausteine für deine Zeitprogramme:

1. Sie sind keine Vorschriften, die du sklavisch befolgen sollst. Sie sind nur Hilfen, um deine eigene Ordnung, deinen eigenen Rhythmus zu entwickeln.

2. Geißele dich nicht, wenn du mal einen faulen Tag hast. Deine negativen Gedanken sind viel schädlicher als die Unterlassung selbst. Es gibt Leute, die mit verbissener Miene jeden Tag ihr Müsli essen, eisern joggen, meditieren oder Yoga machen und scharfe Reden gegen jeden führen, der den Grad ihrer eigenen Vollkommenheit noch nicht erreicht hat. Wenn du nachsichtig, gütig und liebevoll zu dir und anderen bist, tust du tausendmal mehr für dich, als diese spirituellen Fanatiker für sich tun.

3. Es ist hilfreich, bestimmte Übungen, für die du dich entschieden hast, immer etwa zur gleichen Zeit zu machen. Das hat wieder mit Rhythmus zu tun, außer-

dem sind sie dann in deinen Tag eingeplant und du vergisst sie nicht so leicht.

4. Sag nicht, du hast keine Zeit. Die Arbeit an sich selbst ist die bestbezahlte Arbeit der Welt. Stell dir vor, was du alles an Arztbesuchen, Anwaltshonoraren, seelischer Energie sparst, wenn du diese Arbeit tust. Oft geht es nicht einmal darum, zusätzlich Zeit zu erübrigen, sondern bestimmte Zeitspannen besser zu nutzen. Die Zeiten nach dem Aufwachen und vor dem Einschlafen lassen sich zum Beispiel wunderbar für Suggestionen verwenden statt für selbstquälerische Gedanken. Hast du dich einmal darauf eingestellt, so schaltet dein Gehirn fast automatisch auf die Suggestionen, sobald du flachliegst!

5. Tanke deine seelischen Energien von Zeit zu Zeit außerhalb deiner vier Wände wieder auf. Die Seminare, die wir durchführen, pumpen in nur wenigen Tagen Energie für ein halbes Jahr in dich hinein.

Was du mindestens jeden Tag tun solltest

Du solltest täglich vor dem Aufstehen 5 Minuten lang geistig den Weg vorbereiten für das, was du dir vom Tage erhoffst. Schicke liebevolle Gedanken in den Tag, um ihn zu erleuchten. Dr. Murphy sagte dazu: »Lassen Sie Gottes Liebe das Licht sein, das Ihren Weg erleuchtet.« Du kannst durchaus, wenn du dir die Mühe machen willst, einzelne Situationen, von denen du weißt, dass sie heute kommen werden, mit positiven (Erfolg versprechenden) Gedanken unterstützen. Einfacher jedoch und weniger egoistisch ist es, in sich ein tiefes Gefühl von Freude, Liebe, Genugtuung, auf den heutigen Tag bezogen, entstehen zu lassen oder, besser ausgedrückt, durch sich hindurchfließen zu lassen. Stell dir vor, *fühle es*, dass heute ein glücklicher Tag ist. Der Tag des Herrn. Dass alles Glück der Welt für dich da ist, dir zu helfen. Ganz besonders zu helfen, wenn dein Vorhaben im Interesse vieler ist. Je mehr dein Tun darauf gerichtet ist, zu helfen und andere an deinem Erfolg teilhaben zu lassen, umso mehr werden alle positiven Kräfte des Universums dir zur Seite stehen.

Das Gute, oder, neutraler ausgedrückt, das von der Evolution Gewollte, hilft dir helfen. Sei davon überzeugt, dass deine Existenz, all dein Tun, zum Wohle aller wirkt. Überzeuge dich davon, dass deine Arbeit konstruktiver Natur ist. Dass niemandem geschadet wird. Lass dieses Wissen um deine Rechtschaffenheit ganz tief dein Bewusstsein erfüllen. Sieh vor deinem geistigen Auge, wie sich andere über das Resultat deiner Arbeit freuen. Freue dich darüber, dass sich andere über dich freuen.

Das ist das Allermindeste, was du täglich, vor dem Aufstehen, tun solltest. Wenn du fleißiger bist, geh noch ein-, zweimal im Laufe des Tages in den Höhepunkt des Gefühls, das du vor dem Aufstehen hattest, hinein. Das braucht nur 2 bis 3 Minuten lang zu sein, dafür aber intensiv! Fühl dich ganz und gar in das Glück hinein, von dem du möchtest, dass es ist. *Glauben sollst du an das, was noch nicht ist, damit es werde.*

Weiterhin kannst du ganz bewusst einzelnen Menschen, denen du begegnest, mit innerer Freundlichkeit entgegentreten. Wenn du vor einer Situation am heutigen Tag Angst hast, stell dir den betreffenden Augenblick vor, wie er aufgehellt ist, heute (zum ersten Mal) positiv verläuft. Falls dieser unangenehme Augenblick am Nachmittag stattfindet, lächle ihn doch einfach mal aus der Distanz von einigen Stunden an. Wenn die gefürchtete Situation, sagen wir, um 15 Uhr stattfinden soll, dann geht es doch wirklich zu weit, die Angst vor dem Ereignis schon den Vormittag überschatten zu lassen. Schicke Licht zu der betreffenden Stunde, lächle sie an, bejahe die kommenden Ereignisse. Sag dir: Ich habe diese Situation angezogen, weil sie mir ein guter Lehrer sein wird. Nötig war sie, sonst wäre sie nicht da, nichts ist einfach nur so da, zufällig.

Beginne dich zu freuen über den Tag und die Geschichte, die er für dich bereithält.

Wenn du noch fleißiger bist, kannst du Gespräche mit imaginären Personen führen. Sag allen, denen du heute begegnen wirst: Danke, dass es dich gibt, hilf, dass sich unsere Begegnung heute zu unserem Wohl und zum Wohle vieler entwickelt. Lächle aus dieser zeitlichen Distanz den (die) anderen an. Reiche möglichst vielen Menschen die Hände, stell dir vor, dass ihr euch strahlend gegenübersteht. Stell dir vor, wie du heute Abend zurückblickend sagst und fühlst: Es war ein schöner Tag.

All das braucht nur jeweils 2 bis 3 Minuten zu dauern.

Das Wichtigste bei dieser Arbeit an dir selbst ist die Wiederholung. *Tag für Tag gilt es, die neue Ordnung in deinem Unterbewusstsein zu schaffen.* Wer dieses einfache Programm regelmäßig praktiziert, schafft sich einen neuen Himmel (den geistigen Inhalt) und dadurch eine neue Erde (die Manifestation).

Hör jetzt auf zu lesen und geh spazieren. Meditiere über das gerade Gelesene. Du wirst unsere guten Gedanken fühlen. Wir sind in diesem Augenblick, über Raum und Zeit hinweg, bei dir. Geh jetzt! Die Hörerin einer Rundfunksendung schrieb: »Ich ging nach einer Ihrer Aufforderungen, spazieren zu gehen, los – und hatte dabei das größte Erlebnis meines Lebens. Ich kehrte nach Hause zurück, wie verwandelt. Tiefe Ruhe und Harmonie erfüllten mich. Danke für diesen guten Rat.« Großartige Erlebnisse müssen nicht kompliziert sein und schon gar nicht viel Geld kosten. Alles in diesem Buch Beschriebene ist mehr oder weniger kostenlos. Sicher kannst du deinen Weg abkürzen und in Hypnosetherapie kommen. Aber eine unbedingte Notwendigkeit dazu besteht nicht.

Noch ein Wort zu der Aufforderung, einen meditativen Spaziergang zu machen. Wenn wir sagen: Wir sind über Raum und Zeit hinweg bei dir, dann ist das keine nette Redensart, sondern bewiesene Tatsache. Wir stehen alle miteinander in Beziehung, und alle, die sich dafür öffnen, können miteinander in Verbindung treten. Dabei wirkt weder räumliche Distanz noch zeitliche Differenz behindernd. Mach doch eine Probe aufs Exempel. Wann immer es dir passt, meditiere eine Weile, zwischen 5 und 30 Minuten. Öffne dich, geh in dieser Tiefenentspannung spazieren und suche uns oder – falls dir das lieber ist – auch nur einen von uns beiden im Geiste. Ungefähr so, als würdest du bei einem Radio einen bestimmten Sender suchen. Genau in dem Augenblick, in dem du nicht mehr willst, sondern einfach offen bist, geschieht es.

Was du an einem freien Wochenende tun kannst

Dein Leitgedanke für dieses Wochenende: Schau gründlich und ehrlich hin, welche Glaubenssätze und alten Programme dich daran hindern, endlich dich selbst und deine Wünsche zu verwirklichen.

Lass einmal alle anderen an diesem Wochenende in Ruhe und aus dem Spiel. Dieses Wochenende kann und soll nur für dich da sein, ungeteilt. Alles, was es zu bieten hat, kannst du auch allein genießen. Sorge dafür, dass keine profanen Angelegenheiten dich stören können. Such nach außen keinen Kontakt, diesmal möchtest du den Weg nach innen suchen, den inneren Freund, auch wenn du ihn manchmal den inneren Schweinehund genannt hast.

Beginnen wir am Freitagnachmittag mit einem langen Spaziergang, ein bis zwei Stunden sollten es schon sein. Allein natürlich, ohne Ablenkung. Es soll ein meditativer Spaziergang sein, ein verinnerlichter. Nimm deine Umwelt gar nicht besonders wahr, aber lass sie trotzdem auf dich einwirken. Achte auch Gedanken und Bilder, die in dir hochsteigen, sieh sie dir nur an, ohne zu urteilen. Nur eine einzige Aktivität ist gestattet: zu verzeihen. Wenn also Situationen hochkommen, die dich geärgert haben, verzeihe, wem auch immer, ohne zu richten. Verzeihende Liebe fragt nicht nach Schuldigen. Lass etwas von dem Frieden um dich herum in dich hinein. Ruf laut nach innen, dass du verzeihst, allen und allem, damit Platz entsteht für inneren Frieden. Denn Ärgernisse, Vorbehalte, Wut nehmen innerem Frieden den Platz weg. Beides kann nicht sein. Friede ist eine Funktion von Liebe. Entweder man liebt, verzeiht und eint, oder man fürchtet, trägt nach und trennt.

Wenn du von deinem Spaziergang zurück bist, mach es dir so gemütlich wie möglich. Iss dein Lieblingsessen, höre deine Lieblingsmusik, lies ein, zwei Gedichte, die dich ansprechen, tanze ein wenig. Setz dich dann auf deinen Lieblingsplatz, schließe die Augen und imaginiere. Lass alte Erinnerungen wieder hochkommen, Zwist, Gram, Frust. Lach (lächle) diese Situationen aus der Zeit an, die man die vergangene nennt. Bejahe die dortigen Ereignisse, verzeih allen damals Beteiligten, vor allem dir selbst. Und dann zieh einen Schlussstrich. Sag liebevoll-autoritär zu dir selbst: »So das wär's, das ist abgehakt, zur ewigen Ruhe gebettet. Ich habe mir und allen verziehen, und wenn dieses Verzeihen echt war, ist alles Negative aus diesen Erinnerungen ein für alle Mal aufgelöst. Ich werde ab sofort keine Gedanken mehr an diese Ereignisse verschwenden.«

Versuch jetzt zu schlafen, in dem befriedigenden Gefühl, etwas Wichtiges erfolgreich abgeschlossen zu haben.

Am Sonnabend steh früh auf, um da zu sein, wenn der neue Tag *dich* begrüßen will. Mach dir für heute ein Programm, das ganz auf Happiness ausgerichtet ist. Sport treiben, singen, tanzen, basteln, meditieren, schreiben, lesen. Tu das, was dir Freude macht. Lass dich nicht von anderen ablenken. Geh allein ins Kino, in die Sauna, kauf dir ein Kleid, einen Anzug. Bleibe den ganzen Tag in einem verinnerlichten Zustand. Lass es geschehen, dass du heiter, gelöst, beschwingt bist. Lass möglichst oft Bilder in dir entstehen, die du verwirklichen möchtest, übe dich im Glauben daran, dass Glück und Erfolg lernbar sind und dass du in diesem Studienfach ein außerordentlicher Erfolg bist! Freue dich darüber, dass du das weißt: Dass du ein außerordentlicher Erfolg bist, dass du ein außerordentlicher Erfolg bist, dass du … Lächle möglichst viele, die dir begegnen, an. *Siehst du jemanden ohne Lächeln, leih ihm eins von dir.* Du bekommst es sicher zurück. Lass den Abend mit schöner Musik, einem Film, der dir Spaß macht, einer aufbauenden Lektüre ausklingen.

Am Sonntag, nach einem ausgiebigen, gemütlichen Frühstück, blättere einmal das vorliegende Buch durch und such dir ein Kapitel aus, auf das du dich heute konzentrieren willst. Vielleicht möchtest du auch damit beginnen, Freundschaft mit deinem Unterbewusstsein zu schließen. Nimm nur das, worauf du wirklich Lust hast. Meditiere über den Text, mach dich mit der dazugehörigen Suggestion vertraut. Und nun hol dir einige Blätter Papier und möglichst viele bunte Stifte. Schreib riesengroß auf jedes Blatt Papier einen Schlüsselbegriff deines Lebens. Zum Beispiel: Gesundheit, Liebe, Beruf, Urlaub, Geld, Familie. Und nun notiere auf das jeweilige Blatt, was du dir dazu *ersehnst*. Schreib *alle* deine Wünsche auf, habe keine Hemmungen, niemand außer dir sieht diese Papiere!

Für den Rest des Tages hast du dann nur eine Aufgabe: Diese Wünsche alle erfüllt zu imaginieren. Denk daran, dir *bildhaft* vorzustellen, was du möchtest. Sag nicht einfach:»ein Haus am Meer«, vor dich hin, sonder *visualisiere* dieses Haus am Meer, erschaffe es vor deinem inneren Auge. *Sieh* dich mit dem weißen Porsche durch die Stadt fahren, *mal dir aus*, was du in deiner neuen Position im Büro tust, und so weiter. Nimm diese Bilder abends mit ins Bett, lass sie tief in dich einsinken, mit deinen Träumen verschmelzen …

Mach dir in der folgenden Woche ein kleines, ganz persönliches Zeitprogramm. Lege fest, was du wann, wie und wie lange tun möchtest. Überfordere dich im ersten Elan nicht dabei. Es ist besser, wenig zu tun, das aber regelmäßig, als ganz groß anzufangen und dann ganz stark nachzulassen. Du musst keineswegs therapeutische und spirituelle Superleistungen erbringen, positives Denken ist kein Leistungssport, bei dem man Medaillen gewinnt.

Es kommt nicht darauf an, etwas Besonderes zu tun, sondern das, was man tut, richtig zu tun.

Dein Spruch des Tages

Hier sind einige Volksweisheiten, Sprüche, Zitate. Wir haben 31 ausgewählt, für jeden Tag eines Monats einen. Du solltest diese Sprüche nämlich nicht einmal durchlesen und dann wieder vergessen. *Du solltest dir jeden Tag einen dieser Sätze vornehmen und darüber meditieren.* Lass diesen Satz in dich einsinken, versuche den Bezug, den er zu deinem eigenen Leben hat, zu erfahren. Hindere deinen Verstand daran, das Gelesene sofort kritisch zu zerpflücken. Nimm einfach an, ganz weich, ganz empfänglich.

- Wer aber auf das Glücklichsein verzichtet, erfüllt sein Dasein nicht.
- Jeder von uns ist ein Engel mit nur einem Flügel. Und wir können nur fliegen, wenn wir uns umarmen.
- Alles, was du in die Zukunft verschiebst, fehlt dir im Jetzt.
- Arbeit, in der rechten Einstellung getan, ist Meditation.
- Du bekommst Energie nur, wenn du sie anwendest. Vor dem Empfangen liegt das Geben.
- Ändere dich selbst und die Umstände werden sich ändern.
- Vergiss niemals, dass du nicht allein bist. Das Göttliche ist bei dir.
- Wahrhaftigkeit ist der Schlüssel der göttlichen Türen.
- Gib alles, was du bist, und alles, was du hast; nicht mehr wird von dir verlangt, aber auch nicht weniger.
- Denke nicht an das, was du warst, sondern an das, was du bist und zu sein dich sehnst.
- Den Mut zu verlieren, ist die einzige Sünde.

- Es gibt nur eine einzige Krankheit: Nicht bewusst zu sein.
- Unsere Freiheit besteht darin, dass wir uns auf eine höhere Ebene begeben können.
- Das Heil liegt im Kernpunkt des Übels.
- Es gibt nichts Unmögliches und hat es nie gegeben. Es gibt nur Augenblicke, die gekommen sind oder nicht gekommen sind.
- Suche nicht nach dem Sinn des Lebens, lass dich finden.
- Habe den Mut, zur Wahrheit zu kommen, auch wenn der Weg durch die Hölle geht.
- Viele wollen vollkommen sein, aber nur wenige sind bereit, etwas dafür zu tun.
- Jeder bekommt das, was er verdient, doch nur der Erfolgreiche gibt es auch zu.
- Es ist besser, eine Kerze anzuzünden, als sich über die Dunkelheit zu beklagen.
- Nicht wie der Wind weht, sondern wie man die Segel gesetzt hat, darauf kommt es an.
- Um zur Quelle zu kommen, muss man gegen den Strom schwimmen.
- Wenn einer träumt, ist es ein Traum, wenn viele träumen, ist es der Beginn einer neuen Wirklichkeit.
- Helfende Hände sind heiliger als betende Lippen.
- Glaube denen, die die Wahrheit suchen, und zweifle an denen, die sie schon gefunden haben.
- Der eine fragt, was ihm die Zukunft bringt, der andere gestaltet sie selbst.
- Gewohnheiten sind Vorgesetzte, die man nicht bemerkt.
- Das Leben findet täglich statt.
- Liebe das Leben und das Leben wird dich lieben.
- Deine Freude ist entlarvtes Leid.

- Das endgültige Ziel ist, sich in ständigem Geeintsein mit dem Göttlichen zu befinden, nicht nur während der Meditation, sondern im ganzen tätigen Leben.

NEALE DONALD WALSCH: Entscheiden Sie, was für Sie in der Zukunft wahr sein wird

Es ist nicht sehr bekannt oder wird nicht von vielen verstanden, dass wir schon *vorab* die Stimmungen, Reaktionen, Antworten und Erfahrungen wählen können, die wir in Zukunft *haben werden*. So wie man, bevor man sich auf dem Zahnarztstuhl niederlässt, beschließen kann, »dass es nicht wehtun wird«, kann man auch hinsichtlich anderer Erfahrungen im Vorhinein beschließen, was sie für uns sein werden. Sie können diese Antworten und Reaktionen bewusst, willentlich und mit solcher Entschlusskraft wählen, dass nichts Sie davon abhalten kann. In dem Augenblick, in dem Sie dies tun, werden Sie nicht nur zum Meister oder zur Meisterin Ihres eigenen Schicksals, sondern auch zu einem Meister oder einer Meisterin des Lebens selbst.

Das Ironische daran ist, dass wir alle *wissen, dass wir das können*. Es gibt niemanden unter uns, der oder die nicht schon genau das getan hat – nämlich im *Vorhinein* entschieden, mit welchen Gefühlen er oder sie einer Sache begegnen wird. Und doch weigern wir uns aus nicht ganz einsichtigen Gründen, diese bereits geschärfte Fähigkeit regelmäßig in unserem Alltagsleben anzuwenden. Ganz im Gegenteil entscheiden wir uns dazu, diese außergewöhnliche Fähigkeit ausgesprochen selten einzusetzen, vielleicht bei einem halben oder einem Dutzend Gelegenheiten *in unserem ganzen Leben.*

Diese Beobachtung führt zu einer Frage, die unser ganzes Leben verändern könnte:

Was würde passieren, wenn wir diese Fähigkeit jeden Tag eines jeden Jahres, unser ganzes Leben lang einsetzen würden?

Die Antwort darauf lautet natürlich, dass wir selten, wenn überhaupt je einen Augenblick des Schmerzes, einen Augenblick der Qual, einen Augenblick der Bitterkeit, des Zorns oder der Frustration erleben würden. Unser Leben wäre in perfekter Ordnung, und das wüssten wir auch, denn wir haben ja *veranlasst,* dass es so ist.

Die *Ereignisse* unseres Lebens würden sich nicht unbedingt verändern; die Umstände würden sich vielleicht nicht verbessern, aber die *Erfahrung,* die wir mit diesen Ereignissen machen, würde sich für immer verändern.

Letztlich werden wir dann solche Augenblicke überhaupt nicht mehr wiederholen, *weil wir sie gemeistert haben.* Wir werden gelernt haben, sie zu akzeptieren und willkommen zu heißen; sie wertzuschätzen und sie als größte Geschenke des größten Schöpfers zu segnen. Als Geschenke, die uns gestatten, der zu sein, der wir wirklich sind, das zum Ausdruck zu bringen und zu erfüllen.

Wenn wir gelernt haben, solche Augenblicke, die wir vormals als chaotisch oder negativ bezeichnet hätten, zu akzeptieren und willkommen zu heißen, werden sie sich verflüchtigen. Denn *das Ding, dem wir uns widersetzen, bleibt bestehen, und was wir uns anschauen, das verschwindet.*

Auf diese Weise werden Sie sich (und Ihre Erfahrung des Lebens) wieder neu erschaffen haben.

So kommt es, dass diese Übung sehr wohl die machtvollste sein könnte. Hier ist sie.

Übung

Erstellen Sie eine Liste von künftigen Erfahrungen, von denen Sie sich vorstellen, dass Sie sie machen werden. Selbstverständlich können Sie nicht alle vorhersagen, aber einige wahrscheinlich schon; sie existieren zumindest als Möglichkeit.

Beginnen Sie mit einigen naheliegenden Dingen; es folgen ein paar Beispiele:

Einige Erfahrungen, die ich möglicherweise in Zukunft machen könnte

Mir wird im Verkehr die Vorfahrt genommen.
Ich habe Krach mit meinem Ehepartner.
Ich verliere einen Menschen, den ich wirklich liebe.
Ich fühle mich einsam.
Ich habe nicht so viel Geld, wie ich gerne hätte.

Notieren Sie nun neben jeder aufgeführten Situation die neue Erfahrung, die Sie Ihrer Wahl nach machen möchten, sollte sie denn eintreten. Schauen Sie sich diese Liste jeden Tag an, um sich die neue Wahl, die Sie getroffen haben, zu vergegenwärtigen. Denken Sie daran: Das Ding, dem Sie sich widersetzen, bleibt bestehen; was Sie sich anschauen, verschwindet.
Wenn Sie sich mit den von Ihnen als Möglichkeiten vorhergesagten Erfahrungen konfrontiert sehen (oder

mit ähnlichen Erfahrungen), dann erinnern Sie sich daran, wie Sie diesen Augenblick Ihrer Wahl erleben und aufnehmen wollen. Bestehen Sie mit Ihrem Selbst darauf, ihn auch in dieser Weise zu erfahren.

Das nennt man »den Augenblick meistern«.

Und wenn Sie mehr und mehr solche Augenblicke meistern, dann erweitern Sie Ihre Liste von möglichen oder wahrscheinlichen künftigen Ereignissen und treffen Sie wiederum eine bewusste Wahl, wer und was Sie in Hinblick auf solche Abenteuer sind und zu sein wünschen. Stehen Sie dem von Ihnen vorhergesagten Moment gegenüber, dann erinnern Sie sich an Ihre bewusst getroffene Entscheidung und treten Sie in die von Ihnen gewählte Erfahrung ein.

Zurückfallen in alte Gewohnheiten und Muster

Seien Sie nicht entmutigt, wenn es Ihnen nicht gelingt, sich binnen eines Tages oder einer Woche oder eines Monats von Grund auf neu zu erschaffen. Seien Sie beharrlich. Sie mögen feststellen, dass Sie angesichts einiger Begebenheiten, die Sie für sich vorhergesagt haben, wieder in alte Muster und Verhaltensweisen zurückfallen. Wenn das der Fall sein sollte, vergegenwärtigen Sie sich einfach die von Ihnen getroffene Wahl – *und wählen Sie erneut.*

Machen Sie sich deshalb keine Vorhaltungen. Weigern Sie sich, sich selbst zu verurteilen. Nehmen Sie einfach nur Ihre Wahl zur Kenntnis ... und wählen Sie erneut.

Wählen Sie immerfort die großartigste Version
der größten Vision, die Sie je von sich hatten.

Wählen Sie immerfort, was Gott wählen würde.
Bleiben Sie bewusst, bleiben Sie wach und gehen
Sie auf die nächste Gelegenheit zu, Ihr Selbst
wieder aufs Neue zu erschaffen.

Und seien Sie vor allem nicht entmutigt, wenn das Leben immer schwieriger zu werden scheint. Denn in dem Moment, in dem Sie in Bezug darauf, wer Sie sind und wer zu sein Sie wählen, eine Entscheidung fällen, wird alles, was im Gegensatz dazu steht, in den Raum treten.

Das ist deshalb so, weil Sie nur im Raum dessen, was Sie nicht sind, sein können, wer und was Sie sind.

Sie können nicht dünn sein, wenn es so etwas wie dick nicht gibt. Sie können nicht groß sein, wenn es so etwas wie klein nicht gibt. Ihnen kann nicht kalt sein, wenn es so etwas wie warm nicht gibt. Sie können nichts sein ohne die Existenz seines Gegensatzes. Dieser Sachverhalt wird in allen Einzelheiten in *Gespräche mit Gott* und auch in *Bring Licht in die Welt* erklärt.

Wissen und begreifen Sie also, dass Sie sich auf solche Schwierigkeiten gefasst machen können. Tatsächlich sind und werden sie Ihre größten Geschenke sein.

Gehen Sie nun und reichen Sie tief in Ihre Fantasie und Ihr Vorstellungsvermögen hinein, um dort die neue Vorstellung, die Sie von sich selbst haben, zu finden. Verbringen Sie diese Vorstellung in Ihre Erfahrungswelt; erschaffen Sie sie als Ihre neue Realität. *Erschaffen Sie sich aufs Neue nach dem Ebenbild Gottes.*

Damit werden Sie Ihre Bestimmung erfüllt haben. Damit werden Sie getan haben, was zu tun Sie hierher gekommen sind.

KURT TEPPERWEIN: Mitgestalten

Die Blitztechnik des Umkreisens

Nachfolgend eine einfache Technik, mit der Sie Uner-
wünschtes aus Ihrem Leben verbannen und Erwünsch-
tes in Ihr Leben ziehen können. Sie ist sehr einfach und
doch wirkungsvoll. Zuerst einmal müssen Sie sich entscheiden, ob Sie etwas loswerden wollen (diskreieren)
oder etwas in Ihr Leben ziehen wollen (kreieren).

Erwünschtes kreieren

Wollen Sie etwas kreieren, schreiben Sie in die Mitte
eines großen Blattes Papier den erwünschten Endzustand in Form eines kurzen, positiven Satzes. Dann
umkreisen Sie diesen Satz gegen den Uhrzeigersinn (als
Linkshänder im Uhrzeigersinn) etwa 5 Minuten lang,
bis Freude und Dankbarkeit auftauchen und Sie spüren,
dass der erwünschte Endzustand in Ihr Bewusstsein eingedrungen ist. Dann danken Sie innerlich, dass Sie dieses
Gewünschte manifestieren durften. Wenn Sie möchten,
hängen Sie das Bild an die Wand.
  Beispiele für die positiven Sätze:

- Ich verwirkliche mich in einem erfüllten Leben.
- Ich führe die richtige Partnerschaft mit der richtigen
  Partnerin.
- Ich lebe und erlebe meine Berufung.
- Ich entfalte meine unentdeckten Potenziale.

- Ich erlebe, wie sich meine Finanzen zu meinem Wohle entwickeln.
- Ich lebe in unabhängiger Verbundenheit.

Unerwünschtes entlassen

Möchten Sie etwas aus Ihrem Leben entlassen, weil es Sie belastet, notieren Sie das in die Mitte eines großen Blattes Papier. Umkreisen Sie diesen Satz im Uhrzeigersinn (als Linkshänder gegen den Uhrzeigersinn) und erleben Sie, wie die Belastung verschwindet.

Erfolg können Sie trinken

Die Macht der Gedanken wirkt unmittelbar auf den Körper, insbesondere in Verbindung mit anderen Methoden. Das lässt sich natürlich auch für Heilung einsetzen. Unter Heilpraktikern bekannt geworden sind die »Sanjeevinis«, die von einer Schülerin des Inders Sattya Sai Baba entwickelt wurden und zum Zweck der Heilung eingesetzt werden können. Es sind 250 kleine Kärtchen, auf denen die Namen von Körperteilen oder auch von Krankheiten stehen. Zusätzlich ist auf diesen Karten ein Heilungssymbol, ein achtblättriger Lotos. Der Heilungsuchende wird angewiesen, ein Glas Wasser auf eine entsprechende Karte zu stellen, ein Gebet seiner Wahl zu sprechen und danach das Glas Wasser zu trinken.

Ein Klient berichtete mir Folgendes: Vor einigen Jahren hatte er eine schwere Grippe. Daraufhin stellte er ein

Glas Wasser auf die Sanjeevini-Karte »Grippe/Erkältung«, sprach ein Gebet und trank das Wasser. Kurz danach musste er dringend auf die Toilette. Der Urin stank abscheulich. Bereits einen Tag später verspürte er eine deutliche Besserung und zwei Tage danach konnte er bereits wieder zur Arbeit gehen. Diese tatsächliche Begebenheit soll natürlich niemanden ermuntern, den Arztbesuch zu versäumen. Dort, wo die Gebetskarte nicht unverzüglich beziehungsweise dauerhaft hilft, ist schon aus Gründen der eigenen Sicherheit dringend geraten, einen Arzt zu besuchen und seinen Empfehlungen Folge zu leisten.

Ich wähle dieses Beispiel, um zu verdeutlichen, wie machtvoll die Kraft des Geistes ist. Letztendlich ist es jedem möglich, sein »Heilwasser« selbst herzustellen – in dem Maße, wie sein Glaube und seine mentale Kraft das zulassen. Sehr gut funktionieren die Gebetskarten übrigens bei Tieren, da diese die Behandlung nicht infrage stellen und durch ihren Zweifel verunmöglichen – daran zu glauben ist, wie wir am Beispiel der Tiere sehen, nicht erforderlich.

Eigentlich ist diese Methode uralt: Wenn in Indien oder Tibet Heiler ein homöopathisches Medikament geben wollen, haben sie es oft nicht zur Hand. Deshalb notieren sie mit Tinte den Namen und die Potenz des Präparates auf ein Blatt Papier, legen es in ein Glas mit Wasser, in dem sich die Tinte auflöst, und weisen ihren Patienten dann an, das Wasser zu trinken. (Dabei ist natürlich darauf zu achten, gesundheitsverträgliche Tinte zu nehmen, damit man keine Tintenvergiftung bekommt; ansonsten ist es besser, man stellt das Glas Wasser auf den Zettel.) Mit dem Vorgang des Trinkens wird die Schwingung des geschriebenen Wortes als gedankliche Information auf den Organismus des Patienten übertragen – es wird behauptet, dass durch diese Methode die Patienten Heilung erfahren können, ohne mit dem Präparat selbst in Berührung gekommen zu sein.

Trinken können Sie allerdings nicht nur Gesundheit, sondern auch positive Eigenschaften, wie zum Beispiel »Mut«, »Liebe« usw. Der Japaner Masaru Emoto hat nachgewiesen, dass Wasser, das aus einem Glas getrunken wird, auf dem das Wort »Danke« steht, eine entsprechend positive Energie aufweist (Ich empfehle Ihnen sein Buch *Wasser und die Kraft des Gebets*).

Positive Selbstprogrammierung mithilfe geometrischer Zeichen

Die praxisorientierte neue Homöopathie baut auf der Erfahrung der modernen Informationsmedizin auf, ihre Grundprinzipien sind jedoch weitaus älter. Seit Urzeiten weiß man, dass Zeichen als Träger von Kraft dienen. Den Gesichtsbemalungen indischer Gottheiten, den Aborigines in Australien und den Heilbemalungen indianischer Medizinmänner wohnt eine Kraft inne, die sich heute wissenschaftlich erklären lässt. Auch der Ötzi, die Leiche aus dem Similaun-Gletscher, trägt das balkengleiche Kreuz und parallele Striche. Strichkombinationen und geometrische Zeichen wirken hierbei wie Antennen. Sie verändern den Energiezustand des Körpers.

Wasser oder Globuli programmieren

Geometrische Zeichen können auch in Verbindung mit Worten, die Sie auf eine Karte schreiben, für eine positive Selbstprogrammierung genutzt werden. Die erwähnte Möglichkeit, Informationen auf Wasser oder Globuli zu übertragen, ist denkbar einfach: Notieren Sie auf einen Zettel die positive Information des erwünschten Endzustandes, beispielsweise »Die innere Heilkraft heilt mich jetzt« oder noch kürzer »Heilung«. Halten Sie den Zettel in der linken Hand und ein Glas Wasser oder unarzneiliche (also neutrale) Globuli in der rechten Hand. Schauen Sie auf den Zettel, während Sie das Wasser/die Globuli halten. Von links nach rechts und über die Augen wird die Information nun auf das Wasser/die Globuli übertragen. Um die Heilung zu präzisieren, ist es natürlich hilfreich, den Adressaten der Heilung exakter zu definieren. Dieses Verfahren ersetzt nicht den Besuch bei Ihrem Arzt oder Apotheker, kann aber zusätzlich Ihre Genesung unterstützen. Und natürlich können Sie nach dieser Methode auch Erfolgsprogrammierungen in Ihr Trinkwasser oder Ihre Globuli geben. Ein Zeichen, das in der Regel das Positive verstärkt, ist das Ypsilon (Y). Sie können über das Wort oder den Satz (unser Beispiel war »Heilung«) ein großes »Y« zeichnen.

Wenn Sie mit Globuli arbeiten, haben Sie den Vorteil, dass Sie über einen längeren Zeitraum, beispielsweise 21 Tage lang, unentwegt das Positivprogramm »essen« können, unabhängig davon, ob Sie in der Stimmung sind, Ihr mentales Training auszuführen oder nicht. Die Wirkung ist allerdings stärker, wenn Sie das Heilmittel jeden Tag neu erstellen, weil Sie sich in dem Fall jeweils mit der Schwingung des Augenblicks aufladen und nicht die Energie vom ersten Tag unverändert immer wieder mit aufnehmen. Doch bevor Sie die Programmierung komplett vergessen, lutschen Sie lieber einen bereits vorprogrammierten Globulus.

Um eine maßgeschneiderte Erfolgsprogrammierung zu erhalten, ist es hilfreich, sich präziser als in der Anleitung erwähnt mit der eigenen Konstitution auseinanderzusetzen. Oftmals ist eine maßgeschneiderte Umwandlungsarbeit erforderlich, um eventuelle Erfolgsblockierungen aufzulösen. Da diese Methode im Einzelfall differenzierter und ausführlicher ist, als sie hier aus Platzgründen dargestellt werden kann, empfiehlt sich ergänzend eine Einzelsitzung oder Ausbildung, in der diese Methode genauer gelernt werden kann (Infos: www.praneohom.de). Dort erfahren Sie auch, wie Sie die Wirkung von geometrischen Zeichen verstärken oder umkehren können – je nach Bedarf.

Eine Frau kam aus der Predigt, als ihr ein Taschendieb das Portemonnaie aus der Hand riss und damit fortlief. Noch erfüllt von der Predigt rief die Dame ihm nach: »Ich segne dich, mein Junge!« Der Dieb blieb stehen, stutzte, drehte sich um und kam zurück. Die alte Frau fragte ihn, warum er denn stehlen würde, und er antwortete, dass er kein Geld habe. Daraufhin gab sie ihm 20 Mark als Geschenk, wünschte ihm alles Gute und ging nach Hause. Viele Jahre später brannte das Gartenhäuschen dieser Frau ab, der Fall ging durch die Zeitung und die Dame war ganz bestürzt, weil dieses Gartenhäuschen ihr ganzer Schatz gewesen war. Wenige Tage später fand sie auf ihrem Bankkonto die Gutschrift einer beträchtlichen Summe, der Verwendungszweck lautete »Für ein neues Gartenhäuschen«. Nach näherem Hinterfragen fand sie den edlen Spender heraus – es war genau der junge Mann, der ihr damals den Geldbeutel stehlen wollte.

Die Kraft des Segnens

Segnen können Sie einen Menschen, eine Beziehung, einen Lebensumstand, ein Land, ein Tier – was immer Ihnen wichtig erscheint.

Um die Kraft des Segnens zu aktivieren, benötigen Sie äußerlich eigentlich nur die Worte »Ich bitte um Segen für …« oder »Ich segne …« Diese können Sie laut aussprechen, flüstern oder auch einfach nur denken. Wenn Sie zu einem Gott, Schutzheiligen oder Meister beten, ist es wichtig, sich beim Segnen auf deren Energie einzustimmen. Ob Sie dafür sagen: »Ich bitte den Heilstrom zu fließen« oder: »Ich bitte den Meister … die nachfolgende Segnung zu unterstützen«, ob Sie ein »Ave Maria« vorher sprechen oder ein anderes Gebet, das obliegt Ihnen. Nur Sie selbst können spüren und wissen, welche Methode bei Ihnen die stärkste Energie zum Fließen bringt. Der zweite Schritt des Segnens liegt darin, die Aufmerksamkeit auf die Person, die Beziehung oder den Umstand zu richten, der gesegnet wird. Der dritte Schritt liegt in der Ehrlichkeit des Herzens, es ist nötig, dass Sie auch wirklich meinen, was Sie sagen, und die Energie fließen lassen, das heißt ein gerichteter Kanal der Fülle zu sein. Wenn Sie Ihren Segen aussprechen oder denken, werden Sie spüren, wie sich der Segen »vollzieht«, Sie werden das Anschwellen, das Strömen und das Abschwellen der Segensenergie wahrnehmen, bis der Segen »vollbracht« ist.

Segnen sollten Sie insbesondere auch Ihre »Feinde«, unangenehme Situationen oder Briefe, Herausforderungen, vor denen Sie stehen usw. Segnen bedeutet, die innere Vollkommenheit in Erscheinung treten zu lassen. Das Gesetz des Segnens hat zwei Facetten:

- Alles, was ich ehrlichen Herzens segne, ist dadurch gesegnet.
- Alles, was ich ehrlichen Herzens segne, wird mir dadurch zum Segen werden.

Sie können Ihren Segen wie folgt aufbauen:

- »Ich« (sich bewusst machen, wer man wirklich ist, »Ich bin.«)
- »Ich segne« (die Segensenergie spüren)
- »Ich segne ...« (den Segen zum Adressaten senden)

Segnen hat natürlich auch noch eine andere Seite, nämlich die Bereitschaft, Segen zu empfangen. Indem Sie in einem Menschen, der mit Ihnen in Kontakt ist und Sie vielleicht segnen möchte, das höchste Prinzip sehen und ihn als Träger der einen Kraft wahrnehmen, empfangen Sie durch ihn den Segensstrom der Fülle. Wenn Sie befürchten, dass der andere Ihnen doch nicht gut will oder nur seine Konditionierungen weitergibt, denken Sie: »Ich empfange von dir nur die reine Kraft« oder: »Ich empfange von dir nur das, was für mich gut ist.« Es ist auch für den anderen ein Geschenk, wenn Sie ihn zum Kanal der Fülle machen, indem Sie seinen Segen annehmen. Das bedeutet, Vorbehalte gegen den anderen loszulassen, ebenso Unterschiede in Meinung, Tradition, Verhalten. Es heißt sich zu öffnen, um zu empfangen.

Ein gutes Ritual ist es übrigens, wenn Sie und Ihr Partner einander jeden Morgen und jeden Abend segnen und den Segen des anderen entsprechend annehmen. Wenn Sie unbeirrt Ihren Fokus und Ihren Segen auf das Stimmige in Ihrem Partner gerichtet halten, muss es in Erscheinung treten. Segnen sollten Sie insbesondere die Bereiche, mit denen Sie Schwierigkeiten haben. Statt sich über ein unbefriedigendes Leben in Haushalt, Finanzen, Lebensplanung, Sexualität oder gemeinsamer Kindererziehung zu beklagen, sollten Sie genau diese Bereiche segnen und wahrnehmen, welche Wunder das Leben daraufhin produziert.

Quellen

Die einzelnen Beiträge sind aus folgenden Veröffentlichungen entnommen:

Dr. Altmann, Hans Christian: Erfolgreich verkaufen durch positives Denken
© Hans Christian Altmann: Redline Verlag (vormals ersch. im Verlag Moderne Industrie 1992). Seite 153-176.

Carnegie, Dale: Sorge dich nicht – lebe
© Dale Carnegie 1944-1948. Deutsche Ausgabe: © Scherz Verlag, Bern, 1949. Alle Rechte vorbehalten S. Fischer Verlag GmbH, Frankfurt am Main. Seite 73-82 und 174-181

Coué, Émile: Die Selbstbemeisterung durch bewusste Autosuggestion.
Tausend der deutschen Ausgabe Basel. Schwabe Verlag 2005. Seite 4-20 und 155-156

Freitag, Erhard F.: Kraftzentrale Unterbewußtsein
© 1986 Wilhelm Goldmann Verlag, München in der Verlagsgruppe Random House GmbH. Seite 59-75

Freitag, Erhard F./Carna, Zacharias: Die Macht Ihrer Gedanken
© 1986 Wilhelm Goldmann Verlag, München in der Verlagsgruppe Random House GmbH. Seite 81-91

Hay, Louise L.: Gesundheit für Körper und Seele
© für die deutsche Ausgabe 2006 Allegria Verlag in der Ullstein Buchverlage GmbH, Berlin. Seite 151-154 und 155-166

Hicks, Esther und Jerry: Law of Attraction
© für die deutsche Ausgabe 2008 Allegria Verlag in der Ullstein Buchverlage GmbH, Berlin. Seite 51-69

Hill, Napoleon: Die Gesetze von Reichtum und Erfolg
© 2007 by The Napoleon Hill Foundation, © der deutschsprachigen Ausgabe Heinrich Hugendubel Verlag, Kreuzlingen/München 2008. Seite 121-151

Murphy, Dr. Joseph: Die Gesetze des Denkens und Glaubens
© 1968 by Parker Publishing Co., Inc., © der deutschsprachigen Ausgabe Heinrich Hugendubel Verlag, Kreuzlingen/München 1968. Seite 41-63 und 170-188

Murphy, Dr. Joseph: Die Macht Ihres Unterbewusstseins
© 1962 by Prentice Hall, Inc., © der deutschsprachigen Ausgabe Heinrich Hugendubel Verlag, Kreuzlingen/München 1965. Seite 39-57, 257-269 und 271-286

Niestroj, Irmgard und Pflugbeil, Karl: Immun durch positives Denken
© 1998 F. A. Herbig Verlagsbuchhandlung GmbH München. Seite 196-202

Peale, Norman Vincent: Glaube an Dich und werde glücklich
© *You can if you think you can* 1974 by Norman Vincent Peale and © *The Art of Real Happiness* 1978 by Dr. theol. Norman Vincent Peale und Dr. med. Smiley Blanton, © der deutschsprachigen Ausgabe Heinrich Hugendubel Verlag, Kreuzlingen/München 2008. Published by

arrangement with the original publisher, Simon & Schuster Inc. Seite 321-340, 341-369, 456-477

Schwartz, David: Denken Sie groß
© 1959 by Prentice Hall, Inc., © der deutschsprachigen Ausgabe 1983, 2009 Ariston Verlag in der Verlagsgruppe Random House GmbH. Seite 15-31

Tepperwein, Kurt: Praxisbuch Mental-Training
© Heinrich Hugendubel Verlag, Kreuzlingen/München 2006. Seite 145-151

Tepperwein, Kurt: Ihr Leben als Meisterwerk
© Heinrich Hugendubel Verlag, Kreuzlingen/München 2006. Seite 185-189

Walsch, Neale Donald: Erschaffe dich neu
© 2003 Wilhelm Goldmann Verlag, München, in der Verlagsgruppe Random House GmbH. Übersetzung: Susanne Kahn Ackermann. Seite 115-123

Über die Autoren

Dr. Altmann, Hans Christian ist seit über 25 Jahren selbstständiger Management- und Verkaufstrainer, er zählt zu den profiliertesten Motivationsexperten Deutschlands und berät internationale Firmen bei der Entwicklung von Verkaufskonzepten. Altmann hält zudem regelmäßig Motivationsseminare.

Carnegie, Dale (1888–1955) ist einer der frühesten – und erfolgreichsten – Motivationstrainer weltweit. Sein wohl bekanntestes Werk *Wie man Freunde gewinnt* erschien bereits 1937 und wurde sofort zum Bestseller.

Émile Coué (1857–1926), französischer Apotheker und Begründer der modernen, bewussten Autosuggestion. Von ihm stammt unter anderem der Satz: »Es geht mir mit jedem Tag in jeder Hinsicht immer besser und besser«, den man sich – so seine Erfolgsmethode – jeden Abend vorsprechen sollte.

Freitag, Erhard F., Anhänger und Schüler Joseph Murphys, mit dem er im deutschsprachigen Raum gemeinsam auf Vortragsreise war. Er gründete in den 1970er-Jahren in München das »Institut für Hypnoseforschung«. Angelehnt an die Werke Murphys verfasste Freitag eigene, sehr erfolgreiche Bücher.

Hay, Louise L., eine der erfolgreichsten Vertreterinnen des positiven Denkens, die vor allem mit ihren Affirmationsprogrammen und Analogiedarstellungen für körperliche Beschwerden und dahinterstehende Glaubenssätze Millionen Menschen weltweit helfen konnte.

Hicks, Esther und Jerry, weltweit erfolgreiche Medien, die die Botschaften des Geistwesens Abraham zu den Menschen bringen – und ihnen damit erfolgreiche und heilsame Wege für unsere herausfordernde Zeit anbieten.

Hill, Napoleon, 1883 in Virginia geboren, beginnt bereits mit 13 Jahren als Zeitungsreporter zu arbeiten, um den eigenen ärmlichen Verhältnissen zu entkommen. Sein späterer Mentor Andrew Carnegie beauftragt ihn, anhand der Erfolgsgeschichten der reichsten Amerikaner das Geheimnis des Erfolgs zu erkunden und für den Einzelnen anwendbar zu machen. Seine Erkenntnisse aus 20-jähriger Arbeit sind unter anderem Inhalt des Bestellers *Denke nach und werde reich*, der sich weltweit millionenfach verkaufte. Napoleon Hill starb 1970 in South Carolina.

Dr. Murphy, Joseph, 1898–1981, ist einer der erfolgreichsten Autoren der Lebenshilfeliteratur. Er wurde im Süden Irlands geboren und wanderte 1922 in die USA aus. Sein Studium der Religions- und Rechtswissenschaften sowie der Philosophie schloss er mit der Promotion in allen drei Fächern ab. 1962 erschien sein Hauptwerk *Die Macht Ihres Unterbewusstseins*, dem zahlreiche weitere Bücher folgten. Durch seine Bücher und seine rege Vortragstätigkeit in der ganzen Welt wurde er zum Wegbereiter des positiven Denkens.

Peale, Norman Vincent, geb. 1898 in Ohio, gilt neben Joseph Murphy und Dale Carnegie, dessen geistiger Mentor er war, als einer der klassischen Autoren des positiven Denkens. Der Geistliche gründete in New York zusammen mit dem Psychotherapeuten Smiley

Blanton sein Institut für Psychotherapie und angewandtes Christentum.

Peale starb 1993 im Alter von 95 Jahren, nachdem er bis in seine letzten Monate gelehrt und geschrieben hatte. Sein Buch *Die Kraft des positiven Denkens* avancierte in kürzester Zeit zum Bestseller. Norman Vincent Peales Bücher wurden in mehr als 40 Sprachen übersetzt und haben inzwischen eine Weltauflage von über 50 Millionen Exemplaren erreicht.

Pflugbeil, Karl J., war Chefarzt und leitender Arzt an der Schwarzwald-Privatklinik Obertal in Baiersbronn. Seine reichen Erfahrungen in der Inneren Medizin und seine speziellen Ausbildungen in Naturheilverfahren gab er auch in einigen erfolgreichen Ratgebern weiter.

Dr. Schwartz, David J. war Professor an der Georgia State Universität in Atlanta und Gründer der Firma *Creative Educational Services Inc.*, ein Beratungsunternehmen für Führungspositionen. Sein Buch *The Magic of Thinking Big* hat sich weltweit über 4 Millionen Mal verkauft.

Kurt Tepperwein, geboren 1932 in Lobenstein, war erfolgreicher Unternehmer, ehe er sich 1973 aus dem Wirtschaftsleben zurückzog. Er wurde Heilpraktiker und Forscher auf dem Gebiet der wahren Ursachen von Krankheit und Leid. Er lehrte als Dozent an verschiedenen internationalen Institutionen, unter anderen an der Friedensuniversität in Berlin. Seit 1997 ist er Dozent an der Internationalen Akademie der Wissenschaften. Im selben Jahr wurde er für sein Lebenswerk mit dem »Ersten deutschen Esoterikpreis« ausgezeichnet. Die von ihm entwickelte Technik des Mental- und Intuitionstrainings ist heute für viele Menschen unverzichtbarer Bestandteil ihres Lebens. Kurt Tepperwein ist Autor von mehr als 50 Büchern, zahlreichen Videos, Audiotapes und CDs. Wenn er sich nicht auf Vortragsreise befindet, lebt der Autor auf Teneriffa.

Walsch, Neale Donald, war erfolgreicher Journalist und Programmdirektor eines Rundfunksenders, bevor ihn eine schwere Krise ereilte. Am Tiefpunkt angekommen wandte er sich an Gott – und erhielt Antwort. Seine *Gespräche mit Gott* wurden weltweit Bestseller.